U0883478

高等学校中国共产党革命精神与文化资源研究中心
教育部高等学校社会科学发展研究中心 组编

中国共产党革命精神系列读本

为什么需要精神

中国共产党革命精神引论

王炳林 等著

中共党史出版社

图书在版编目(CIP)数据

为什么需要精神:中国共产党革命精神引论 / 王炳林等著 .—北京:中共党史出版社,2021.3
ISBN 978-7-5098-5610-9

Ⅰ. ①为… Ⅱ. ①王… Ⅲ. ①中国共产党 —党的作风—研究 Ⅳ. ① D261.3

中国版本图书馆 CIP 数据核字 (2020) 第 259842 号

出版发行:中共党史出版社
责任编辑:陈海平
责任校对:申宁
责任印制:段文超
社　　址:北京市海淀区芙蓉里南街 6 号院 1 号楼
邮　　编:100080
网　　址:www.dscbs.com
经　　销:新华书店
印　　刷:北京盛通印刷股份有限公司
开　　本:170mm × 240mm　1/16
字　　数:300 千字
印　　张:19.5
印　　数:1—6900 册
版　　次:2021 年 3 月第 1 版
印　　次:2021 年 3 月第 1 次印刷

ISBN 978-7-5098-5610-9
定　　价:52.00 元

此书如有印制质量问题,请与中共党史出版社出版部联系
电话:010—82517197

目 录

CONTENTS

前言

精神，是日常生活中的高频词。相对于生命客体来说，它是指人的主观意识、思维活动和一般心理状态，比如精神面貌、精神负担等。精神还经常用来概括内容的实质、主要意义，比如会议精神、讲话精神等。有人说这小伙子长得很精神，则是英俊、帅气之意。

我们这里要讨论的精神，则是指一种活力和意志品质，其内涵还会扩展为理想信念、价值追求、思维方式、道德规范、气质胸襟、人格情怀等等。这种精神的力量，无论对于一个民族、一个国家还是对一个政党和个人来说，都是至关重要的。习近平总书记指出："人无精神不立，国无精神不强。"① 回答为什么需要精神的问题，可以从民族的奋斗历程、国家的发展变化、政党的成长壮大和个人的担当作为中找到答案。

一、民族精神是形成民族凝聚力的强大纽带，是民族发展进步的不竭动力，是战胜各种风险挑战、从磨难中奋起的意志保障

民族的特性和品格是由思想和精神所铸造的。民族精神是一个民族在长期的共同生活和社会实践基础上形成的价值观念、理想信念、意志品质和文化习俗的总和，是一个民族的鲜明标识。一个缺乏自己民族精神的民族，不可能自立于世界民族之林。

① 《习近平谈治国理政》第 2 卷，外文出版社 2017 年版，第 47 页。

中华文明源远流长，五千多年来一脉相承，始终没有中断。中华民族创造的优秀文化、形成的伟大民族精神，是维系民族团结和国家统一的牢固纽带。在历史的长河中，中华民族也经历了很多磨难，包括地震、洪灾、旱灾、蝗灾和瘟疫等自然灾害，以及外敌入侵和内战等社会动荡，但从来没有在磨难中消沉和退缩，而是愈挫愈勇，在磨难中抗争，在磨难中奋起，其根本原因就在于中华民族有一脉相承的精神追求、有强大的民族精神支撑。

2018 年 3 月，习近平总书记在第十三届全国人民代表大会第一次会议上发表重要讲话，对中华民族精神的科学内涵作了深刻阐释。他指出："中国人民在长期奋斗中培育、继承、发展起来的伟大民族精神，为中国发展和人类文明进步提供了强大精神动力。""中国人民是具有伟大创造精神的人民。""中国人民是具有伟大奋斗精神的人民。""中国人民是具有伟大团结精神的人民。""中国人民是具有伟大梦想精神的人民。"①

正是"辛勤劳作，发明创造"的伟大创造精神的推动，使中国出现了群星闪耀的诸子百家，创造了四大发明等影响人类文明进程的伟大科技成果，形成了诗词歌赋等伟大文艺作品，建设了万里长城等气势恢弘的伟大工程。

正是"革故鼎新、自强不息"的伟大奋斗精神，开发和建设了祖国辽阔秀丽的大好河山，战胜了数不清的自然灾害，形成了多姿多彩的生产和生活。

正是"团结一心、同舟共济"的伟大团结精神，建立了统一的多民族国家，发展了 56 个民族多元一体、交织交融的融洽民族关系，形成了守望相助的中华民族大家庭。

正是"心怀梦想、不懈追求"的伟大梦想精神，使中国人民不仅形成了小康生活的理念，而且秉持天下为公的情怀，以勇于追求和实现梦想的执着精神砥砺前行。

实现中华民族伟大复兴，是中华民族近代以来最伟大的梦想。中华民

① 《习近平在第十三届全国人民代表大会第一会议上的讲话》,《求是》2020 年第 9 期。

族形成的以爱国主义为核心的伟大创造精神、伟大奋斗精神、伟大团结精神和伟大梦想精神，鼓舞和推动着伟大的中国人民汇聚起实现中华民族伟大复兴的磅礴力量，创造了一个又一个彪炳史册的人间奇迹。

二、国家的强大离不开精神支撑，伟大精神是凝心聚力的强国之魂

人民有信仰，民族有希望，国家有力量。由理想信念、精神追求、文化价值等元素构成的文化软实力是一个国家综合国力重要体现。实现中华民族的伟大复兴，不仅要在物质上强大起来，也要在精神上强大起来。实现中国梦必须弘扬中国精神。这就是以爱国主义为核心的民族精神，以改革创新为核心的时代精神。这种精神是凝心聚力的兴国之魂、强国之魂。民族精神是与时俱进的，必然会随着时代的发展而赋予新的时代内涵。

习近平总书记指出："精神是一个民族赖以长久生存的灵魂，唯有精神上达到一定的高度，这个民族才能在历史的洪流中屹立不倒、奋勇向前。"①新中国成立后，在中国共产党领导下，中国人民为改变贫穷落后面貌艰苦奋斗，奋力拼搏，形成了"两弹一星"精神、大庆精神、红旗渠精神、北大荒精神等一系列革命精神，成为鼓舞中国人民战胜困难，勇往直前，不断取得新胜利的巨大精神力量。党的十一届三中全会以来，党团结带领全国各族人民解放思想、实事求是、大胆地试、勇敢地创，干出了一片新天地，改革创新始终是激励中国人民在时代大潮中奋力搏击的精神力量。正如邓小平在南方谈话中所说："没有一点闯的精神，没有一点'冒'的精神，没有一股气呀、劲呀，就走不出一条好路，走不出一条新路，就干不出新的事业。"②民族精神和时代精神所铸就的中国精神，是维系民族团结的文化纽带，是贯通中国力量的软实力，是实现中国梦的强大动力。

弘扬中国精神，才能更好地汇聚中国力量。邓小平认为，干任何事情，"最重要的是人的团结，要团结就要有共同的理想和坚定的信念。我们过去几十年艰苦奋斗，就是靠用坚定的信念把人民团结起来，为人民自己的利益而奋斗。没有这样的信念，就没有凝聚力。没有这样的信念，就

① 《习近平关于"不忘初心、牢记使命"重要论述摘编》，中央文献出版社、党建读物出版社 2019 年版，第 245 页。

② 《邓小平文选》第 3 卷，人民出版社 1993 年版，第 372 页。

没有一切”[①]。无论是战胜全面深化改革中遇到的艰难险阻，还是众志成城抵御重大灾害，都需要大力弘扬爱国主义精神，将每个人的命运与国家的命运紧密相连，最大限度地凝聚共识，从而团结一切可以团结的力量，汇聚成推动社会发展进步的磅礴力量。

弘扬中国精神，才能筑牢全体人民共同的思想基础。共同思想基础是一个国家发展进步的基本保证。有了共同的思想基础，就能众志成城实现奋斗目标，反之就会是一盘散沙、纷争不断、一事无成。在当今世界面临百年未有之大变局的关键时期，社会思想观念日益多样、社会价值日趋多元，形成共同思想基础，凝聚共识更为紧迫。倡导富强、民主、文明、和谐，倡导自由、平等、公正、法治，倡导爱国、敬业、诚信、友善，积极培育和践行社会主义核心价值观，是形成共同思想基础的根本所在。社会主义核心价值观是当代中国精神的集中体现。只有弘扬中国精神，才能使社会主义核心价值观转化为内在信念、外化为行为习惯，促进全体人民在思想上精神上紧紧团结在一起，为共同的目标和事业努力奋斗。

三、精神风貌是政党的鲜明标识，是增强政党向心力和凝聚力的强大纽带

中国共产党在领导人民开展革命、建设和改革的伟大征程中培育形成的一系列伟大精神，成为推动党和人民事业发展的强大精神动力。

弘扬伟大精神使中国共产党能够更加坚定理想信念，永葆青春活力。中国共产党是马克思主义政党。马克思主义揭示了人类社会发展规律，强调社会基本矛盾的运动推动人类社会必然由低级向高级发展。中国共产党正是坚信这样的科学理论，才牢固树立起共产主义的远大理想。理想犹如灯塔，照亮前进方向。理想的实现需要坚定的信念、执着的精神和不懈的奋斗。中国共产党形成了红船精神、井冈山精神、长征精神、延安精神等一系列革命精神，坚定理想信念是贯穿其中的红线。中国共产党历经百年而风华正茂，就是因为坚定理想信念、保持革命精神和旺盛活力。中国共产党人以“革命理想高于天”的豪迈气魄砥砺前行，在一系列革命精神

① 《邓小平文选》第3卷，人民出版社1993年版，第190页。

的鼓舞和推动下，战胜了一个又一个艰难险阻，创造了一个又一个人间奇迹。正如邓小平所说："为什么我们过去能在非常困难的条件下奋斗出来，战胜千难万险使革命胜利呢？就是因为我们有理想，有马克思主义信念，有共产主义信念。"①

弘扬伟大精神使中国共产党能够始终做到不忘初心牢记使命。中国共产党人的初心和使命是为中国人民谋幸福，为中华民族谋复兴。中国共产党坚持人民主体地位，始终全心全意为人民服务，充分调动人民群众积极性，并在为人民的利益和幸福而奋斗的进程中形成了一系列革命精神，包括西柏坡精神、红旗渠精神、沂蒙精神等。这些伟大精神是党领导人民在伟大斗争中培育的，都蕴含着为了群众、依靠群众、相信群众的深厚情怀和价值追求，成为鼓舞人民群众奋勇前进的强大精神力量。

弘扬伟大精神使中国共产党的领导更加坚强。中国共产党的领导是革命、建设和改革事业取得成功的根本保证，是战胜一切困难和风险的"定海神针"。党的坚强领导需要健全的组织领导体制，需要党组织的强大凝聚力、创造力和吸引力，还需要党员的先锋模范作用。党员的作风和精神风貌体现党的形象、影响党的战斗力和凝聚力。群众往往会通过党员的作风和形象来认识和评价党组织和党的性质与作用。只有广大党员以身作则，率先垂范，充分发挥先锋模范作用，展现良好的精神风貌，才能团结和带领广大人民群众为伟大目标共同奋斗。在党的光辉历史上涌现出无数的优秀共产党员，成为伟大英雄、世人楷模，并凝结为伟大精神。以优秀共产党员名字命名的一系列伟大精神，比如雷锋精神、焦裕禄精神、孔繁森精神等等，都是激励人民群众奋勇前进的强大精神动力。

四、对于每一个人来说，精神状态决定其人生轨迹和事业成败

人只有保持昂扬向上、坚韧不拔、奋力拼搏、勇往直前的精神状态，才能够千方百计克服困难而不被困难所吓倒，才能够更好地完成各项任务。如果精神懈怠，犹豫不决，甚至萎靡不振，不仅难以成就事业，甚至还影响身体健康。

① 《邓小平文选》第3卷，人民出版社1993年版，第110页。

人有精神才会有追求。世界观、人生观、价值观是人生的“总开关”，只有振奋精神才能确立正确的“三观”，才能有美好的生活追求。理想的追求、价值的追求、事业的追求，是人生不可或缺的精神财富。青年学子振奋精神才会有更高的追求，才会勤奋学习，学业有成。周恩来从青少年时代就立志“为中华之崛起而读书”，南开学校毕业时他与同学们互赠留言“愿相会于中华腾飞世界时”。周恩来这种坚定的理想信念和执着的人生追求是成就其辉煌人生的动力源泉。各行各业的人们只有振奋精神，发奋图强，才能追求卓越，为社会作出更大贡献。铁人王进喜喊出“宁可少活20年，拼命也要拿下大油田”的豪迈誓言，在生产生活条件异常艰难的情况下为改变我国“贫油”的面貌作出了杰出贡献。

人有精神才会有动力。事物运动和发展需要推动力量，人的成长进步也需要推动力量，除了外在的客观推动力之外，个人内在的精神动力至关重要。饱满的精神可以调动全身机能，焕发人的聪明才智。昂扬的精神会增强克服困难、实现目标的勇气和力量。人们常说变压力为动力，实际上是将外在的客观压力转化内在的精神力量，激发斗志，奋勇前行。

人有精神是才会有支柱。精神是一种情怀，要亲民爱民，宽以待人，具有仁爱之心；精神是一种视野，要胸襟开阔，具有大局意识，注重团结协作；精神是一种信念，无论顺境和逆境都要充满信心，勇往直前；精神是一种意志，要自强不息、百折不挠。精神的丰富内涵使之成为人生取之不尽用之不竭的智慧源泉和强大支柱。由此，我们就可以更加深刻地理解毛泽东的至理名言：“人是要有一点精神的”[①]。

本书围绕为什么需要精神这个主题，以宏观的视角从整体上概括中国共产党革命精神的形成条件、科学内涵和时代价值，着力探讨以下三方面问题。

一是系统阐释了中国共产党革命精神的形成根源。“问渠那得清如许，为有源头活水来”。每一种革命精神，都来之不易，成之惟艰，很多是付出众多宝贵生命为代价的。伟大实践孕育伟大精神，波澜壮阔的伟大斗争

① 《毛泽东文集》第7卷，人民出版社1999年版，第162页。

是革命精神形成的实践基础。革命精神具有深厚的理论根基，是源自马克思主义理论的指引和召唤。革命精神是中华民族民族精神的继承和弘扬，同时又吸收了世界文明的优秀成果。探寻革命精神的源头，既是要增强研究的学理支撑，更是要倍加珍惜这些来之不易的宝贵财富，增强弘扬革命精神的自觉和自信。

二是全面梳理中国共产党革命精神的形成过程和科学内涵。时代是思想之母，实践是理论之源。在中国共产党一百年的风雨历程中，涌现了一系列革命精神，本书对50多种精神进行了简明扼要的分析概括。每一种精神都有特定的历史条件和独特的内涵意蕴。结合历史进程阐释科学内涵，既可以深刻认识革命精神形成的历史必然性，也能够准确把握革命精神的传承和超越。

三是深入分析革命精神的历史地位、基本特征和时代价值。正确认识革命精神在历史进程中的巨大作用，能够更加自信地走向未来。精神的力量是无穷的，魅力是永恒的。为什么需要精神，历史已经作出有说服力的回答，未来必将会得到更加有力的证明。

本书既讲道理，也讲故事；既讲历史，也讲现实；既讲事件，也讲人物。本书努力做到史论结合，兼顾学术性与可读性相统一，以期在整体把握中国共产党系列革命精神的基础上对于弘扬中国精神有启发意义。

第一章　伟大精神从何而来

伟大实践孕育伟大精神，伟大精神推动伟大事业。中国共产党是一个善于将马克思主义普遍真理与中国实际相结合，富有创造性的马克思主义政党。在近百年的光辉历程中，中国共产党不仅带领中国人民取得了革命建设改革的伟大胜利，而且铸造了具有丰富时代内涵和民族特点的革命精神。毛泽东曾指出，“人是要有一点精神的，无产阶级的革命精神就是由这里头出来的。”[①] 这些革命精神是中华民族弥足珍贵的精神财富，是中国共产党和中国人民创造辉煌业绩的精神支柱。

党的十八大以来，以习近平同志为核心的党中央高度重视革命精神传承弘扬。习近平总书记多次强调，“走得再远、走到再光辉的未来，也不能忘记走过的过去，不能忘记为什么出发”[②]，“要把红色资源利用好、把红色传统发扬好、把红色基因传承好”[③]。这些重要论述，为我们开展革命精神研究教育宣传指明了方向，提出了明确要求。

开展中国共产党革命精神研究，用革命精神引领人、感染人、鼓舞人，是党史研究教育宣传的题中应有之义，是党史工作者和教育工作者的重要责任。任何精神形态的出现，都有一定的实践基础和历史条件，它必

① 《毛泽东文集》第 7 卷，人民出版社 1999 年版，第 162 页。

② 习近平：《在庆祝中国共产党成立 95 周年大会上的讲话》，人民出版社 2016 年版，第 8 页。

③ 《激活共产党人的“红色基因”——让“红船精神”绽放时代光芒》，《人民日报》2017 年 12 月 5 日。

然扎根于本民族的传统精神与文化，吸收和借鉴时代精神的精华，在长期的实践过程中孕育形成。深化中国共产党革命精神研究，首先需要深入挖掘、清楚梳理中国共产党革命精神的实践基础和思想来源。[①]

一、伟大实践孕育伟大精神

马克思主义认为，实践是认识的来源，人是在实践中通过感官活动接触事物的现象，并透过现象发现本质，达到对客观事物规律性的认识。毛泽东指出，“人的正确思想是从哪里来的？是从天上掉下来的吗？不是。是自己头脑里固有的吗？不是。人的正确思想，只能从社会实践中来”。[②]中国共产党革命精神属于认识范畴，属于人们对客观事物规律性的认识，其最根本、最原始的来源，只能是革命实践。

（一）苦难中的奋起抗争孕育了伟大的革命精神

近代以来，中国人民经历了太多磨难，作出了许多牺牲。但是，英雄的中国人民从来没有在磨难中低头，从来没有在挑战前退缩。1840年第一次鸦片战争以后，中国逐渐成为半殖民地半封建社会，改变贫穷落后和任人宰割状态的民族复兴作为中国各族人民的共同愿望成为了中国社会近代史开篇的主题。在经历了洋务运动、戊戌变法和辛亥革命等种种尝试和失败以后，“十月革命一声炮响，给我们送来了马克思列宁主义”[③]。

十月革命胜利的消息传到中国后，李大钊在北京大学以《新青年》和《每周评论》等为阵地，相继发表了《法俄革命之比较观》《庶民的胜利》《布尔什维主义的胜利》《我的马克思主义观》等宣传十月革命和介绍马克思列宁主义的著名文章和演说，阐述十月革命的意义，讴歌十月革命的胜利，旗帜鲜明地批判改良主义，成为中国共产主义的先驱、我国最早传播马克思主义的人。

1919年，巴黎和会上中国外交的失败，耻辱和苦难境遇激发了满腔

---

① 王炳林、房正：《关于深化中国共产党革命精神研究的几个问题》，《中国高校社会科学》2016年第3期。

② 《毛泽东文集》第8卷，人民出版社1999年版，第320页。

③ 《毛泽东选集》第4卷，人民出版社1991年版，第1476页。

悲愤，青年学生、广大群众、市民和工商人士纷纷走上街头，通过示威游行、请愿、罢工等形式提出抗议，强烈要求维护国家主权。五四运动是中国人民彻底的反对帝国主义、封建主义的爱国运动，由此孕育的爱国、进步、民主、科学的伟大五四精神，成为激励中国人民探索出路的强大动力。

1921年7月23日，中国共产党第一次全国代表大会在上海召开。为了躲避法国巡捕的搜查，最后一天的会议被迫转移到浙江嘉兴南湖的一艘游船上举行，会上通过了《中国共产党第一个纲领》《中国共产党第一个决议案》和《中国共产党第一次代表大会宣言》，宣告了中国共产党的正式诞生，选举产生了中国共产党中央领导机构，规定了暴力革命、无产阶级专政、消灭资本家私有制等无产阶级政党的原则。这条游船因而获得了一个永载中国革命史册的名字——红船，红船成为了中国历史上开天辟地的大事变的重要见证。以“开天辟地、敢为人先的首创精神，坚定理想、百折不挠的奋斗精神，立党为公、忠诚为民的奉献精神”为核心的红船精神成为中国共产党革命精神的重要组成部分。

（二）艰难困苦的革命斗争孕育了伟大的革命精神

1927年，就在北伐战争节节胜利，工农运动不断高涨的时候，蒋介石发动了四一二反革命政变，在大革命中发展起来的党的队伍和革命力量遭到了惨重的损失。大革命失败后，面对反动派的残酷屠杀，共产党人没有屈服，没有气馁，而是擦干身上的血迹，掩埋好同伴的尸体，又继续前进，发动了一系列武装起义，开辟了革命的新道路。

八一南昌起义打响了中国共产党反抗国民党反动派的第一枪，宣告了中国共产党把革命进行到底的坚定立场和坚强决心，在全党和全国人民面前树立起一面革命武装斗争的旗帜，也孕育了“坚定信念、听党指挥，为民奋斗、百折不挠，敢为人先、勇于创新”的八一精神。

八七会议后，毛泽东返回长沙，组织湘赣边界秋收起义，起义失利后带领一部分工农革命军在进行三湾改编后上了井冈山。井冈山时期，共产党员和红军战士长期处于经济落后、生活艰苦，随时面临着战斗牺牲的环境。然而，以毛泽东为代表的中国共产党人无惧困难，在艰苦卓绝的斗争实践中探索开辟了武装斗争、土地革命、根据地建设的道路，形成了“坚定执着追理想、实事求是闯新路、艰苦奋斗攻难关、依靠群众求胜利”的井冈山精神，为中国革命播撒了燎原火种。

1930年12月至1931年9月党领导红一方面军连续取得第一、二、三次反“围剿”战争的胜利，赣南、闽西根据地连成一片。1931年11月成立了中华苏维埃共和国。中华苏维埃共和国是中华人民共和国的雏形[①]，标志着中国共产党领导建立的政权首次登上了中国的政治舞台，是党建立人民政权的重要探索和尝试。在苏区，中国共产党人创造性地领导了政治、经济、军事、文化、教育、卫生、体育等各项事业，揭开了“创造中国新社会的序幕”，积累了宝贵的治党、治国、治军经验。在领导人民开展土地革命和其他各项事业的伟大实践中，我们党形成了“坚定信念、求真务实、一心为民、清正廉洁、艰苦奋斗、争创一流、无私奉献”的苏区精神。

1934年开始的二万五千里长征，是中国共产党领导红军历经磨难、饱尝艰辛，由挫折走向胜利而创造的人类战争史上的奇迹。在一年多的时间里，中国共产党领导红军进行了300多次战斗，几乎每天一次遭遇战；平均每天行军35公里以上，翻越了18座山脉，渡过了24条河流；突破了10个地方军阀的封锁包围，击败了数倍于己的国民党中央军的围追堵截；征服了雪山、草地等极端恶劣的自然环境。正是在长征这种千锤百炼的革命实践中，形成了中国共产党不怕牺牲、前仆后续、百折不挠、力挽狂澜、勇往直前的长征精神。

长征途中，中国共产党在遵义召开了具有重要历史意义的会议，纠正了长期占据统治地位的“左”倾错误，挽救了红军、挽救了党、挽救了中国革命。遵义会议表明，中国共产党是一个敢于正视错误的郑重的无产阶级政党，是一个敢于坚持真理、修正错误的实事求是的无产阶级政党，是一个敢于在逆境中奋发图强、力挽狂澜的坚定有力的无产阶级政党。“坚定信念、实事求是、独立自主、民主团结”的遵义会议精神由此形成。

---

① 金冲及：《五十年变迁》，中央文献出版社2004年版，第460页。

从1935年到1948年，党中央、毛泽东在延安工作了13年，这里成为中国革命新的大本营。在这里，形成了抗日民族统一战线，开展了轰轰烈烈的大生产运动和整风运动，赢得了抗日战争的伟大胜利，开始了解放全中国的人民解放战争，在艰苦卓绝的斗争中，革命力量发展壮大，马克思主义中国化成果丰硕，中国共产党逐渐走向了成熟，形成了以解放思想、实事求是，艰苦奋斗、自力更生和全心全意为人民服务为主要内容的延安精神。

抗日战争期间，在崇高的爱国主义精神感召下，在中国共产党的抗日民族统一战线的号召下，无数的仁人志士纷纷拿起武器奔赴疆场，在中华大地燃起了熊熊的抗日烽火，对日本侵略者进行了沉重打击。在中国人民抗日战争的壮阔进程中，形成了伟大的抗战精神，中国人民向世界展示了天下兴亡、匹夫有责的爱国情怀，视死如归、宁死不屈的民族气节，不畏强暴、血战到底的英雄气概，百折不挠、坚忍不拔的必胜信念。

西柏坡是解放战争时期中国革命的重要指挥中枢，是中共中央的“最后一个农村指挥所”。在短暂的一年十个月里，党中央在这里召开了全国土地会议，颁布了第一部《中国土地法大纲》，撼动了整个封建制度的根基；指挥了摧枯拉朽的三大战役，推翻了蒋家王朝；召开了中共中央九月会议及党的七届二中全会，勾画出新中国的建设蓝图，制定了新中国的建国方略。形成了以敢于斗争、敢于胜利的彻底革命精神；一切为了人民、一切依靠人民的以民为本精神；善于破坏旧世界，善于建设新世界的立国兴邦精神；务必谦虚谨慎、不骄不躁，务必艰苦奋斗的不懈赶考精神为主要内容的西柏坡精神。

此外，还有东北抗联精神、红岩精神、大别山精神、沂蒙精神等，都是在艰苦卓绝的革命战争中创造的伟大革命精神。正是这些伟大革命精神，成为激励我们党团结带领广大人民群众夺取革命胜利的重要精神力量。

（三）艰苦奋斗改变贫穷落后面貌的实践孕育了伟大的革命精神

新中国成立后，中国共产党带领全国各族人民自力更生、艰苦奋斗，取得了经济社会发展的重大成就，也铸就了一系列伟大精神，谱写了中华民族精神的新篇章。

1950年6月，朝鲜内战爆发，美国杜鲁门政府悍然派兵进行武装干涉，发动对朝鲜的全面战争，并不顾中国政府多次警告，出动飞机轰炸我国东北边境城市和乡村，把战火烧到了新生的中华人民共和国国土之上。危急关头，应朝鲜请求，中共中央和毛泽东同志高瞻远瞩、审时度势，作出了抗美援朝、保家卫国的历史性决策。1950年10月19日，英雄的中国人民志愿军将士，在司令员兼政治委员彭德怀同志率领下，跨过鸭绿江，同朝鲜人民和军队一道，抗击帝国主义入侵。1953年7月，美国在板门店同中朝代表签订了《关于朝鲜军事停战的协定》，最终赢得了抗美援朝战争的伟大胜利。朝鲜战争期间，中朝军队共歼敌百余万人，其中美军39万人，击落击伤敌机12200余架，击沉击伤敌舰艇257艘，击毁和缴获敌军各种作战物资无数。这是中朝两国人民和军队团结战斗的伟大胜利，是维护世界和平与人类进步事业的伟大胜利。伟大的抗美援朝战争，不仅奏响了一曲可歌可泣的凯歌，而且锻造出伟大的抗美援朝精神，这就是：祖国和人民利益高于一切、为了祖国和民族的尊严而奋不顾身的爱国主义精神，英勇顽强、舍生忘死的革命英雄主义精神，不畏艰难困苦、始终保持高昂士气的革命乐观主义精神，为完成祖国和人民赋予的使命、慷慨奉献自己一切的革命忠诚精神，以及为了人类和平与正义事业而奋斗的国际主义精神。

屯垦戍边是中国几千年开发和保卫边疆的历史传统。1949年，新疆和平解放。1954年10月，党中央决定中国人民解放军驻疆部队大部就地集体转业，组建中国人民解放军新疆生产建设兵团。这是党中央治国安邦的战略布局，是强化国家边疆治理的重要方略。60多年来，新疆生产建设兵团作为新疆维吾尔自治区的重要组成部分，对于稳定新疆、维护国家边防安全发挥了不可替代的重要作用，改善了国家西北边防的战略态势。几代兵团人发扬“热爱祖国、无私奉献、艰苦创业、开拓进取”的兵团精神，扎根新疆沙漠周边和边境沿线，认真履行党和国家赋予的职责，充分发挥建设大军、中流砥柱、铜墙铁壁作用，在开发建设新疆、增进民族团结、推进社会进步、巩固西北边防等方面作出了重要贡献。

20世纪60年代，河南省林县人民为从根本上解决干旱缺水问题，在国家经济困难时期，不畏艰难险阻，克服重重困难，连续奋战10个春秋，在太行山腰修建了长达1500公里的人工天河——红旗渠。红旗渠工程共削平了1250座山头，架设151座渡槽，开凿211个隧洞，修建各种建筑物12408座，挖砌土石达2225万立方米，总干渠全长70.6公里，干渠支渠分布全市乡镇。在修建红旗渠的过程中，30万干部群众风餐露宿却斗志昂扬，工具简陋却迎难而上，十年如一日，矢志不渝，硬是以愚公移山的英雄气概，克服一个又一个难以想象的困难，引来了祖祖辈辈用生命守望的幸福之水。十年的艰难筑渠历程，不仅为林县创造出了巨大的物质财富，更在此过程中孕育并形成了不可估量的精神财富，这就是以“自力更生、艰苦创业、团结协作、无私奉献”为主要内容的红旗渠精神。

1947年，按照党中央和毛泽东同志关于“建立巩固的东北根据地”“培养干部，积累经验，创造典型，示范农民”的重要指示，一批荣复军人来到北大荒，创建了宁安、赵光等第一批农场，拉开了北大荒开发建设的序幕。20世纪50年代中期，奉党中央之命，大批铁道兵和转业官兵挺进北大荒，展开了大规模的开发建设。半个多世纪以来，先后有14万复转官兵，5万大专院校毕业生，20万山东、四川等地的支边青年，54万城市知识青年和地方干部、农民组成的垦荒大军，继承发扬解放军的光荣传统，头顶蓝天、脚踏荒原，人拉肩扛，搭马架、睡地铺，战胜重重困难，在茫茫沼泽荒原上建起了一大批机械化国营农场群，把昔日荒无人烟的北大荒，建设成了今天美丽富饶的北大仓，并创造出了“艰苦奋斗，勇于开拓，顾全大局，无私奉献”的北大荒精神。

大庆油田是我国最大的石油生产基地，一部大庆油田开发建设史，就是一部自力更生、艰苦创业的历史。1959年9月26日，以松基三井喜获工业油流为标志，勘探发现了大庆油田。1960年初，数万石油大军从祖国四面八方挺进东北松嫩平原，头顶蓝天，脚踏荒原，展开了一场气吞山河、波澜壮阔的大会战。面对恶劣的自然环境和财力、物力的严重匮乏，以铁人王进喜为代表的老一辈石油人，“宁可少活二十年，拼命也要拿下大油田”，“有条件要上，没有条件创造条件也要上”，仅用三年半的时间就夺取了大会战的胜利，一举甩掉了中国贫油落后的帽子，实现了石油的基本自给，开创了我国石油工业发展的新纪元，并创造了以“为国争光、为民族争气的爱国主义精神，独立自主、自力更生的艰苦创业精神，讲究科学、‘三老四严’的求实精神，胸怀全局、为国分忧的奉献精神”为主要内容的大庆精神。

1964年10月，中国第一颗原子弹爆炸成功，打破了超级大国的核垄断和核讹诈，极大增强了民族自信，提高了我国的国际地位；1966年10月，我国第一颗装有核弹头的地地导弹飞行爆炸成功；1967年6月，中国第一颗氢弹空爆试验成功；1970年4月，中国第一颗人造卫星“东方红一号”发射成功，在宇宙中奏响了《东方红》乐曲。我国“两弹一星”事业所取得辉煌成就，极大地鼓舞了中国人民的志气，振奋了中华民族的精神。“两弹一星”研制者们在严峻的国内外形势下，高举爱国主义旗帜，满怀报国之志，甘当无名英雄，隐姓埋名，默默奉献，克服了难以想象的艰难险阻，用热血和生命铸就了“热爱祖国、无私奉献，自力更生、艰苦奋斗，大力协同、勇于攀登”的两弹一星精神。

县委书记的好榜样焦裕禄，坚持实事求是、群众路线的领导方法，同全县干部群众一起，与严重的自然灾害进行顽强斗争，战胜了内涝、风沙、盐碱“三害”，彻底改变了兰考面貌。他与百姓心相连、情相依，全心全意为人民谋利益，不求名利，不图报答，有一种骨子里的爱民情怀；他在兰考县的475天中，靠一辆自行车和一双铁脚板，对全县149个生产大队中的120多个进行了走访和蹲点调研，面对面向群众请教、同群众商量；他身患肝癌，依旧忍着剧痛，顶风冒雪、走村串户、访贫问苦，深入基层、深入田间地头，切实为群众排忧解难，被誉为“党的好干部”“人民的好公仆”。“亲民爱民、艰苦奋斗、科学求实、迎难而上、无私奉献”的焦裕禄精神，过去是、现在是、将来仍然是我们党的宝贵精神财富。

雷锋是一位伟大的共产主义战士、全心全意为人民服务的楷模。他出生于贫苦家庭，对中国共产党怀有深厚的感情，牢固树立了全心全意为人民服务的思想和为共产主义奋斗终身的远大目标。他不忘阶级苦，懂得“怎样做人，为谁活着”，忠于党、忠于人民、忠于祖国、忠于社会主义；

以“钉子”精神刻苦学习毛泽东著作和科学文化知识，不断提高为人民服务的本领；以甘当“螺丝钉”的精神，默默奉献，在平凡的岗位上做出了不平凡的事迹。他热爱集体，关心战友，关心群众，把“毫不利己、专门利人”看成是人生最大的幸福和快乐，并身体力行，认真实践，“把有限的生命投入到无限的为人民服务之中去”。雷锋用短短22年的生命铸就了伟大的雷锋精神，这就是“热爱党、热爱祖国、热爱社会主义的崇高理想和坚定信念，服务人民、助人为乐的奉献精神，干一行爱一行、专一行精一行的敬业精神，锐意进取、勤俭节约的创业精神”。

在那些激情燃烧的岁月，兵团精神、北大荒精神、大庆精神、红旗渠精神、焦裕禄精神等伟大精神是广大人民群众艰苦奋斗的生动体现和宝贵财富，是鼓舞中国人民战胜困难，勇往直前，不断取得新胜利的巨大精神力量。

（四）团结一致战胜自然灾害的实践孕育了伟大的革命精神

我国地域辽阔，是一个自然灾害频发的国家。面对灾难，中国人民从来没有屈服，从来没有被压倒，而是以惊人的毅力和坚韧，一次次战胜自然灾害，并在战胜灾害的殊死搏斗中孕育了伟大精神，进一步增强了战胜自然灾害的信念与决心。

1998年夏，我国江南、华南大部分地区及北方局部地区普降大到暴雨。长江干流及鄱阳湖、洞庭湖水系，珠江、闽江和嫩江、松花江等区域相继发生了有史以来的特大洪水。党心紧系军民心，党中央密切关注着灾情发展趋势和抗灾进展，时刻牵挂着受灾群众和抢险军民，各级党组织充分发挥了党的领导作用；洪水无情人有情，全国人民情系灾区，一列列火车、一架架飞机、一队队汽车满载着物资、食品，满载着各地群众的深情厚意，从各个方向往灾区集结。这场抗洪抢险斗争规模大、气势壮，而更为重要的是，上下一心、干群一心、党群一心、军民一心、前方后方一心。在这场伟大的抗洪抢险斗争中，形成了“万众一心、众志成城，不怕困难、顽强拼搏，坚韧不拔、敢于胜利”的伟大抗洪精神。

2003年，我国部分地区发生了传染性非典型性肺炎疫情。面对非典型性肺炎这场突如其来的重大灾害，在党中央、国务院的坚强领导下，全国人民奋起抗击非典型性肺炎疫病。共产党员冲锋在前、勇挑重担，人民群众团结一致、相互支援，医务工作者舍生忘死、前仆后继，科技工作者夙兴夜寐、全力攻关，最终战胜疫情，形成了“万众一心、众志成城，团结互助、和衷共济，迎难而上、敢于胜利”的抗击非典精神。

新中国成立后，我国曾发生过多次大地震，1966年3月邢台半月内相继发生里氏6.8级和7.2级大地震，1976年7月唐山发生里氏7.8级大地震，2008年5月汶川发生里氏8.0级大地震，2010年4月玉树发生里氏7.1级大地震，2013年4月雅安发生里氏7.0级大地震……灾害无情人有情，在中国共产党领导中国人民与地震灾难进行斗争的伟大进程中，中华民族的传统精神得到了进一步的传承和发扬，并形成了“万众一心，众志成城，不畏艰险，百折不挠，以人为本，尊重科学”的伟大抗震救灾精神。

中国共产党之所以能够领导全国各族人民历经磨难、千锤百炼而更坚强，靠的就是各族人民的团结奋斗，其中，伟大精神发挥着至关重要的支撑作用。越是在困难的时候，越是要大力弘扬伟大精神，不断增强我们战胜磨难的决心和信心。

（五）改革开放的伟大实践孕育了伟大的改革开放精神

党的十一届三中全会开启了中国改革开放的大幕。改革开放是中国共产党的一次伟大觉醒，正是这个伟大觉醒孕育了党从理论到实践的伟大创造。改革开放是中国人民和中华民族发展史上一次伟大革命，正是这个伟大革命推动了中国特色社会主义事业的伟大飞跃。40多年来。中国共产党领导全国各族人民解放思想、实事求是，大胆地试、勇敢地改，干出了一片新天地。习近平总书记在庆祝改革开放40周年大会上的重要讲话中强调：“改革开放铸就的伟大改革开放精神，极大丰富了民族精神内涵，成为当代中国人民最鲜明的精神标识。”改革开放精神的内涵非常丰富，解放思想、实事求是、开拓创新、勇于担当、开放包容、合作共赢是核心要素。改革开放精神是中国共产党系列革命精神谱系中的最新成果，是对民族精神的继承和弘扬，是实现中华民族伟大复兴中国梦的强大精神动力。

二、马克思主义科学理论是革命精神的核心和灵魂

“没有革命的理论，就不会有革命的运动。”[①]马克思主义是揭示客观世界特别是人类社会发展一般规律的科学，是无产阶级认识世界和改造世界的锐利思想武器。中国共产党自成立之日起，就把马克思主义确立为自己的指导思想，写在自己的旗帜上。伴随革命实践一路走来的革命精神，从孕育、形成到发展，始终离不开马克思主义的指导，其蕴含的核心要素都是来源于马克思主义的理论观点。[②]

（一）马克思主义奠定了共产党人坚定理想信念的理论基础

马克思主义科学揭示了人类社会最终走向共产主义的必然趋势，坚信未来社会“将是这样一个联合体，在那里，每个人的自由发展是一切人的自由发展的条件”[③]，“无产者在这个革命中失去的只是锁链。他们获得的将是整个世界”[④]，坚信历史潮流奔腾向前，只要人民成为自己的主人、社会的主人、人类社会发展的主人，共产主义理想就一定能够在不断改变现存状况的现实运动中一步一步实现。

正是在马克思主义的指导下，一代又一代中国共产党人把在中国实现社会主义、共产主义确立为自己的远大理想和奋斗目标，并树立了为之不懈奋斗的坚定信念。马克思主义中国化第一人李大钊，早年在日本留学时开始接触社会主义思想和马克思主义学说。1917 年十月革命胜利后，他深刻认识到这场革命将对 20 世纪世界历史进程产生划时代的影响，也从中看到了中华民族争取独立和中国人民求得解放的希望。在宣传十月革命的过程中，他从一个爱国的民主主义者转变为一个马克思主义者，并且成为我国最早的马克思主义传播者。五四运动爆发后，李大钊热情投入并参与领导了这一运动，发表《我的马克思主义观》，系统介绍马克思主义理论，

---

① 《列宁专题文集（论无产阶级政党）》，人民出版社 2009 年版，第 70 页。

② 王炳林、房正：《关于深化中国共产党革命精神研究的几个问题》，《中国高校社会科学》2016 年第 3 期，第 6 页。

③ 《马克思恩格斯选集》第 1 卷，人民出版社 1995 年版，第 294 页。

④ 《马克思恩格斯选集》第 1 卷，人民出版社 1995 年版，第 307 页。

在当时的思想界产生了重要影响。1920 年 3 月，李大钊在北京大学发起组织马克思学说研究会。同年秋，他又领导建立了北京的共产党早期组织和北京社会主义青年团，并积极推动建立全国范围的共产党组织，对中国共产党的创建作出了至关重要的贡献。1927 年，李大钊在北京被反动军阀杀害。李大钊通过对马克思主义的学习和研究，坚定了马克思主义信仰，从此对信仰和真理矢志不移，为传播和实践马克思主义而英勇献身，真正做到了自己所说的“勇往奋进以赴之”“瘅精瘁力以成之”“断头流血以从之”。作为五四运动的先驱和领导者，李大钊用自己的信仰和生命诠释了“爱国、进步、民主、科学”的五四精神。

坚定信念、艰苦奋斗，是井冈山精神的灵魂。大革命失败后，井冈山的星星之火，能够照亮中国革命的前程，靠的就是共产党人对中国革命光明未来的坚定信念和不懈追求。正是因为有了崇高的理想信念，才会产生在艰难困苦环境中战胜一切困难的超凡勇气，才会在四面白色政权的包围中自强不息，百折不挠，历经艰难奋战而不溃散。1929 年冬，面对红军和地方党内的悲观思想，毛泽东写下了著名的《星星之火，可以燎原》，运用马克思主义的基本观点和方法，深刻地分析了中国革命的形势，提出了中国革命必须走农村包围城市、武装夺取政权的道路。毛泽东之所以能够作出这样的判断，能够有如此坚定的理想信念，正是建立在其对马克思主义的深刻认识基础上，在其对中国社会发展规律的深刻认识基础上。

（二）革命精神中蕴含着马克思主义关于坚守人民立场的深刻思想

一切为了人民、一切依靠人民，是中国共产党革命精神中蕴含的鲜明的群众观念，这一观念体现了马克思主义关于坚守人民立场的思想。马克思主义强调，人民群众是历史的创造者，是实现社会变革的决定力量，人心所向体现了时代的变革要求，代表了历史的主流，预示着社会发展的基本方向。

革命战争年代，以毛泽东为主要代表的中国共产党人在马克思主义群众史观的基础上，结合中国革命实践，总结形成了“一切为了群众，一切依靠群众，从群众中来，到群众中去”的群众路线，并把它作为党的根本工作路线。苏区精神的重要内涵“一心为民”就很好地体现了这一点。在中央苏区时期，中国共产党通过“最大范围的发动群众，巩固并扩大红军支持长期的艰苦阶级战争，来冲破敌人的‘围剿’，并扩大苏区和建立巩固的根据地”[①]。国民党军队对苏区进行军事“围剿”和经济封锁，造成苏区人民生产和生活的极大困难。为了解决贫苦农民的土地问题，中国共产党在苏区发动了土地革命，改变了不合理的土地占有关系，无地少地农民取得了一些土地。土地革命不仅使农民获得了土地，原来遭受战争破坏的地方农业生产恢复了，而且有些地方还得到了发展。在此基础上，农民生活有了很大的改善。[②] 正如毛泽东所言：“一切群众的实际问题，都是我们应当注意的问题。假如我们对这些问题注意了，解决了，满足了群众的需要，我们就真正成了群众生活的组织者，群众就会真正围绕在我们的周围，热烈地拥护我们。”

共产党人的先进模范用自己的实际行动诠释了一心为民的立场。1962 年 12 月，当党组织安排焦裕禄同志到环境条件较差的兰考县任县委书记时，他没有任何抱怨，没有任何要求，受命于危难之时，哪里需要他，他就去哪里。在治理“三害”（风沙、内涝、盐碱）的过程中，他紧紧依靠群众，从群众那里学习经验，坚持问政于民、问需于民、问计于民，善于虚心拜人民为师，同时又把群众的冷暖安康作为工作的最高标准。“心中装着全体人民，唯独没有他自己”，反映了焦裕禄坚定不移的公仆意识。他到任兰考的第二天就深入基层调查研究，在一年多的时间里，他拖着患有慢性肝病的身体跑遍了全县 140 多个大队中的 120 多个。

中国共产党一百年波澜壮阔的历史，就是一部共产党人为民族解放、国家富强、人民幸福而英勇牺牲、无私奉献的历史，是一部党与人民群众始终心连心、同呼吸、共命运的历史，是一部敢于压倒一切困难和敌人，而从来不会被困难和敌人所吓倒、所屈服的历史，是一部党带领中国人民不断从胜利走向胜利的光辉历史。

---

① 《中共中央文件选集》第 7 册，中共中央党校出版社 1989 年版，第 376 页。

② 《中华苏维埃共和国中央执行委员会与人民委员会对第二次全国苏维埃代表大会的报告》，《中央革命根据地史料选编》下册，江西人民出版社 1982 年版，第 321—322 页。

（三）革命精神深刻体现了马克思主义关于人民民主的重要思想

马克思、恩格斯指出，“无产阶级的运动是绝大多数人的、为绝大多数人谋利益的独立的运动”[①]，“工人阶级一旦取得统治权，就不能继续运用旧的国家机器来进行管理”，必须“以新的真正民主的国家政权来代替”[②]。国家机关必须由社会主人变为社会公仆，接受人民监督。

五四运动高声喊出了民主的口号，倡导个性解放、人格独立及自由民主权利，在当时的中国有很大进步意义。随着五四运动的深入，很多原来追求西方资本主义的知识分子开始用马克思主义的观点来重新认识民主，在实践中将对民主的追求与走社会主义道路、实现民族复兴的事业结合在一起。

苏维埃政权建立后，各级政府马上在各地苏区推行工农民主。工农劳苦大众拥有选举权和被选举权，由人民选举产生代表会议的代表并可随时罢免政府工作人员，给予人民以完全的集会结社言论出版自由，缩小行政区划以便使苏维埃更接近民众和获得民众意见。

在延安，陕甘宁边区制定了《陕甘宁边区选举条例》《陕甘宁边区各级参议会组织条例》《陕甘宁边区政府组织条例》和《陕甘宁边区高等法院组织条例》等制度，把边区政权模式以法制形式固定下来。“三三制”政权的提出，使边区的政权建设更加民主化，陕甘宁边区成为了抗日民主的模范区。当黄炎培谈到，“其兴也勃焉，其亡也忽焉”，称历朝历代都没有能跳出兴亡周期律。毛泽东表示，“我们已经找到新路，我们能跳出这周期律。这条新路，就是民主。只有让人民来监督政府，政府才不敢松懈。只有人人起来负责，才不会人亡政息。”[③]

在西柏坡，党中央和毛泽东对如何组建新中国的人民政权进行了深入思考。毛泽东在九月会议上强调指出，中国革命胜利后，要“建立无产阶级领导的以工农联盟为基础的人民民主专政”。[④]与人民民主专政的国体相

---

① 《马克思恩格斯选集》第1卷，人民出版社1995年版，第283页。

② 《马克思恩格斯选集》第3卷，人民出版社1995年版，第12页。

③ 黄炎培：《八十年来》，中国文史出版社1982年版，第157页。

④ 《毛泽东文集》第5卷，人民出版社1996年版，第135页。

适应的新中国的政体，是民主集中制的各级人民代表会议制度，中央和地方各级政府，都由各级人民代表大会选举产生，得来不易的民主政权用制度形式得以巩固。

一百年来，中国共产党从来没有停止民主建设的理论和实践的探索，无数革命先烈更是抛头颅、洒热血，用生命践行了对民主的追求。

（四）革命精神始终贯穿着辩证唯物主义和历史唯物主义的基本观点

马克思主义哲学在实践的基础上以科学为依据把唯物主义和辩证法有机地结合在一起，这种既是唯物主义又是辩证法的科学世界观，不仅正确地解决了世界的本源“是什么”的问题，而且正确地回答了世界的状况是“怎么样”的问题。作为中国共产党革命精神核心要素之一的“实事求是”，深刻反映了辩证唯物主义和历史唯物主义的基本观点，贯穿于马克思主义唯物论、辩证法、认识论各方面。

大革命时期，以毛泽东同志为代表的共产党人就坚持实事求是的态度，把马克思主义普遍真理同中国具体实际相结合，坚持中国革命斗争的胜利要靠中国的同志了解中国情况，要靠中国的同志在实践中探索前进的思想，走自己的路，最终开辟出了具有中国特色的革命道路——井冈山道路。

遵义会议是我们党坚持“实事求是”的重要成就。遵义会议前，党还处在幼年时期，对我国实际情况缺乏具体的深入的了解，存在着把马克思主义教条化问题。党内一些把共产国际指示和苏联经验神圣化的错误倾向给中国革命斗争带来了不良影响和重大损失。1935 年 1 月，中共中央政治局在遵义召开扩大会议。会议着重总结了第五次反“围剿”失败的经验教训，否定了博古、李德的“左”倾教条主义的军事路线，肯定了毛泽东同志为代表的马克思列宁主义的军事路线，强调领导中国革命战争应根据马克思列宁主义基本原理与中国革命战争实践相结合的原则，根据中国革命斗争的实际情况，来规定和制定红军的组织形式、战略方针和战争形式等，对党内两条军事路线的一场大争论作出了正确的结论。遵义会议是我们党第一次独立自主地运用马克思列宁主义基本原理解决中国革命问题的重要会议，证明了中国共产党完全具有独立自主解决自己内部复杂问题的能力。

长期的革命斗争证明了实事求是原则的重要性，然而在党内实现对这一原则的普遍认同是在延安时期。1941 年到 1945 年，以延安为中心，全党范围内普遍开展了整风运动。通过整风运动，纠正了党内以教条主义为基本特征的“左”倾错误思想，认清了毛泽东所说的“创造性”的马克思主义与“教条式”的马克思主义、“活的”马克思主义与“死的”马克思主义的本质区别，理解了“马克思主义不是教条，而是行动的指南”的科学论断，并学会了“随时随地都要以当时的历史条件为转移”① 来运用马克思主义。延安整风使实事求是原则在党内深入人心，为革命胜利奠定了重要思想基础。

邓小平是我党坚持“实事求是、理论联系实际”的优秀代表，他自称“我是实事求是派”。1962 年应对严重自然灾害，各地农村自发产生了各种各样的生产形式：有的地方以生产队为核算单位，有的地方实行包产到户。怎样看待这些问题，党内有不同意见，群众也盼望着中央给予明确的答复。在这种情况下，邓小平为尽快地恢复和发展农业生产，开展大量的调查研究。1962 年 7 月，邓小平在两次不同的会议上，针对发展农业生产关系的问题，指出：调整农业生产关系，目的是发展农村生产力，不能在生产形式上简单划一。群众愿意采用哪种形式，就采用哪种形式……为形象地表达这一观点，邓小平引用了“不管黄猫黑猫，只要捉住老鼠就是好猫”这句四川话，以此来表达他对包产到户的肯定。正因为邓小平的态度如此鲜明，“猫论”如此生动形象，这两次讲话后，“猫论”不胫而走。历史实践证明，源自实事求是的“猫论”显示了巨大的生命力。邓小平说：“我读的书并不多，就是一条，相信毛主席讲的实事求是。”② 实事求是，一切从基本国情出发，一切从社会主义初级阶段的实际出发，既坚持强国之路，又坚持立国之本，中国特色社会主义事业就能不断取得令世人瞩目的新成就。

无论是哪个时期，无论侧重哪个方面，中国共产党革命精神中都始

① 《马克思恩格斯选集》第 1 卷，人民出版社 1995 年版，第 248 页。

② 《邓小平文选》第 3 卷，人民出版社 1993 年版，第 382 页。

终贯穿着马克思主义的基本原理和方法。可以说，中国共产党革命精神是马克思主义理论在精神思想层面的生动体现。只有深刻把握马克思主义立场、观点和方法，才能把握中国共产党革命精神的灵魂。

三、中华优秀传统文化是革命精神的深厚根基

马克思指出，“人们自己创造自己的历史，但是他们并不是随心所欲地创造，并不是在他们自己选定的条件下创造，而是在直接碰到的、既定的、从过去承继下来的条件下创造。”[①]习近平总书记强调，“中国特色社会主义文化，源自于中华民族五千多年文明历史所孕育的中华优秀传统文化，熔铸于党领导人民在革命、建设、改革中创造的革命文化和社会主义先进文化，植根于中国特色社会主义伟大实践。”[②]中华优秀传统文化、革命文化和社会主义先进文化是一脉相承的。

在漫长的发展历程中，中华民族形成了以爱国主义为核心的团结统一、爱好和平、勤劳勇敢、自强不息的伟大民族精神。这种民族精神在优秀传统文化的基础上凝练和总结而成，与传统文化相互作用，关系密切，可谓水乳交融。革命精神作为革命文化的重要核心，吸收了中华优秀传统文化的有益因素，是对中华优秀传统文化和民族精神的继承和升华。

（一）革命精神是中华民族文化基因和价值理念的传承

中华民族拥有五千多年的悠久历史，形成了丰富的传统文化和独特的民族精神。中华民族传统文化积淀深厚、博大精深，虽然其中也有糟粕，但更多的是富有民族特色的宝贵精神财富，尤其是蕴含其中的讲仁爱、重民本、守诚信、崇正义、尚和合、求大同等思想观念，体现出中华民族特有的文化基因和价值理念。[③]

① 《马克思恩格斯选集》第1卷，人民出版社1995年版，第585页。

② 习近平：《决胜全面建成小康社会 夺取新时代中国特色社会主义伟大胜利——在中国共产党第十九次全国代表大会上的报告》，人民出版社2017年版，第40页。

③ 王炳林、房正：《关于深化中国共产党革命精神研究的几个问题》，《中国高校社会科学》2016年第3期，第7页。

“仁爱”是中华民族最核心的价值理念。孔子第一次明确地把“仁爱”作为礼乐文明的核心，主张反对滥用权力，以庄敬的态度尊重、呵护百姓。中国古代历史上，“仁爱”逐渐成为传统价值体系的内核，各种蒙学、家训及口耳相传的人文教化，以润物细无声的方式把这种大爱精神普及到千家万户。民本思想在中华文化史上源远流长，代表着中华民族独特的精神标识。西汉贾谊在《新书·大政上》提出，“闻之于政也，民无不为本也”，成为古代民本思想的一个概述。“立君为民”“民惟邦本”“民贵君轻”“敬天保民”“仁民爱民”等古训，都表现出人民在国家政治体系中的重要地位。

讲仁爱、重民本的思想在中国近代集中体现在无数仁人志士为了解救苦难中的民众奋起拼搏，为了民生和民主抛头颅、洒热血的无私无畏精神。面对外强欺侮，青年知识分子走上街头，大声疾呼，寻求救国救亡之道，创造了追求爱国、民主的五四精神。中国共产党自成立之日起，就公开宣布党除了最广大人民的利益，没有自己特殊的利益。在中国共产党建党实践活动和革命斗争中，涌现了一大批始终为中国人民谋幸福，为中华民族谋复兴而不懈奋斗、无私奉献的杰出代表。从中国共产党成立之初的58名早期党员来看，很多出身于殷实家庭，有着相对比较优越的生活条件，有些还是名门望族。他们投身革命，并非是为了改变个人的境遇，而是出于改变整个国家和民族的命运，为的是让贫苦人民过上幸福美好生活。县委书记的好榜样焦裕禄，心中时刻装着人民群众，对群众生产和生活十分关心，却从不考虑个人得失，铸就了亲民爱民的焦裕禄精神。毛主席的好战士雷锋，把有限的生命投入到无限的为人民服务中，为了党和人民、为了国家建设奉献了自己的青春和生命，铸就了服务人民、助人为乐的雷锋精神。

诚信是为人之本。孔子有言“人而无信，不知其可也”，认为与人交往要“言而有信”。他还从多个方面阐述了“信”的丰富内涵和重要价值，并将“信”作为教育学生的四大科目之一。虽然历时久远，但诚信始终是中华民族珍贵的文化资源。我国的“正义”学说源远流长、内涵丰富。早在尧舜时代，“义”就已经是人们谈到的重要命题，后来“义”作为“五常”之一成为重要的道德范畴。《墨子·天志下》说“义者，正也”，“正义”不仅表现为社会秩序上的和谐与和顺，而且表现为历代士人道义为先的价值取向、舍生取义的大丈夫精神。

在革命、建设和改革过程中，中国共产党人以天下为己任、勇于担当、爱国敬业、信义至上，自觉担当起中华民族伟大复兴的时代重任。在长达14年的抗日战争中，无数抗战英雄为了民族大义，前仆后继、同仇敌忾、舍身救国，展示了天下兴亡、匹夫有责的爱国情怀，视死如归、宁死不屈的民族气节，不畏强暴、血战到底的英雄气概，百折不挠、坚忍不拔的必胜信念；70多年来，驻守边疆的兵团人栉风沐雨，驻守千里边防，谱写了保卫边疆、守护家园的历史篇章，形成了以“热爱祖国、无私奉献、艰苦创业、开拓进取”为核心的兵团精神；在“两弹一星”研制过程中，工作环境和科研条件都异常艰苦，很多科学家隐姓埋名，在人迹罕至、环境恶劣的困难条件下工作和生活，忠于职守、无私奉献，为了国家的至高利益甘愿付出自己的一切甚至生命，形成了热爱祖国、无私奉献，自力更生、艰苦奋斗，大力协同、勇于登攀的“两弹一星”精神。

和合是中华民族人文精神的重要理念。和合一词最早见于《国语·郑语》，“商契能和合五教，以保于百姓者也。”和合的现代意义主要是包容互鉴、互利共赢、合作发展。自古至今，大同一直是中国人关于理想社会的梦想。大道之行也，天下为公。从近代到现代，大同思想都发挥了重要作用，使得传统文化具有了更强的包容力，更好地接纳自由、民主、平等等价值。

中国共产党不仅领导中国人民在追求美好未来的道路上大步向前，而且始终坚持美美与共、天下大同的观念，为世界和平与发展做出积极贡献。中国医疗队自1963年成立以来，先后向非洲、亚洲、拉丁美洲、欧洲、大洋洲的65个国家和地区派出援外医疗队，累计派出医务人员1.8万多人次，已诊治病人达2.4亿人次，精湛技术和良好的医德医风赢得了受援国政府领导人和人民群众的高度赞扬，也形成“不畏艰苦、甘于奉献、救死扶伤、大爱无疆”的中国医疗队精神。同一个世界、同一个梦想，2008年北京奥运会所展现出来的开放和包容，让世界认识了一个新的中国。

“中国共产党从成立之日起，就既是中华优秀传统文化的忠实传承者和弘扬者，又是中国先进文化的积极倡导者和发展者。”[①] 在领导革命、建设和改革实践过程中，中国共产党人始终高度重视优秀传统文化的传承和弘扬。新时期，习近平总书记将中华优秀传统文化升华为“中华民族的基因”“民族文化血脉”和“中华民族的精神命脉”，使其成为民族精神的源头，为世界上所有华人提供了“精神家园”，使之找到了自己的“基因”所在，有力增强了民族自信心、民族自豪感和民族凝聚力。

（二）革命精神是伟大民族精神的升华

民族精神是一个民族赖以生存和发展的精神支撑，是一个民族生命力和凝聚力的重要体现。习近平总书记在十三届全国人大一次会议上的重要讲话，阐述了中国人民在书写波澜壮阔的中华民族发展史、创造博大精深的中华文明进程中，培育出来的历久弥新的中华民族精神，这就是伟大创造精神、伟大奋斗精神、伟大团结精神、伟大梦想精神。

中国人民是在与天奋斗、与地奋斗、与人奋斗的艰难历程中形成伟大民族精神的。与天奋斗，抵御各种自然灾害，探索自然运行规律，利用自然资源优势，形成了既道法自然、天人合一，又天人相分、人定胜天的理性精神。与地奋斗，开垦农田，兴修水利，开拓道路，形成了坚忍不拔、愚公移山的顽强精神。与人奋斗，反抗侵略，保家卫国，形成了伟大的爱国主义精神；举行农民起义，反抗剥削压迫，形成了追求公平正义的民族精神。特别是近代以来，中国人民经历了战乱频仍、山河破碎、民不聊生的深重苦难，无数志士仁人不屈不挠、前仆后继，进行了可歌可泣的斗争。中国共产党成立后，“天翻地覆慨而慷”，团结带领人民进行新民主主义革命，艰苦卓绝、浴血奋战，推翻压在头上的帝国主义、封建主义、官僚资本主义三座大山。中华人民共和国成立后完成社会主义革命，完成了中华民族有史以来最为广泛而深刻的变革。改革开放后进行新的伟大革命，破除了阻碍国家和民族发展的一切思想和体制障碍，取得了经济社会

① 《中国共产党第十七届中央委员会第六次全体会议公报》，人民出版社 2011 年版，第 4 页。

的快速发展。[①]

中国共产党是中国工人阶级的先锋队，是中国人民和中华民族的先锋队，同时也是伟大民族精神的忠诚继承者和坚定发扬者。以民族精神的核心爱国主义为例，在内忧外患的危难境地，中国共产党带领中国人民，对外反抗帝国主义列强侵略，捍卫祖国的独立和领土完整，对内反对封建统治者和买办官僚资本，取得新民主主义革命和社会主义革命的伟大胜利，谱写了中华民族爱国主义精神的辉煌篇章。

100多年前的五四运动就喊出了“爱国”口号。当巴黎和会上中国外交的失败以及帝国主义国家继续瓜分中国的消息传到国内时，国家的危亡、民族的耻辱，驱动着五四先进分子的爱国之心。“天下兴亡、匹夫有责”再次化为人们行动的动力，一场空前的反帝反封建的爱国运动开始了。这场运动带有自鸦片战争以来积累的民族情绪，是人们把国家与个人视为一个生命整体的传统信念的延续，是对悠长久远的中华民族爱国主义传统继承的产物，是为拯救中华而奋起的精神。[②]

70年前抗美援朝喊出了“保家卫国”的口号。在近三年的抗美援朝战争中，全国广大青年热烈响应祖国的召唤，先后掀起了四次参军高潮，不少莘莘学子投笔从戎，特别是北京、天津、上海、南京、武汉、重庆、广州等大城市的大、中学生；新解放区的翻身农民更是踊跃，像黄继光、邱少云、罗盛教、胡修道等志愿军英雄都是那时参军的。全国青年有207万人参加了志愿军，保证了中国人民志愿军兵员的补充，为抗美援朝战争的胜利奠定了基础。在这场战争中，无论是工人、农民、知识分子还是工商业者，都因爱国主义聚集在一起，形成了空前强大的力量。

50多年前的“两弹一星”喊出了“热爱祖国”的口号。1964年10月16日我国第一颗原子弹爆炸成功，1967年6月17日我国第一颗氢弹空爆试验成功，1970年4月24日我国第一颗人造卫星发射成功。在参加“两弹一星”工程的科学家中，许多人原本在国外学习、工作，生活和科研条

① 颜晓峰：《始终发扬伟大民族精神——学习习近平总书记在十三届全国人大一次会议上的重要讲话》，《解放军报》2018年4月11日。

② 林文光选编：《陈独秀文选》，四川出版集团、四川文艺出版社2009年版，第11页。

件非常优厚，不少人已功成名就，但当他们看到新中国成立后政治上迎来翻天覆地的变化而在科学技术方面还十分落后，当他们听到中央政府真诚希望海外游子回国参加建设的召唤，便满怀拳拳爱国之心义无反顾地回到中国。钱学森、王淦昌、彭桓武、邓稼先、朱光亚、程开甲、赵忠尧、赵九章、郭永怀、姚桐斌、王承书、张文裕等数以千计的海外科学家纷纷回国参加工作。在外部风云骤变和国内经济困难造成的双重压力下，中国广大科研人员以无与伦比的勇气和毅力，克服困难，保证了“两弹一星”的顺利研制，创造了一个又一个永垂青史的伟大奇迹，为中华民族“爱国”精神增添了鲜亮的一笔。

毫无疑问，近百年来的伟大民族精神，是中国共产党团结带领人民在伟大社会革命中丰富强化、砥砺升华的。始终发扬创造、奋斗、团结、梦想的伟大民族精神，是新时代坚持和发展中国特色社会主义的必然要求。

四、吸收和借鉴世界文明的优秀成果

马克思主义反对那种把无产阶级文化、社会主义社会同整个人类文明、资本主义社会对立起来、割裂开来的观点。无产阶级所创造的一切文化成果都是适应人类社会历史发展需要，在吸收人类社会发展过程中创造的一切积极文明成果的基础上，在无产阶级的革命和建设实践中创造出来的。中国共产党革命精神的形成与发展同样吸收和借鉴了世界文明的优秀成果。[①]

（一）革命实践要成功，必须具备世界眼光

毛泽东很早就开始接触西方“新知识”。1910 年，17 岁的毛泽东从一本世界英杰传里，读到拿破仑、叶卡捷琳娜女皇、彼得大帝、华盛顿、格莱斯顿、卢梭、孟德斯鸠和林肯等人的事迹后，对同学萧植蕃说，中国也要有这样的人，我们应该讲求富国强兵之道，顾炎武说得好，天下兴亡，匹夫有责。[②]之后，他在湖南省立图书馆、湖南第一师范学校和北京大学

① 王炳林、房正：《关于深化中国共产党革命精神研究的几个问题》，《中国高校社会科学》2016 年第 3 期，第 7 页。

② 《毛泽东年谱（1893—1949）》上卷，中央文献出版社 2013 年版，第 9 页。

等地，都主动接触西方译著，大量学习和吸收西方思想文化。1935 年到达延安后，即使身居窑洞，毛泽东仍眼观世界，深入研究中国革命和世界革命的关系，指出“自从帝国主义这个怪物出世之后，世界的事情就联成一气了，要想割开也不可能了”[①]，“中国革命是世界革命的一部分”[②]。毛泽东是利用世界眼光来分析中国革命的特点和规律的典范。

当年，很多革命家选择走出国门，前往异国他乡，直接感受和学习国外积极思想文化成果。陈独秀、李大钊都曾赴日留学。李大钊于 1919 年发表的《我的马克思主义观》一文中，关于马克思和恩格斯的引文，就是由他在日本早稻田大学的老师河上肇翻译成中文的，文中一些关于马克思主义的观点也是参照河上肇的。周恩来、邓小平、蔡和森、陈毅、聂荣臻等人则是在法国勤工俭学，边工作边学习，他们中的很多人都是在法国逐渐接受马克思主义，完成了由民主主义者向马克思主义者的转变。朱德在 36 岁时开始了欧洲留学之旅，并在德国柏林由张申府、周恩来介绍加入了中国共产党。他后来回忆在德国留学经历时提到，“在研究马克思列宁主义方面，也有很大的进步，我读了很多这种书籍。在这‘休养’时期，重新准备的时期，我把自己的思想、行动都重新检讨了。现在想起来，那时的确是有很大的进步。”[③] 刘少奇、刘伯承、罗亦农、彭述之、卜士奇等人则是在十月革命爆发地苏联学习。刘少奇在莫斯科东方大学学习时，阅读了大量马克思主义著作，并在苏联由社会主义青年团团员转为中国共产党党员。1948 年，刘少奇在回忆这段学习经历时说，“在这样的情况下，在东方大学学了八个月跑回来了，也算取了经，取到的经不多就是了。当时我们学得不多，倒是我自己的革命人生观开始确定了。”[④] 可见，在国外学习和吸收的新思想、新理论，所见所闻的文明成果，对早期革命家确立信仰、选择道路起到了不容忽视的作用，使他们能用宽广的眼界和胸襟观察

---

① 《毛泽东选集》第 1 卷，人民出版社 1991 年版，第 161 页。

② 《毛泽东选集》第 2 卷，人民出版社 1991 年版，第 666 页。

③ 中央文献研究室第二编研部编：《朱德自述》，解放军文艺出版社 2007 年版，第 91 页。

④ 中共中央文献研究室、中共中央党校编：《刘少奇论党的建设》，中央文献出版社 1991 年版，第 510 页。

和把握世界发展局势，对中国革命实践发挥了至关重要的作用，也对中国共产党革命精神形成产生了积极影响。①

（二）大胆吸收和借鉴国外先进经验

此外，中国共产党还十分注重在革命、建设和改革实践中吸收和借鉴国外先进理念和技术，为我所用。1956年，在探索中国社会主义建设道路之初，毛泽东就提出“向外国学习”，并要求“一切民族、一切国家的长处都要学，政治、经济、科学、技术、文学、艺术的一切真正好的东西都要学”。② 在对外开放过程中，邓小平也强调，“现在的世界是开放的世界”“中国的发展离不开世界”，用新的思想和观点继承和发展了马克思主义。可以说，以改革创新为核心的时代精神也融合了人类社会创造的一切有益文明成果。③

1979年1月，中美在互相隔绝30年之后建立了两国政府间完全的外交关系。邓小平接受美国总统卡特的邀请，于1月28日到2月5日访问美国，在全世界掀起了“邓小平旋风”。访美九天，邓小平出席了近80场会谈、会见等活动，参加了约20场宴请或招待会，发表了22次正式讲话，并8次会见记者或出席记者招待会。通过访美之行，他进一步了解了世界现代化建设的实际情况，大大拓宽了眼界和视野。他准确判断国际形势，坚决主张对外开放，认为“现在的世界是开放的世界”，社会主义不是离开人类文明大道故步自封的产物，而是对人类文明的继承和发展，强调社会主义要赢得与资本主义相比较的优势，就必须大胆吸收和借鉴人类社会创造的一切文明成果，吸收和借鉴当今世界各国包括资本主义发达国家的一切反映现代社会化生产规律的先进经营方式、管理方式。经济特区，就是观察世界的窗口，是对外经济联系的桥梁，是世界眼光的产物和体现。

邓小平指出，“任何一个民族、一个国家，都需要学习别的民族、别

① 王炳林、房正：《关于深化中国共产党革命精神研究的几个问题》，《中国高校社会科学》2016年第3期，第8页。

② 《毛泽东文集》第7卷，人民出版社1999年版，第41页。

③ 《邓小平文选》第3卷，人民出版社1993年版，第64、78页。

的国家的长处，学习人家的先进科学技术。我们不仅因为今天科学技术落后，需要努力向外国学习，即使我们的科学技术赶上了世界先进水平，也还要学习人家的长处。”[①]1983年，他指出，“我们要向资本主义发达国家学习先进的科学、技术、经营管理方法以及其他一切对我们有益的知识和文化，闭关自守、故步自封是愚蠢的。”[②]1992年，他再次指出：“社会主义要赢得与资本主义相比较的优势，就必须大胆吸收和借鉴人类社会创造的一切文明成果，吸收和借鉴当今世界各国包括资本主义发达国家的一切反映现代社会化生产规律的先进经营方式、管理方法。”[③] 正是由于40年来，经济特区充分发挥毗邻港澳台的地理优势，运用国家给予的优惠政策，以巨大的包容性，率先通过中外合资、中外合作、外商独资、“三来一补”等形式大胆吸收借鉴国外经验和资金，实现了经济社会跨越式发展。在此基础上，经济特区还通过外引内联，把资金、技术、信息等向内地转移、传递和推广，充分发挥了窗口作用和示范带动作用，有力地促进了内地经济发展。

在大胆借鉴吸收国外先进技术、资金的同时，很多国外先进理念也深深影响了中国社会发展。例如在发展经济的同时注意保护环境。海南在建设开发过程中，就牢固树立和全面践行绿水青山就是金山银山的理念，瞄准建设国际旅游岛战略目标，实行了最严格的生态环境保护制度，构建高效统一的规划管理体系，率先建立现代生态环境和资源保护监管体制。建立健全了形式多样、绩效导向的生态保护补偿机制和陆海统筹的生态系统保护修复、污染防治区域联动机制，探索出了一条人与自然和谐发展的路子。

不拒众流、方为江海。我国在改革开放过程中，尤其是在特区建设中，积极学习借鉴人类一切优秀文明成果，为实现中国跨越式发展探索了道路、注入了持续动力，也创造了伟大的改革开放精神、特区精神。

---

① 《邓小平文选》第2卷，人民出版社1994年版，第91页。

② 《邓小平文选》第3卷，人民出版社1993年版，第44页。

③ 《邓小平文选》第3卷，人民出版社1993年版，第373页。

第二章　探索革命新道路的精神支柱

鸦片战争之后的近代中国，军阀割据，战乱频仍，山河破碎，民不聊生。在中华民族的危难之际，中国共产党诞生了！这个以马克思主义先进理论为指导的无产阶级政党，提出的纲领和奋斗目标代表了中国社会发展的正确方向，为中国人民指明了前进方向和奋斗目标。中国共产党成立之初，尽管力量还比较弱小，政治还不够成熟，面对困难和挑战都是艰巨的，但是中国共产党人为实现远大理想从艰难中寻找希望，表现出顽强的革命精神和革命斗志，由此形成的伟大精神成为探索革命新道路的强大精神支柱。

一、开天辟地

十月革命一声炮响，给中国送来了马克思列宁主义。在五四运动中，马克思主义得到了广泛的传播，形成了以爱国、进步、民主、科学为主要内容的五四精神。后来，马克思主义与中国工人运动结合，产生了以上海工人为代表的先驱精神。随着工人运动的不断开展，阶级条件的不断成熟，中国共产党应运而生，红船精神照耀神州。

（一）五四精神

1919 年的五四运动，是一场以先进青年知识分子为先锋的反帝反封建的爱国运动，也是一场伟大的思想解放运动。它拉开了中国新民主主义革命的序幕，成为推动中国历史进步的一座丰碑，在中国革命史上具有划时代的意义。由五四运动孕育而产生的五四精神，是中华民族宝贵的精神财富，激励着一代又一代中国人为革命、建设和改革事业作出巨大贡献。

百年思潮，激荡中国，孕育出伟大的思想，同时也推动历史不断向前发展。五四精神是五四运动的产物。五四运动的爆发得益于新文化运动为五四精神种下“民主”与“科学”的种子。

1915 年，陈独秀在上海创办《新青年》[①] 杂志，标志着新文化运动轰轰烈烈展开。毛泽东曾指出，“五四时期，一班新人物反对文言文，提倡白话文，反对旧教条，提倡科学和民主，这些都是很对的。在那时，这个运动是生动活泼的，前进的，革命的。”[②] 可以说，提倡民主、反对专制，提倡科学、反对迷信，提倡新道德、反对旧道德，提倡新文学、反对旧文学的新文化运动，是伟大的思想解放和启蒙运动。它反对尊孔复古之逆流，打破了旧中国封建保守思想的一潭死水；崇尚民主与科学，为马克思主义在中国的传播鸣锣开道，为五四运动的爆发提供了思想和舆论准备。

时间转到 1919 年，第一次世界大战的战胜国在巴黎凡尔赛宫召开了战后和平会议，史称“巴黎和会”。作为协约国的战胜国之一，中国向和会提出取消列强在华特权的七点要求，取消袁世凯和日本签订的卖国“二十一条”，收回战前德国在山东的一切权利等。但这些正义要求却遭到参加和会的帝国主义国家的拒绝。更为令人气愤的是，帝国主义列强竟然无理地把德国在山东的特权转让给日本。北洋政府面对屈辱的和约，打算向帝国主义妥协，准备在和约上签字。消息传来，激起全国人民的强烈抗议，一场反对帝国主义、反对封建主义的爱国主义运动像火山一样爆发了。

5 月 4 日，北京大学等 13 所院校 3000 余名学生聚集天安门广场，举行了声势浩大的示威活动，喊出了“外争国权，内惩国贼”“取消二十一条”等口号。他们在宣言中写道：“中国的土地可以征服而不可以断送！中国的人民可以杀戮而不可以低头！国亡了！同胞们起来呀！”[③] 下午 2 点多，大规模游行队伍到达赵家楼胡同曹汝霖住宅，痛打了在曹家的章宗祥并火烧曹宅。

---

① 原名《青年杂志》，第二卷起改称《新青年》。

② 《毛泽东选集》第 3 卷，人民出版社 1991 年版，第 831 页。

③ 《中国共产党的九十年（新民主主义革命时期）》，中共党史出版社 2016 年版，第 18 页。

五四运动游行学生痛斥曹汝霖

北洋军阀政府派出大批军警来镇压北京学生的爱国运动，并逮捕游行示威学生多人。群情激奋之下，5 月 19 日，北京大中学校 2.5 万人举行总罢课。6 月 5 日，为响应支持学生的爱国运动，上海工人阶级开始了大规模的罢工。自此起，运动中心由北京转往上海，运动主力由学生转为工人。迅猛扩大的斗争形势给北洋政府以极大压力。最终，北洋政府宣布罢免曹汝霖、章宗祥、陆宗舆三人职务，拒绝在巴黎和约上签字，五四运动取得巨大胜利。

五四运动中，以青年学生、工人、爱国商人等为代表的各阶级阶层为了反对帝国主义的侵略、为了抗议北洋军阀的卖国行径，同仇敌忾、精诚团结、互相支援、共同战斗，取得了反帝爱国斗争的伟大胜利。习近平总书记在纪念五四运动 100 周年大会上的讲话指出：“五四运动，孕育了以爱国、进步、民主、科学为主要内容的伟大五四精神。”[①] 这一重要论述，鲜明地指出了五四精神的深刻内涵，为我们理解和把握五四精神指明了方向。

爱国是五四运动的精神源泉，也是五四精神的核心。在不同的历史时期，中国人民用无畏的爱国壮举诠释着伟大的爱国主义精神，五四运动是其

① 习近平：《在纪念五四运动 100 周年大会上的讲话》，《人民日报》2019 年 5 月 1 日。

中最为壮丽的精彩篇章。这一时期，革命青年学生为了争取民族解放，为了维护领土完整，为了救亡图存，同帝国主义、封建主义进行了彻底不妥协的斗争，表现了中华民族自强不息、百折不挠、奋不顾身、勇往直前的爱国主义精神。同时，中国工人阶级也登上了历史舞台，举行了空前的大罢工，表现了彻底的反帝反封建斗争精神，成为五四运动的主力军。全国各界、各阶层群众，把国家和民族的命运同自己的命运紧紧地联系在一起，把个人价值融入社会进步和民族振兴的伟大事业中，展现出强烈的爱国主义精神。

进步是五四精神的鲜明特征。五四运动爆发后，全国青年学生的思想获得极大的解放，他们创办报纸、组织社团，谈论时局，探索救国真理。据统计，从 1919 年至 1920 年间，全国大小学生刊物约有 300 多种。毛泽东在湖南长沙组织了新民学会，创办了《湘江评论》，发表了许多反对帝国主义、封建主义、军阀专制，提倡民主与科学的文章。周恩来等人在天津成立了觉悟社，并主编了《天津学生联合会报》，研讨新思潮，领导天津的五四爱国主义运动。方志敏等人在江西南昌成立了改造社，出版了《新江西》这一刊物。1919 年 7 月，由李大钊等发起的少年中国学会成立，出版了《少年中国》《星期日》等刊物。特别是陈独秀创办的《新青年》杂志，在宣传马克思列宁主义方面起了重大作用，促进了中国人民思想的大解放。这些刊物对阻碍中国独立、民族解放的一切腐朽没落的东西进行了彻底涤荡，为新思想、新文化在中国的传播开辟了道路。

民主是五四精神的重要内容。五四运动前期提出了两个口号，一个是“德先生”，即“Democracy”，音译为“德莫克拉西”。拥护“德先生”就要推翻专制独裁的旧制度，实现中华民族的解放和自由。它唤醒了人们追求真理，争取自由、平等、民主的斗争意识，从遵从旧礼教到追求新道德，从旧观念到新思想，从信奉君主专制到崇尚自由民主。五四运动中，正是先进知识分子和革命青年，奋力追求民主，反对封建专制，使民主精神深入人心。

科学是五四精神的突出表现。五四运动前期提出的第二个口号是“赛先生”，即“Science”，音译为“赛因斯”。拥护“赛先生”就要反对封建迷信，探索救国救民的科学真理和发展道路。陈独秀在《新青年》的创刊号《敬告青年》一文中疾呼：“欲脱蒙昧时代，羞为浅化之民，则急起直追，当以科学与人权并重。”[①] 他又指出，“只有这两位先生，可以救治中国政治上道德上学术上思想上一切的黑暗。”[②] 可以说，民主和科学精神犹如五四精神的两翼，缺一不可。在五四新文化运动期间，民主与科学精神得到了极大的传播与弘扬，促进了人们的思想解放。也正是从这时起，民主与科学开始启蒙民智，成为一种社会意识和价值观念。

五四运动不仅是一次反帝反封建的爱国运动，同时也是一次唤起中华民族新觉醒的思想解放运动，在五四运动中孕育形成的五四精神，具有着重要的历史地位。

可以说，五四精神是民族精神在近代中国达到的一个新的高度。民族精神是一个民族赖以生存和发展的精神支柱。它的核心是爱国主义。在五四运动中，以爱国主义为核心的民族精神进一步升华。五四运动从以学生为主体发展到社会各界群众参加，从北京发展波及全国。作为中国近代史上首次如此声势浩大的彻底的反帝反封建的爱国运动，五四运动成为中国新民主主义革命的开端。

天津、武汉、上海等地商界积极参与五四运动

① 《陈独秀文章选编》上册，生活·读书·新知三联书店 1984 年版，第 78 页。
② 《陈独秀文章选编》上册，生活·读书·新知三联书店 1984 年版，第 318 页。

五四运动是中国近代史上一次史无前例的思想解放运动，因之而生的五四精神也是中国近代史上的精神丰碑。解放思想与追求进步、民主与科学，已经深入人心，成为一种社会意识和价值观念。邓颖超回忆道："五四运动是思想解放运动，一解放，就像大水奔流。那时的思想，受到长期禁锢，像小脚女人把脚裹住；放开以后，不知怎样走路，有倒的，有歪的，也有跌跤的。那时是百家争鸣，各种思潮都有。"① 在五四运动后期，马克思主义以其高度的科学性和革命性吸引着越来越多的进步青年，得到了极大的传播，进而成为中国主流思潮。

（二）红船精神

历史回溯到 1921 年，浙江嘉兴南湖的湖畔有这样一艘小船，在这里，诞生了伟大的中国共产党。这艘船也因此获得了一个永载史册的名字——红船。它不仅见证了中国共产党的诞生，还孕育出了中国革命精神的重要源头——红船精神。这一精神一直激励和鼓舞着中国共产党站在历史的高度、走在时代的前列，勇当舵手，引领航向，不仅照耀着过去，也照耀着现在和未来。

伟大的革命实践产生伟大的革命精神。红船精神就是中国共产党的建党精神，它不仅体现在中共一大召开中，更是体现在早期共产党人的建党活动和党成立后的伟大斗争中。早期的共产党人如陈独秀、李大钊、俞秀松等，他们深入到工人中去，积极投身到现实斗争中去，推动了马克思主义与工人运动的结合，促进了中国共产党的诞生。

早在 1920 年初，陈独秀便与李大钊相约，在上海和北京展开活动，领导建立中国共产党的早期组织，筹建中国共产党。1920 年 8 月，在陈独秀、俞秀松等人的领导下，上海共产党早期组织正式成立，这是中国的第一个共产党早期组织。10 月，李大钊也领导建立了北京的共产党早期组织和北京社会主义青年团。之后，从武汉到长沙，从济南到广州，中国共产党的早期组织如雨后春笋般涌现。正是早期共产党人不畏困难、不惧风险的建党行动，使得中国共产党逐步成型。终于，中国共产党建党的条件成

① 《邓颖超在五四时期老同志座谈会上的发言》（1979 年 5 月 4 日），《五四运动回忆录（续）》，中国社会科学出版社 1979 年版，第 10 页。

熟了，它像喷薄待出的朝阳，蓄势而发。

1921 年 7 月 23 日晚，中国共产党第一次全国代表大会在上海法租界望志路 106 号李公馆召开，来自全国各地的 13 名代表，代表全国 50 多名党员出席了会议。会议最后一天转到浙江嘉兴的南湖游船上进行。

在南湖红船上的会议进行得非常顺利，会议虽然只开了一天，但却取得了开天辟地的成果：会议通过了中国共产党的第一个纲领，确定了党的名称为“中国共产党”，并选举产生了党的中央领导机构，陈独秀、张国焘、李达组成中央局，选举陈独秀担任书记。在“共产党万岁”“第三国际万岁”“共产主义——人类的解放者万岁”等口号中，中国共产党第一次全国代表大会胜利闭幕。中国共产党在一条小船上诞生了，它成立之时只有 50 多名党员，在当时的中国政治舞台上可以说是微不足道，但是它却对中国的历史发展产生了巨大的影响。

停泊在南湖烟雨楼前水面上的红船

山不在高，有仙则名；水不在深，有龙则灵。嘉兴南湖上那条普通的画舫游船，因为成立了中国共产党，成为载入中国革命史册的红船。红船，见证了共产党人筚路蓝缕的创业担当；红船，开辟了共产党人坚定前行的奋斗历史；红船，承载了共产党人忠诚为民的赤诚之心。伟大的革命事件产生伟大的革命精神，红船精神正是中国革命精神的源头。

2005年6月21日习近平在《光明日报》发表的署名文章《弘扬红船精神，走在时代前列》，第一次系统地将中国共产党的源头精神概括为红船精神，并指出：乘风破浪勇立潮头，红船精神就是开天辟地、敢为人先的首创精神；逆水行舟不进则退，红船精神就是坚定理想、百折不挠的奋斗精神；水可载舟亦可覆舟，红船精神就是立党为公、忠诚为民的奉献精神。

开天辟地、敢为人先的首创精神是红船精神的核心。嘉兴南湖的“红船”见证了中国共产党的诞生，通过了中国共产党的第一个纲领和第一个决议，其中无处不彰显着开天辟地、敢为人先的革命精神。中国共产党的诞生使中国的新民主主义革命有了坚强的领导核心，使中国革命的面貌焕然一新，这是开天辟地、敢为人先的历史大事件。党的第一次代表大会通过的第一个纲领写道：“本纲领如下：（1）革命军队必须与无产阶级一起推翻资本家阶级的政权，必须支持工人阶级，直到社会的阶级区分消除为止；……（4）联合第三国际。”同时，宣布“党的根本政治目的是实行社会革命”[①]。党的第一个决议更是充分表明了中国共产党人将以无产阶级军队和社会革命的手段，以工人阶级为革命的主要力量，彻底消灭阶级、消灭私有制，并将这个革命与世界无产阶级革命相联系。这是中国革命历史上从未有过的。就中国革命而言，任何一个阶级及其政党都未能将中国革命引向这样一个高度。这意味着中国革命从此进入了一个崭新的阶段，中国社会将发生翻天覆地的变化。因此说，中国共产党的成立、中国共产党第一次代表大会通过的纲领和决议，可谓是中国共产党开天辟地、敢为人先的首创精神形成的一个重要标志。

坚定理想、百折不挠的奋斗精神是红船精神的支柱。中共一大在险境中之所以能够召开，靠的是坚定的理想信念；在敌对势力的阻挠之下，在南湖红船上完成了缔造中国共产党的使命，靠的是百折不挠的奋斗精神。新中国成立之时，登上天安门城楼参加新中国开国大典，见证革命胜利果

① 中央档案馆编：《中共中央文件选集》第1册，中共中央党校出版社1982年版，第3页。

实的中共一大代表仅有两人——毛泽东和董必武。13 位参加中共一大的代表中，王尽美于 1925 年病逝，邓恩铭、何叔衡、陈潭秋分别于 1931 年、1935 年、1943 年英勇牺牲，包惠僧、刘仁静尔后去国民党任职，陈公博、周佛海、张国焘最终叛党投敌，李达因与陈独秀、张国焘不和于 1923 年脱党，后来才重新加入党组织，而李汉俊于 1927 年被军阀杀害。13 位中共一大代表的不同结局令人唏嘘，他们中有的人为了党和人民的事业鞠躬尽瘁、死而后已，有的人面对复杂的局势经不起考验，叛党投敌，沦为汉奸。他们中相差的，就是是否具有坚定的马克思主义信仰，是否具有百折不挠的奋斗精神。1936 年，毛泽东在同美国记者斯诺谈话时说：“我一旦接受了马克思主义是对历史的正确解释以后，我对马克思主义的信仰就没有动摇过。”[①] 董必武从日本学习法律归国，本可以高官厚禄，却致力于用新思想来唤醒民众、用兴办教育来教育新人，为了理想的追求而甘愿过贫寒的生活，曾提诗道：“遵从马列无不胜，深信前途会伐柯。”[②] 反映了董必武对马列主义的坚信和对革命必胜的信心，也充分体现了坚定理想、百折不挠的奋斗精神。

立党为公、忠诚为民的奉献精神是红船精神的本质。在小船见证下通过的中共一大纲领中明确规定：“凡承认本党纲领和政策，并愿意成为忠实党员的人，经党员一人介绍，不分性别、国籍，均可以接收为党员，成为我们的同志。”[③] 这里的“忠实”二字，以及“凡承认本党的纲领和政策”的表述，已经勾勒出了中国共产党人的初心，内含了立党为公、忠诚为民的奉献精神。红船精神是中国共产党初心的写照和象征，中国共产党人比任何一个阶级和政党都更加注重立党为公、忠诚为民的奉献精神。入党誓词里有这样一句：对党忠诚，积极工作，为共产主义奋斗终生，随时准备为党和人民牺牲一切永不叛党。中共一大代表邓恩铭、何叔衡等，他们虽然没有走到革命的胜利时刻，没有看到五星红旗在天安门广场的升起，但却一直为整个民族的事业、为人民的幸福奉献自己，直到生命的最后一

① ［美］埃德加·斯诺：《西行漫记》，东方出版社 2005 年版，第 147 页。

② 《董必武传（1886—1975）》下卷，中央文献出版社 2006 年版，第 1079 页。

③ 《中共中央文件选集》第 1 册，中共中央党校出版社 1982 年版，第 3 页。

刻。正如邓恩铭在最后的诀别诗中写到的："卅一年华转瞬间，壮志未酬奈何天。不惜唯我身先死，后继频频慰九泉。"中国共产党，从南湖红船上诞生那天起，就立下了立党为公、忠诚为民的誓言，自此矢志不渝，初心不改。

嘉兴南湖革命纪念馆

说一条小船诞生了一个大党，是一种穿越式的评价。后来发展证明，这是中国近代史上开天辟地的大事变，经历百年的发展，中国共产党由小到大、由弱到强，由九死一生到蓬勃兴旺，靠的就是以首创精神、奋斗精神、奉献精神为内涵的红船精神，它是对建党精神的高度提炼，也是对党的本质的深刻揭示，它标注了中国共产党的建党方位和历史使命。"红船劈波行，精神聚人心。红船所代表和昭示的是时代高度，是发展方向，是奋进明灯，是铸就在中华儿女心中的永不褪色的精神丰碑。"[①] 如今，南湖的红船已经穿越大革命时代的洪流，驶向新时代。但

① 习近平：《弘扬"红船精神"走在时代前列》，《光明日报》2005年6月21日。

我们知道，中国革命的航船是经历了狂风骤雨才驶向成功的彼岸，中国建设、改革的航船更要攻坚克难，才能乘风破浪。在通向建设社会主义现代化强国的新航程中，我们更要认识到：无论航船多大，都不能迷失方向；无论航路多宽，都有急流险滩；无论航行多久，都不能忘记从哪里来，到哪里去。如今国内改革进入深水区、国际环境风云变幻，船到中流浪更急，这更需要红船精神的激励和引导，需要我们每一个中国人，尤其是青年人有敢为人先的首创精神、百折不挠的奋斗精神和忠诚为民的奉献精神，勇立潮头，在实现中华民族伟大复兴的航程中贡献自己的力量。

（三）先驱精神

十月革命和五四运动之后，马克思主义在中国不可阻遏地传播开来。同时，伴随着中国工人阶级的不断壮大，马克思主义走上了与中国工人运动相结合的道路，以马克思主义指导工人运动，进行革命。当中国的工人阶级有了科学的思想武器，他们团结奋斗、勇往直前，形成了可歌可泣的先驱精神。这一精神的形成与发展，当以上海为代表。20世纪初的上海，近代工业发达，先进思想荟萃，是中国近代工业的发祥地，是中国工人阶级的摇篮，全国多数的工业与工人皆集中于此。经济的发展促进了文化的活跃，除了西方资产阶级文化外，上海也是马克思主义引入中国的桥头堡。在这样的历史条件下，伴随着中国共产党在上海的创建和发展，逐渐形成了先驱精神。“艰难困苦，玉汝于成。”先驱精神是在中国工人阶级不断进行的英勇斗争和中国共产党人领导的革命运动中历练而成的。从早期工人运动的自发斗争伊始，历经五四运动、成功建党、五卅运动、三次武装起义，这一精神的发展脉络愈加明晰，精神内涵愈加显现，最终成为中国共产党革命精神史上的一颗璀璨耀眼的明珠。

先驱精神是独属于中国工人阶级的精神。先驱精神主要包括先进思想的“盗火者”精神、工人运动的“领头羊”精神、改写历史的首创精神、忠于信仰的献身精神、文化堡垒的坚守精神等丰富内涵。

一是先进思想的“盗火者”精神。“盗火者”源于美丽的希腊神话，相传普罗米修斯从太阳神阿波罗那里盗走火种送给人类，为人类带来了光明和温暖。“盗火者”精神就是无所畏惧，给黑暗中的人们撒播光明火种的精神。五四运动之后，上海一批具有初步共产主义思想的“新青年”，形成了一个先进思想的“盗火者”群体，他们高举马克思主义的火把，为马克思主义在中国的传播、与工人运动的结合作出了重大贡献。陈独秀、李汉俊、邵力子、陈望道等人是其中的杰出代表，他们主持出版了一系列刊物，如《新青年》《星期评论》《建设》等，极大地促进了马克思主义在中国的传播。其中，陈望道翻译的《共产党宣言》是第一个中文全译本，更是以思想与文字的方式架起了中国民族自救运动与世界社会主义运动的桥梁，影响了一大批进步青年。马克思主义传入中国，使中国命运出现了转机，有了光明的未来。

二是工人运动的“领头羊”精神。上海工人阶级自诞生之日起，以其卓尔不凡的阶级自觉、顽强坚毅的革命气质、引领革命潮流的先进品格，担当着中国工人运动中流砥柱的历史重任与共产主义革命的先锋角色，充分展现了“领头羊”精神。正如邓小平所高度评价的那样：“上海工人阶级长期以来一直是中国工人阶级的带头羊。”[①]1925 年爆发于上海、尔后席卷全国的五卅运动很好地证明了这一点。1925 年 5 月 15 日，发生了震惊中外的五卅惨案，中共党员工人顾正红带领工友维护正当权益，却遭枪击壮烈牺牲。随后，上海 3000 多名学生与工人在公共租界进行演讲、示威，英国巡捕竟丧心病狂地向手无寸铁的群众开枪，13 人当场中弹牺牲，数十人重伤。帝国主义的暴行，点燃了广大人民群众的熊熊怒火。在中国共产党的领导下，工人阶级一马当先，上海开始了声势浩大的罢工、罢课、罢市运动。在这一运动中，上海工人阶级以其彻底的革命精神与顽强的斗争意志，始终担当着中流砥柱的角色，表现出其全国工人运动先行者与“领头羊”的翘楚地位。

三是改写历史的首创精神。创建无产阶级的政党，对于面临内忧外患的中华民族而言，具有改写历史的重大意义，更是体现了舍我其谁的使命担当，体现了改变国家命运的英雄气魄。1920 年 8 月，陈独秀等人集会

① 中共中央文献研究室编：《邓小平年谱（1975—1997）》下册，中央文献出版社 2004 年版，第 1359 页。

中国共产党第一次全国代表大会会址旧照

成立中国共产党上海发起组，上海发起组在中国共产党历史上创造了多个“第一”，对各地早期党组织起到了指导和助力作用，充分展现了作为先驱的首创精神。如党的第一个出版机构——社会主义研究社、党的第一本理论刊物——《共产党》月刊、党的第一份政治宣言——《中国共产党宣言》、党的第一所干部培训学校——外国语学社、党领导的第一个工会组织——机器工会、党领导的第一所工人学校——半日学校。正是因为这些卓越贡献，上海发起组的领导地位得到各地早期党组织的公认，“被认为是中国共产主义组织中央局”[①]，最终成功召开了中国共产党第一次代表大会，鲜明地体现了改写历史的首创精神。

四是忠于信仰的献身精神。1927 年轰轰烈烈的大革命失败后，中国共产党先驱者面对白色恐怖的威胁，许多被捕入狱的共产党员面对各种严刑拷打和金钱美色诱惑，毫不动摇理想信念，表现出赤胆忠心，谱写了一曲曲可歌可泣的英雄篇章，展现出为革命理想和共产主义信念而献

① 中共中央党史研究室第一研究部译:《联共（布）、共产国际与中国国民革命运动（1920—1925）》，北京图书馆出版社 1997 年版，第 86 页。

身的精神。罗亦农是中国共产党早期著名政治活动家和卓越领导人，曾任临时中央政治局常委，参与领导上海工人三次武装起义。1928 年 4 月，由于叛徒出卖，被英国巡捕逮捕。在狱中，敌人的严刑拷打和威逼利诱都没有使他屈服。气急败坏的蒋介石电令淞沪警备司令部将罗亦农“就地处决”。罗亦农临刑前大义凛然、从容就义，表现出视死如归的献身精神。

五是文化堡垒的坚守精神。大革命失败后，国民党在疯狂镇压革命力量、对革命根据地进行军事“围剿”的同时，在国统区进行文化“围剿”，扼杀革命文化。面对国民党的白色恐怖和文化“围剿”，共产党人和文化界进步人士，对国民党进行了文化反“围剿”斗争，始终坚守着革命文化堡垒。在中国共产党的领导下，以左联、社联为核心的左翼文化团体，始终高举革命文化旗帜，坚守革命文化阵地，团结广大进步文人，批判反动的法西斯文化和错误的文化思想，为推进中国革命的蓬勃发展发挥了“马前卒”的作用。鲁迅是左联的先驱和领导人之一，是中国文化革命的主将，是文化新军的最伟大和最英勇的旗手。鲁迅的作品为民族觉醒而“呐喊”，表达了对民族生存浓厚的忧患意识和对社会变革强烈的渴望精神。

由中国共产党和工人阶级的特殊品格铸就而成的先驱精神，是新近提炼、总结出来的中国共产党革命精神谱系中的一支，它并没有随着时间的流逝而湮没在历史的长河里，而是历久弥新，显示出其独一无二的时代价值。其中蕴含的“盗火者”精神、“领头羊”精神、首创精神、献身精神、坚守精神更是体现了马克思主义与中国工人阶级运动相结合的过程，见证了中国共产党的创建。同时，它也展现了中国共产党在上海领导中国革命的历程中工人阶级的先进性，体现了早期共产党人从选择、信仰马克思主义到坚定地为共产主义理想而奋斗的心路轨迹。自先驱精神形成以来，它便成为中国共产党革命精神的一部分，推动着中国革命向前发展，也是当代中国改革发展、建设社会主义现代化强国、实现中华民族伟大复兴中国梦的精神动力。

二、星火燎原

国共合作的失败，让中国共产党人明白了“枪杆子里面出政权”的道理。至此，共产党人开始了不懈的武装斗争，南昌起义勇抗争、井冈山中寻道路、古田会议建军队、革命苏区创政权，星星之火得以燎原，先后形成了伟大的八一精神、井冈山精神、古田会议精神、苏区精神。

（一）八一精神

1927 年 8 月 1 日，中国共产党在江西南昌率领军队进行起义，史称“八一南昌起义”。这一起义标志着中国共产党开始了独立领导斗争、创建人民军队、武装夺取政权的新道路。八一南昌起义铸就的八一精神，始终鼓舞着中国共产党人和人民军队不惧强敌、勇往直前、不断夺取伟大胜利。

1927 年，在北伐战争节节胜利和中国革命发展的关键时刻，以蒋介石为代表的国民党右派却加紧勾结帝国主义和大地主大资产阶级的反动势力，反动本质日益公开暴露。4 月 12 日，蒋介石在上海突然发动反革命政变，大肆屠杀共产党人和革命群众。随后，白色恐怖蔓延至江苏、浙江、安徽、福建、广西、广东等省份。仅广东一省，便牺牲了 2000 多名中国共产党党员和革命群众。4 月 28 日，李大钊在北京英勇牺牲。7 月 15 日，汪精卫集团步蒋后尘，也对共产党员和革命群众进行逮捕、大屠杀，国民革命宣告失败，中国革命遭受重大挫折。

此时，党的力量遭受到了极大摧残，各级党组织遭到严重破坏，党的活动被迫在地下开展，党内的政治、思想也一度陷入混乱，存在着相当严重的消极情绪。据不完全统计，1927 年 3 月到 1928 年上半年，党员人数大大减少，由 6 万多人锐减至 1 万多人，被杀害的共产党员和革命群众甚至高达 30 多万人；群众运动低迷不振，党领导和发动的 47 次罢工斗争，绝大多数以失败告终。革命形势敌强我弱，此时的中国共产党人面临着生死存亡的严峻考验。

但是，面对疯狂的国民党反动派，中国共产党人没有被吓倒，更没有被打倒，他们选择了坚决的斗争来回击国民党反动派的屠杀。四一二反革命政变发生后，1927 年 4 月 20 日，中共中央发表《中国共产党为蒋介石屠杀革命民众宣言》，公开宣告“蒋介石业已变为国民革命公开的敌人，业已变为帝国主义的工具，业已变为屠杀工农和革命群众的白色恐怖的罪魁”[①]。党在广东韶关、东江、琼崖、海陆丰等一些白色恐怖地区，陆续组织革命斗争和武装暴动；同时将党所掌握和影响的部队向南昌集中，准备发动武装起义。

1927 年 7 月 24 日，中共中央决定在南昌进行武装起义，由周恩来担任前委书记，领导起义事宜。经商讨决定，起义定在 30 日进行。后因收到张国焘依共产国际指示发出的两张电报，强调“暴动宜慎重，无论如何候他到再决定”[②]，前委决定将起义时间进行推迟，准备于 8 月 1 日 4 时发动武装起义。这注定是个不平静的夜晚，前敌委员会收到消息称有叛徒告密。在这千钧一发之际，周恩来等人决定提前起义。

南昌起义总指挥部旧址

① 《中国共产党为蒋介石屠杀革命群众宣言》，《建党以来重要文献选编》第 4 册，中央文献出版社 2011 年版，第 170 页。

② 李立三：《“八一”革命之经过与教训》，唐纯良：《李立三传》，黑龙江人民出版社 1984 年版，第 30 页。

只听见一声枪响，震惊中外的南昌起义爆发了！起义历经4个小时，歼敌3000余人。终于，革命的旗帜迎着晨光冉冉升起。南昌起义铸就了伟大的八一精神。八一精神身为建军精神，涵盖了坚定信念、听党指挥；为民奋斗、百折不挠；敢为人先、勇于创新等丰富内涵。

“坚定信念、听党指挥”是八一精神的内核与灵魂。它表现为对共产主义的坚定信仰和在党的领导下为实现这一崇高目标的百折不挠精神。八一南昌起义打响了武装反抗国民党反动派的第一枪，是中国共产党领导人民军队进行武装斗争的新征程。而在其中产生的八一精神，更是诠释了广大党员和人民军队对共产主义的坚定信念和听党指挥的必胜决心。周恩来身为起义的领导人，更是体现出其坚定的信念：从协调各个部队准备起义到事无巨细地安排各项任务；从亲临战场指挥起义到主持起义后的各项工作。从这些我们可以看出他为了共产主义理想而不懈奋斗的坚定性。而贺龙，身为主力军军长，当时虽然不是共产党员，但他坚持跟党走，坚决听党指挥。在危机关头，贺龙明确表示：“我听共产党的话”[①]。部队南下之后，他毅然加入了中国共产党，积极投身共产主义事业。

“为民奋斗、百折不挠”是八一精神的本色与品格。中国共产党革命精神的要旨就在于中国共产党人是最坚定、最英勇、最彻底为人民献身的爱国主义者。在决定举行南昌起义之时，中共中央就确定“应该以土地革命为主要的口号”[②]。到了8月1日，更是明确指出：“南昌暴动，其主要意义，在广大的发动土地革命的斗争。”[③]党中央的指示为南昌起义指明了正确的方向。同时，南昌起义的政治纲领中也指出，应实行土地革命、废除苛捐杂税，维护工农利益。这一系列的主张，充分体现了中国共产党为人民服务的根本宗旨、起义将士为民奋斗的价值追求。南昌起义的道路并不是一帆风顺的，这支践行为民奋斗的宗旨、以钢铁意志铸起的雄师上演了一幕幕传奇。起义军从撤离南昌到井冈山会师，历时长达八个月。在这八

---

① 《周恩来传（1898—1949）》，人民出版社1989年版，第143页。

② 南昌八一纪念馆编：《南昌起义》，中共党史资料出版社1987年版，第89页。

③ 南昌八一纪念馆编：《南昌起义》，中共党史资料出版社1987年版，第40页。

个月中，他们转战数千里，面临艰苦的条件、恶劣的环境、缺医少药的境况，但将士们仍咬牙战斗，历经千难万险却仍不变初心、浴血奋战，充分体现了为民奋斗、百折不挠的八一本色。

“敢为人先、勇于创新”是八一精神的鲜明而显著的特质。从南昌起义“打响第一枪”到井冈山“朱毛会师”，中国共产党走了前人未曾走过的路，做了前人未曾做到的事，体现了敢为人先、勇于创新的精神气概。南昌起义之后，中国共产党一改幼年时期“是在统一战线、武装斗争、党的建设三个基本问题上都没有经验的党”①的状况，逐渐由被动转为主动，从幼年走向成熟，这主要表现在三个方面：在统一战线上，南昌起义之后，党开始重视统一战线的领导权问题，突破了以往不注重领导权问题的局限，开始争夺对统一战线问题的领导权；在武装斗争上，南昌起义取得的最大的经验便是“枪杆子里面出政权”，开始了独立领导武装斗争、创建人民军队的革命道路；在党的建设上，南昌起义充分发挥党员的模范作用，起义部队“听党指挥”。这些，都鲜明地体现了敢为人先、勇于创新的八一精神内涵。

伟大的事业孕育伟大的精神，伟大的精神鼓舞伟大的行动。南昌起义是中国新民主主义革命史上的一座里程碑，在南昌起义中孕育的八一精神，在中国共产党革命精神的历史谱系中从来都是一颗耀眼的明珠。它继承了开天辟地、劈波斩浪的红船精神，又为井冈山精神、苏区精神的形成打好了基础，是革命精神谱系中的重要一环。而南昌起义作为党领导的第一次大规模武装起义，更是标志着我们党走向成熟，开始独立领导武装斗争，在人民军队建军史上掀开了崭新的一页。在这其中诞生的八一精神，更是体现了中国共产党人彻底的革命决心和不畏强敌的凛冽气概，蕴含着中国共产党人面对困难和挫折时的自我调整与革命智慧，是中国共产党不断走向成熟、不断发展壮大的精神结晶，也是中国共产党革命精神发展的巨大进步。

---

①《毛泽东选集》第2卷，人民出版社1991年版，第610页。

八一南昌起义纪念塔

（二）井冈山精神

1927年秋，以毛泽东、朱德为代表的老一辈无产阶级革命家，率领工农革命军进军井冈山。在这里，他们创建了中国第一个农村革命根据地；在这里，他们点燃了工农武装割据的星星之火；在这里，他们开辟了一条农村包围城市、武装夺取政权的正确革命道路，井冈山成为了中国革命的摇篮。在巩固和发展革命根据地的斗争中，井冈山精神得以形成，并不断丰富和发展。身为中国共产党革命精神史上璀璨夺目的明珠，井冈山精神的形成是多方面因素相互作用的结果。

大革命的失败是井冈山精神形成的时代背景。1927 年是中国革命历史上极不平凡的一年。在这一年中，北伐战争节节胜利，工农运动不断高涨，蒋介石、汪精卫却先后发动四一二反革命政变、七一五反革命政变，轰轰烈烈的国民革命宣告失败，白色恐怖笼罩全国。但中国共产党人并没有被吓倒，他们高举革命的大旗，先后发动南昌起义、秋收起义等，打响了武装反抗国民党反动派的枪声。湘赣边秋收起义在进攻长沙受挫后，不唯上、不唯书、只唯实的毛泽东审时度势，当机立断，放弃原定“直取浏阳，合攻长沙”的不切实际的军事计划，退守萍乡。为了保存实力，毛泽东率部向敌人统治薄弱的山区进军，到达江西省永新县三湾，进行了中国共产党历史上著名的三湾改编。1928 年 10 月，工农革命起义军到达宁冈县茅坪村，开始创建井冈山革命根据地。进可攻、退可守的地理优势，加上良好的群众基础，在毛泽东的正确领导下，井冈山革命根据地快速的发展起来。而后，朱毛胜利会师，红旗插上井冈山，点燃了中国革命的“星星之火”，在井冈山的革命实践中孕育了伟大的井冈山精神。

马克思主义理论是井冈山精神形成的思想来源。十月革命一声炮响，给中国送来了马克思列宁主义。五四运动后，马克思主义在中国得到了广泛传播，促进了中国共产党的诞生，最终造就了将这一理论运用于中国实际的中国共产党人。在马克思主义的指导下，以毛泽东为代表的共产党人创造性地把马克思主义运用于中国革命的具体实践，并以井冈山斗争为开端，探索出一条“农村包围城市、武装夺取政权”的革命道路，开辟出马克思主义中国化的新路。

中华民族优秀传统文化是井冈山精神形成的文化基因。中华民族的优秀传统文化源远流长、代代相传。从“天行健，君子以自强不息”的追求到“艰难困苦、玉汝于成”奋斗；从“天下兴亡、匹夫有责”的担当到“民为邦本、本固邦宁”的民本思想，中华文化是烙在骨子里的基因。这些优秀传统文化，滋润和培育了勇闯新路、为民服务、艰苦奋斗等井冈山精神。

中国共产党人在井冈山进行的革命斗争是井冈山精神形成的实践基础。井冈山的斗争从1927年10月至1930年2月，经历了创立、巩固发展和坚持斗争三个阶段。井冈山时期，在物质条件极度匮乏的情况下，中国共产党领导红军连续击退了敌人的四次“进剿”和三次“会剿”，历经百余次大小战斗，不断积累革命战斗经验，不断完善红军建军原则，不断丰富军事斗争理论。同时，毛泽东还提出了“工农武装割据”的思想，回答了“中国的红色政权为什么能够存在”的问题，探索出了符合中国国情的革命道路。正是在巩固和发展井冈山革命根据地的斗争中，井冈山精神也得以形成并不断丰富和发展。

2016年2月，习近平总书记在井冈山调研考察时指出，井冈山时期留给我们最为宝贵的财富，就是跨越时空的井冈山精神，“今天，我们要结合新的时代条件，坚持坚定执着追理想、实事求是闯新路、艰苦奋斗攻难关、依靠群众求胜利，让井冈山精神放射出新的时代光芒”[①]。这一重要论述高度概括了井冈山精神的丰富内涵，为我们理解和把握井冈山精神指明了方向。

坚定执着追理想。理想信念坚定，骨头就硬；没有理想信念或理想信念不坚定，精神上就会缺钙，就会得软骨病。革命进程不可能一帆风顺，而中国的革命斗争则尤为艰难。在面对危难时，每个人都有不同的选择，这其中有信仰坚定的革命者，也有信念动摇的投机者，甚至有可耻的叛变者。但经过火与血淬炼的红军将士们，他们坚定执着追理想，用自己的行动铸就了信仰坚定、勇敢顽强的井冈山精神。大革命失败后，国民党对共产党人和革命群众实行血腥屠杀，白色恐怖弥漫。面对一片腥风血雨，真正的中国共产党人没有被吓倒，他们揩干了血迹，掩埋好自己的战友，咬紧牙关，不为所动。1927年9月29日，秋收起义剩余部队到达江西省永新县三湾村，此前又经过芦溪一役损兵折将，此时的队伍官多兵少，枪多人少，人心浮动，悲观情绪蔓延，毛泽东决定对工农革命军进行整编，宣布“愿留者留，愿走者

① 《习近平春节前夕赴江西看望慰问广大干部群众》，《人民日报》2016年2月4日。

则走”的原则，对官兵说：我毛泽东干革命，一不图升官，二不图发财，三不图养家糊口，只图天下劳苦大众得到解放。此行前去，山高水长，任重道远，可能很苦，很危险，但也很光荣。人各有志，有愿意跟我走的，请站到左边来，我热烈欢迎；有愿意回家的，请站到右边，我热烈欢送，并发给路费！大多数工农出身的共产党员、共青团员和战士们，坚定理想信念毫不动摇，跟着毛泽东走到左侧，坚决革命到底。经过这次整编，部队的理想信念、士气和战斗力大大增强，实现了把支部建在连上，建立了士兵委员会，成立了一支新型的、坚强团结的人民军队。三湾改编正是广大官兵坚定执着追理想的井冈山精神的鲜明体现。

实事求是闯新路。若要实现革命的成功，刻舟求剑不行，闭门造车不行，异想天开不行，必须实事求是，必须进行全面深入的调查研究，峰回路转上井冈山也恰恰是实事求是的体现。1927 年 9 月 9 日，震撼全国的湘赣边界秋收起义爆发，革命的火焰大有燎原之势。但秋收起义犹如惊雷炸响，却又轰然而败：敌我力量悬殊，当时的形势不要说取得全国的胜利，仅是个县城却也难以攻下。毛泽东在关键时刻实事求是、当机立断，作出保存革命力量、等待革命时机的正确决策，带领起义部队向罗霄山脉中段转移，进而向井冈山进军，决定走“农村包围城市、武装夺取政权”的革命道路。但是，在中央占统治地位的“左”倾错误领导人仍坚持“城市中心论”，认为“以农村包围城市”是一种“极端错误的观念”“必须根本地改变过来”。毛泽东一度受到排挤和打击。但他仍坚持实事求是的态度，把马克思主义普遍真理同中国的具体实际相结合，坚持中国革命斗争的胜利要靠中国同志了解中国情况，坚持在实践中探索前进，走自己的路，最终闯出新路，开辟了具有中国特色的革命道路——井冈山道路，丰富、发展了井冈山精神。

艰苦奋斗攻难关。1965 年毛泽东重新登上井冈山抚今追昔，写了两首以井冈山为题的词。“三十八年过去，弹指一挥间。可上九天揽月，可下五洋捉鳖，谈笑凯歌还。世上无难事，只要肯登攀。”“犹记当时烽火里，九死一生如昨。”从中我们不仅能看出当年井冈山斗争九死一生的艰难，

井冈山茅坪革命旧址

更能看出革命者“世上无难事，只要肯登攀”的豪迈之情和革命乐观主义精神。一路风雨一路凯歌，一路磨难一路挫折，支持他们走下来的，正是艰苦奋斗攻难关的井冈山精神。在井冈山革命斗争时期，国民党反动派除了对政权进行军事上的“进剿”和“会剿”，他们还实行了严密的经济封锁，根据地的生活条件异常艰苦。毛泽东在当时写的《中国的红色政权为什么能够存在？》中提到：“一年以来，边界政权割据的地区，因为敌人的严密封锁，食盐、布匹、药材等日用必需品，无时不在十分缺乏和十分昂贵之中，因此引起工农小资产阶级群众和红军士兵群众的生活的不安，有时真是到了极度。”[①] 生活的艰苦并不能打倒英雄的战士，物质虽然贫乏但大家精神上却十分满足。虽然敌强我弱、物质急缺、战斗频仍，但井冈山军民真正做到了“敌军围困千万重，我自岿然不动”，并且“使割据地区一天一天扩大，土地革命一天一天深入，民众政权一天一天推广，红军和赤卫队一天一天壮大”[②]，真正做到了艰苦奋斗攻难关。

① 《毛泽东选集》第 1 卷，人民出版社 1991 年版，第 53 页。
② 《毛泽东选集》第 1 卷，人民出版社 1991 年版，第 59 页。

依靠群众求胜利。井冈山代表了一段历史，更蕴含了一种精神，在井冈山精神的光辉照耀下，中国革命于危难中振兴，在低潮中崛起，星星之火终成燎原之势。其中最根本的，还是以毛泽东为代表的共产党人，始终依靠群众、相信群众、军民一心、团结一致。井冈山革命斗争时期，中国共产党人通过开展土地革命来组织和发动群众。当时歌谣“土地回老家，合理又合法，分了田和地，穷人笑哈哈，跟着毛委员，工农坐天下”，便生动地反映了农民分田后的喜悦心情和对中国共产党的热烈拥护。聂槐妆是宁冈县茅坪乡的妇女委员会主任，1928 年 1 月，红三十二团特务连连长带来口信，说红军眼下最缺的就是食盐，多个伤员等着盐水清洗伤口。但由于敌人的严密封锁，所有想送盐上山的群众都被发现，还被吊死在路旁。后来，聂槐妆想出了一个办法，她将两斤盐水浸在夹衣里，晾干后穿在身上，外面再罩一件蓝色扣衫，挎上竹篮，佯装走亲戚进山，顺利地将食盐送给了红军，解决了伤病员的危难。但在第五次为红军送盐时不幸被敌人识破并抓捕，他们用尽各种残酷的刑具拷问她，可她始终坚贞不屈，最后壮烈牺牲，年仅 20 岁。正是依靠着工农群众的支持，党和红军才能够取得一个个胜利，这一个个令人潸然泪下的事例，铸就了依靠群众求胜利的井冈山精神。

井冈山精神是永远的精神丰碑

井冈山精神是中华民族几千年来积淀的优秀传统在革命战争年代的彰显和弘扬，是中国优秀民族精神的集中反映和重要体现，是中国共产党的源头性精神。它最重要的价值，在于它在开创中国革命崭新时期和开辟中国革命独特道路上所具有的示范性和先导性。国民革命失败后，进入长达十年的国共对峙时期，在这十年中，星星之火形成了燎原之势，中国共产党走出了“农村包围城市，武装夺取政权”的独特革命道路。正是井冈山精神支撑着中国共产党渡过一个又一个的难关，鼓舞着中国工农红军取得一个又一个的胜利。

井冈山精神是中国共产党永葆党的先进性、纯洁性的“加油站”。井冈山精神集中体现了中国共产党人的政治本色，体现了无产阶级政党的世界观、价值观。弘扬井冈山精神是建设社会主义核心价值体系的应有之义，对于构建全社会的共同理想信念和道德规范，形成全民族奋发向上的精神力量和团结和睦的精神纽带也具有十分重要的意义。

历史镌刻辉煌的岁月，人生彪炳韶日的年华。井冈山精神铸造了穿越时空、激励后人的精神丰碑。无论是过去、现在，还是未来，井冈山精神都放射着夺目的光辉。

（三）古田会议精神

1929 年 12 月，红四军在福建上杭县召开了在我党我军建设史上极其重要的古田会议。伴随着古田会议的召开而形成的古田会议精神，与红船精神、八一精神、井冈山精神一脉相传，随着时间的变迁经久不衰，在不同的历史时期绽放出耀眼的光芒。

1928 年 4 月，毛泽东、朱德于江西井冈山顺利会师，起义队伍合编为工农革命军第四军，5 月后又改编为中国工农红军第四军。在毛泽东、朱德、陈毅的领导下，井冈山革命根据地日益壮大，不仅打破了敌人对根据地的多次围攻，更是于 1929 年 1 月起向赣南、闽西进军，开辟了赣南、闽西革命根据地，星星之火不断燎原。但是随着斗争形势的不断发展、革命队伍的不断壮大，红四军及其内部党组织的阶级成分不断复杂，小农思想、小资产阶级思想日益严重化。再加上生活艰难、战斗频仍、环境险恶，部队的将士们得不到及时的无产阶级教育来改变非无产阶级思想，最终造成了单纯军事观点、极端民主化、流寇思想等不正确的思想倾向在党内泛滥。身为前委书记的毛泽东虽力图纠正这些错误思想，但由于红四军党内对一些具体的实际问题有着分歧，且毛泽东、朱德两位主要领导人之间的认识不尽一致。所有的这些问题在一个时期内都没有得到很好的解决，甚至在“二月来信”后愈演愈烈，以红四军“七大”召开后毛泽东的暂时离开而告一段落。

毛泽东离开后，军内、党内的极端民主主义、重军事而轻政治等问题越发严重，经常是大会无组织、军队人心散。最终朱德认识到，毛泽东的领导是正确的，红四军的工作离不开他，确立政治上的领导中心更离不开他。

古田会议纪念馆

1929 年 9 月 28 日，中共中央发出了“九月来信”。信中对红四军进行革命斗争的经验和毛泽东的正确主张进行了肯定，也指出了在当时的情况下仍然存在的问题和朱德、毛泽东的不足之处，对当时的争论进行了批示，要求红四军前委和全体干部战士维护朱德、毛泽东的领导。可以说，这封信为召开古田会议打下了坚实的基础。

根据“九月来信”的精神，1929年12月28日至29日，红四军第九次代表大会在福建上杭县古田召开，会议通过了由毛泽东主持起草的《中国共产党红军第四军第九次代表大会决议案》，即古田会议决议。会议解决了在中国共产党的领导下创建新型人民军队的一系列重大问题，重申了党对军队的绝对领导，确定了从思想上建党和从政治上建军的原则。古田会议因此成为我党我军建设史上的重要里程碑，随之形成的以思想建党、政治建军、求真务实为内涵的古田会议精神也成为中国共产党革命精神谱系的重要一脉。

古田会议解决了井冈山革命根据地时期中国共产党面临的党和军队建设的问题，确立了党和军队建设的原则。这些思想理论的精华构成了古田会议精神的内涵，它们不仅是古田会议精神的实质，更是中国共产党革命精神的时代精华。

思想建党、永葆先进，这是古田会议精神最实质的内容。所谓思想建党，就是指通过思想政治教育等方法来改造党员的主观世界，以达到进行党的先进性建设的目的。思想建党起源于古田会议，会议的主要议题之一便是纠正党内的错误思想，毛泽东指出，“红军第四军的共产党内存在着各种非无产阶级的思想，这对于执行党的正确路线，妨碍极大。”[①]这些非无产阶级思想是单纯军事观点、极端民主化、非组织观点、绝对平均主义、主观主义、个人主义、流寇思想、盲动主义残余。因此，必须进行思想建党，把马克思主义的立场、观点、方法注入到军队中，把中国共产党和中国工农红军建设成为真正的马克思主义政党、新型的人民军队。古田会议首创性地提出了思想建党的重要理论，注重解决农民、小资产阶级出身的党员的先进性问题，以此来建设一个合格的、经得起考验的无产阶级政党。因此，思想建党、永葆先进，是古田会议精神最为重要的内容。

政治建军、铸魂固本，这是古田会议精神的核心思想。古田会议之

① 《毛泽东选集》第1卷，人民出版社1991年版，第85页。

前，红四军内部在建设一支怎样的军队及如何建设军队等问题上存在着不同的意见。有一些人认为前委的权力太过集中，把党对红军的领导说成是家长制作风，或者认为“政治军事二者是对立的”[①]。如刚从苏联学习回国的刘安恭在初来乍到之时，在没做过调查研究的情况下，就认为毛泽东的思想是“山沟沟里的马列主义”“自创原则”，任职时擅自决定前委只讨论行动问题，军委决定重大问题。同时还以中央代表的口气批评毛泽东“一切事情集中于一人身上，既是前委书记，又是党代表，还是特委书记，大权独揽”。还有一些人认为“红军的政治任务也和白军相仿，只是单纯地打仗”[②]，甚至“不耐烦和群众在一块作艰苦的斗争”[③]等等。因此，古田会议决议从制度和机制上确立了党领导军队的原则，规定了党委负责制，指出了人民军队建设的根本方向，使红四军真正受到党的领导、真正成为人民的军队，政治建军也成为古田会议精神的核心内容。

求真务实、勇闯新路，这是古田会议精神的灵魂所在。古田会议中的求真务实精神，使得中国共产党摆脱“本本主义”的束缚，实事求是地进行党的建设，脚踏实地地探索中国革命道路。古田会议立足于井冈山根据地时期我国是殖民地半殖民地社会发展落后的国情，立足于我们队伍中存在着大量农民、小资产阶级出身党员的党情，立足于红四军脱胎于旧式军队、“以农民为主体组织起来”[④]的军情，坚持一切从实际出发，具体问题具体分析，将马克思主义的政党学说和中国革命的具体实际结合起来，把马克思主义的建军思想和红军的实际结合起来，闯出了一条前无古人的新路，党实事求是的思想路线正逐步形成。

古田会议是我党我军建设史上的一个重要里程碑。历史将永远铭记，1929 年 12 月 28 日至 29 日，中国工农红军第四军在闽西这片红土地上召开了第九次党的代表大会，作出了著名的古田会议决议。古田会议精神也

---

① 《毛泽东选集》第 1 卷，人民出版社 1991 年版，第 86 页。

② 《毛泽东选集》第 1 卷，人民出版社 1991 年版，第 86 页。

③ 《毛泽东选集》第 1 卷，人民出版社 1991 年版，第 94 页。

④ 《中国共产党历史》第 1 卷，中共党史出版社 2011 年版，第 289 页。

随之诞生，与红船精神、八一精神、井冈山精神、苏区精神等一脉相传，共同包含于中国共产党人所培育的革命精神谱系之中。

古田会议会址

岁月流转，2014 年 10 月 31 日，习近平总书记再一次在古田主持召开全军政治工作会议，他指出：“在古田会议召开 85 周年之际，我们再次来到这里，目的是寻根溯源，深入思考当初是从哪里出发的、为什么出发的。”同时强调：“坚持从思想上政治上建设部队，是我军建设的一条基本原则，是能打仗、打胜仗的政治保证。过去我们是这么做的，现在也必须这么做。”[①] 习近平总书记的话突出地体现了古田会议精神的内核——思想建党、政治建军。新时代，如何更好地全面从严治党、走好中国特色强军之路，我们能够从古田会议精神找到智慧。

① 《在古田会议光芒照耀下继续前进——习近平主席出席全军政治工作会议侧记》，《人民日报》2014 年 11 月 3 日。

（四）苏区精神

在土地革命战争时期，中国共产党相继开辟了井冈山、赣南、闽西、鄂豫皖等一系列革命根据地。其中，以瑞金为中心的中央革命根据地是最大同时也是最具代表性的一块革命根据地。在这里建立了中国历史上第一个全国性的工农民主政权——中华苏维埃共和国。在创建革命根据地的实践中，党和人民逐步培育形成了宝贵的苏区精神。

第一次国共合作失败后，痛定思痛的中国共产党人走上了独立领导中国革命、武装反对国民党反动派的道路，发起了轰轰烈烈的土地革命战争，武装斗争的星星之火在全国逐渐形成了燎原之势。

在坚持井冈山斗争一年多的时间后，1929 年 1 月，毛泽东、朱德等人率领红四军主力撤离井冈山向赣南进军，在同敌人周旋斗争的过程中，逐步创建了中央革命根据地。与此同时，全国各地的武装斗争纷纷展开，至 20 世纪 30 年代前期，共创建革命根据地 13 块，鼎盛时期面积共约 40 余万平方公里、辖人口 3000 万，遍布全国 12 个省 150 多个县。1931 年 11 月 7 日，在十月革命纪念日到来之际，中国共产党在江西瑞金庄严宣告中华苏维埃共和国临时中央政府成立，毛泽东担任政府主席，而后通过了《中华苏维埃共和国宪法大纲》《中华苏维埃共和国土地法》等重要法令，土地革命斗争达到了历史的高峰。

苏区时期的斗争是相当艰苦的，苏区精神在“围剿”与“反围剿”的残酷斗争中孕育与生成，这一时期是苏区特别是中央苏区斗争最艰苦的时期。从 1929 年到 1934 年底，中央苏区的党组织及其领导下的军民与国民党反动派进行了五次“围剿”与“反围剿”的残酷斗争，尤以第五次“反围剿”最为惨烈。1933 年至 1934 年，蒋介石调集 100 万兵力发动第五次“围剿”，其中直接用于进攻中央苏区的兵力高达 50 万人。红军同国民党军队进行了英勇的斗争，进行了长达一年的激战，损失惨重，最终因敌我力量悬殊未能打破敌人的“围剿”，被迫放弃中央根据地进行长征。但留守根据地的同志们仍然进行了长期不懈的斗争。正是在这种艰苦无比的斗争实践中，形成了昂扬奋发的苏区精神。

第一次全国苏维埃代表大会会址

苏区精神是土地革命战争时期中国共产党人在血与火的洗礼中，用生命与鲜血构筑、凝聚而成的积极彻底的革命精神。2011年11月4日，习近平在纪念中央革命根据地创建暨中华苏维埃共和国成立80周年座谈会上指出："在革命根据地的创建和发展中，在建立红色政权、探索革命道路的实践中，无数革命先辈用鲜血和生命铸就了以坚定信念、求真务实、一心为民、清正廉洁、艰苦奋斗、争创一流、无私奉献等为主要内涵的苏区精神。"[1]这一概括，为我们理解苏区精神的丰富内涵提供了方向。

坚定信念是苏区精神的核心。面对国民党反动派疯狂的"围剿"，面对党内"左"或右的错误带来的挫折，面对反"围剿"失败被迫进行转移的困境，无数的中国共产党人依然没有放弃，他们坚定不移、至死

① 习近平：《在纪念中央革命根据地创建暨中华苏维埃共和国成立80周年座谈会上的讲话》，《人民日报》2011年11月4日。

不渝。

求真务实是苏区精神的精髓。苏区精神中的求真务实，一是体现在实践上注重调查研究。苏区时期，在毛泽东的号召下，党内兴起了调查研究的高潮。毛泽东更是先后写出了《寻乌调查》《兴国调查》《东塘等处调查》《木村口调查》《长冈乡调查》等一系列调查报告。二是体现在理论上强调实事求是。1930 年 5 月，毛泽东在《反对本本主义》中提出“没有调查，没有发言权”的著名论断，并指出：“马克思主义的‘本本’是要学习的，但是必须同我国的实际情况相结合。我们需要‘本本’，但是一定要纠正脱离实际情况的本本主义。”①

一心为民是苏区精神的本质。从一心为民到全心全意为人民服务，从立党为公、执政为民到以人民为中心，中国共产党的根本宗旨一脉相承。苏维埃政权建立后，各级政府马上在各地苏区推行工农民主，实行保护工人阶级利益的劳动政策。同时为了解决贫苦农民的土地问题，中国共产党在苏区发动了土地革命，农民的生活有了很大的改善。

清正廉洁是苏区精神的灵魂。“苏区干部好作风，自带干粮去办公，日着草鞋闹革命，夜走山路访贫农。”这一首山歌真实地唱出了当年苏区干部的廉政清明。为严惩贪污腐化分子，苏维埃中央政府发布了中国共产党第一个反贪污法规——《关于惩治贪污浪费行为的第二十六号训令》。1932 年 5 月 9 日，临时中央政府最高法院批准将犯有私吞公款、强奸妇女和公报私仇的腐败分子谢步陞处以枪决。1933 年 12 月 15 日，将刘仕祥等 8 名贪污腐化分子判处死刑。

艰苦奋斗是苏区精神的基础。在国民党反动派的层层包围、层层封锁之下，苏维埃政权的条件极为艰苦，环境极为恶劣。中国共产党人和广大群众艰苦奋斗、共渡难关，“节省每一个铜板为着战争和革命事业”。陈毅的《赣南游击词》更是体现了苏区军民的艰苦奋斗：“天将午，饥肠响如鼓。粮食封锁已三月，囊中存米清可数。野菜和水煮。”

---

① 《毛泽东选集》第 1 卷，人民出版社 1991 年版，第 111—112 页。

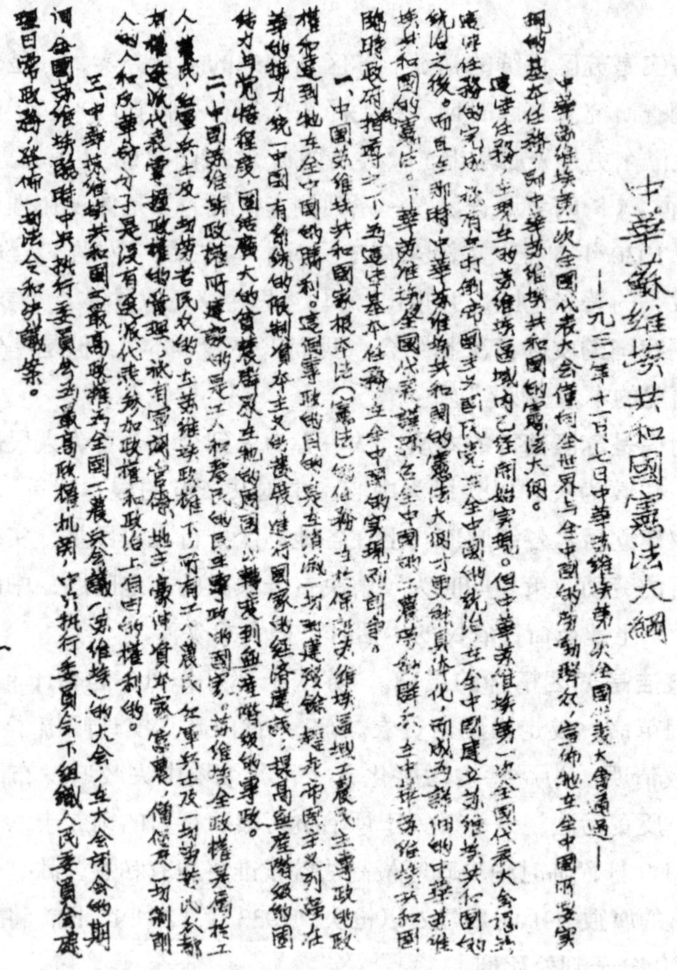
中華蘇維埃共和國憲法大綱

——一九三一年十一月七日中華蘇維埃第一次全國代表大會通過——

中華蘇維埃第一次全國代表大會向全世界与全中國的勞動群众,宣佈他在全中國所要實現的基本任務,即中華蘇維埃共和國的憲法大綱。

這些任務,在現在的蘇維埃區域内已經開始實現。但中華蘇維埃第一次全國代表大會認為這些任務的完成,祇有在打倒帝國主義國民党在全中國的統治,在全中國建立蘇維埃共和國的統治之後。而且在那時中華蘇維埃共和國的憲法大綱才更能具体化,而成為詳細的中華蘇維埃共和國的憲法。中華蘇維埃全國代表大會號召全中國的工農勞動群众,在中華蘇維埃共和國臨時政府指導之下,為這些基本任務在全中國的實現而奮鬥。

一、中國蘇維埃共和國根本法(憲法)的任務,在於保証蘇維埃區域工農民主專政的政權和達到他在全中國的勝利。這個專政的目的,是在消滅一切封建殘餘,趕走帝國主義列強在華的勢力,統一中國,有系統的限制資本主義的發展,進行國家的經濟建設,提高無產階級的團結力與覺悟程度,團結廣大的貧農羣众在他的周圍,以轉变到無產階級的專政。

二、中國蘇維埃政權所建設的是工人和農民的民主專政的國家。蘇維埃全政權是屬於工人、農民、紅軍兵士及一切勞苦民众的。在蘇維埃政權下,所有工人、農民、紅軍兵士及一切勞苦民众都有權選派代表掌握政權的管理;祇有軍閥、官僚、地主、豪紳、資本家、富農、僧侶及一切剝削人的人和反革命分子是沒有選派代表參加政權和政治上自由的權利的。

三、中華蘇維埃共和國之最高政權為全國工農兵會議(蘇維埃)的大會,在大會閉會的期間,全國蘇維埃臨時中央執行委員會為最高政權機關,中央執行委員會下組織人民委員會處理日常政務,發佈一切法令和決議案。

一

《中华苏维埃共和国宪法大纲》

争创一流是苏区精神的特征。在政权建设、经济建设、文化教育、粮食动员等各项工作中,广大苏区干部努力拼搏、开拓创新、模范带头,创造了“第一等的工作”,兴国县委、长冈乡是这方面的先进代表。在二苏大会期间,毛泽东更是题写“模范兴国”四个大字,来号召全苏区干部向兴国县学习,造成“几十个兴国县”,“几千个长冈乡”。[1]

---

① 《毛泽东选集》第1卷,人民出版社1991年版,第140页。

无私奉献是苏区精神的写照。“一切为了苏维埃”，广大军民无私奉献、不怕牺牲、倾其所有、参加军队、支援前线。当时，赣南13个苏区县区总人口约为240万人，青壮年有50万人，先后参加红军的有33万人，支前的有60万人，牺牲的有20万人。苏区人民除了积极参军闹革命外，还倾其所有，积极支援红军，同国民党反动派斗争到底。他们在异常艰苦的条件下，千方百计地节衣缩食，挤出最后一个铜板和一升谷子来支援红军，为中国革命作出了巨大贡献和牺牲。

苏区精神是以毛泽东为代表的中国共产党人，在大革命失败后的白色恐怖中培育和造就的又一种伟大的革命精神。苏区精神是中国共产党伟大奋斗历程和革命精神链条中不可或缺的重要组成部分，是中国共产党革命史和精神史上的一座不朽的丰碑。习近平总书记指出：“我们要始终大力弘扬苏区精神，推动创先争优，不断开创各项工作新局面……这一精神既蕴含了中国共产党人革命精神的共性，又显示了苏区时期的特色和个性，是中国共产党人政治本色和精神特质的集中体现，是中华民族精神新的升华，也是我们今天正在建设的社会主义核心价值体系的重要来源。”① 中国特色社会主义进入新时代，更是要将弘扬苏区精神和我国当下的发展任务结合起来，要像苏区精神所昭示的那样，始终牢记共产主义的远大理想，为共产主义事业奋斗终身；始终与人民群众同呼吸、共命运，保持紧密的血肉联系；始终保持党的先进性和纯洁性，坚持清正廉洁、艰苦奋斗、无私奉献，确保党的领导核心地位永不动摇。要牢记历史、不忘初心、继续前进，把中国特色社会主义的伟大事业不断向前推进。

三、革命火种

燎原之势的形成得益于革命火种的保存。在中央苏区建设得如火如荼之时，地方根据地的建设也是不甘落后。以邓小平、张云逸、刘志丹、习仲勋等为代表的中国共产党人在偏远地区进行根据地建设，留存了革命的火种，为中国革命作出了巨大的贡献。

---

① 《在纪念中央革命根据地创建暨中华苏维埃共和国成立80周年座谈会上的讲话》，《人民日报》2011年11月4日。

（一）百色起义精神

1929年12月11日，邓小平、张云逸、李明瑞等共产党人成功地领导和发动了百色起义。百色起义不仅被当时的中央认为“在全国政治上同样具有极伟大的意义”，同时也孕育了百色起义精神。百色起义精神是我们党和国家的宝贵精神财富，是推动中国的革命、建设和改革发展的重要精神动力。

百色位于广西壮族自治区南部，右江上游，是连接滇、黔、桂三省的交通枢纽和中心城市。在这里，各民族繁衍生息，形成了丰富多彩的民族文化、历史文化和边疆文化，积淀了深厚的爱国主义情怀，孕育着百色起义精神。但近代以来，百色地区政治经济社会环境恶劣，“人民处于水火之中，惨状实不堪言”。[①] 当时的百色封建势力残余浓、经济剥削深重、政治压迫深、军阀混战多、人民群众生活惨，百色社会矛盾激化、民不聊生。

十月革命后不久，特别是随着新文化运动和五四运动的深入开展，马克思主义在右江地区得到传播，一些具有初步共产主义思想的知识分子开始学习和宣传马克思主义，如马君武、黄日葵、谭寿林等，他们促进了一批热血青年和有识之士的觉醒，同时开始建立中国共产党组织，开展了形式多样的斗争，为百色起义的发动准备了良好的社会条件。

1929年5月，蒋桂战争结束后，左派军人俞作柏、李明瑞掌握了广西的军政大权，为巩固其地位，他们有意与中国共产党合作。中共中央派遣邓小平等人来到广西进行革命运动。邓小平来到广西后便开始积极地展开统一战线工作，争取李明瑞、俞作柏二人，最终二人站在了革命的一方。同时，他将党中央在六大的指示与广西革命的实践结合起来，利用国民党内部的矛盾，进行了一系列工作，使各地的党组织得到迅速恢复和发展。同年9月，中国共产党广西第一次代表大会召开，经过讨论，会议决定在广西百色地区进行土地革命、发动武装起义来夺取革命政权。而后，李明瑞、俞作柏二人公开宣布反对蒋介石，却因被部下出卖不战而败。此时邓小平当机立断，决定将武装队伍进行转移以保存革命力量，最终在左右江地区与韦拔群的革命队伍胜利会师。终于，在12月11日，百色起义爆发

① 中共广西区委党史资料征委会《左右江革命根据地》编辑组编：《左右江革命根据地》（上），中共党史资料出版社1989年版，第255页。

了！起义后邓小平指挥成立了中国工农红军第七军，建立了右江苏维埃政府，开始创建右江革命根据地。这一天，正值广州起义两周年纪念日之际，百色晴空万里，红旗飘飘，鞭炮齐鸣，万众欢腾。大街上、小巷里都贴满了革命标语，伴随着一阵阵“共产党万岁”“苏维埃万岁”“红七军万岁”的口号，党旗终于在百色冉冉升起。参加集会的除了起义将士外，还有各族工人、农民及市民，数千官兵在东门广场摇旗呐喊，载歌载舞，革命群众高呼庆祝百色起义胜利，庆祝中国工农红军第七军正式诞生，庆祝右江苏维埃政府成立。百色起义后，东兰、百色、恩阳等15个县相继成立县和区乡苏维埃政权，右江革命根据地逐渐形成。

百色起义纪念馆

在20世纪二三十年代的百色土地上，邓小平同志等中国共产党人进行了艰苦卓绝的革命创业实践，播撒下了星星革命火种，培育和创立了一种崭新的精神——百色起义精神。关于百色起义精神的内涵，在纪念百色起义胜利85周年之际，中共百色市委多次召集专家、学者集体讨论研究，并经市委常委会扩大会议审议通过，将百色起义精神的内涵提炼升华为“百折不挠、实事求是、依靠群众、团结奋斗”。

百折不挠是百色起义精神的灵魂。1929年12月11日，邓小平、张云逸等领导和发动了百色起义，建立了中国红军第七军。这是一支百炼成钢的战斗部队，奉命北上后，几经周折，历经桂、黔、湘、粤、赣五省，跨越七千余里，最终到达了中央革命根据地，成为中央红军的虎狼之师。在主力北上后，韦拔群继续发扬艰苦奋斗的作风，扩建军队，驻守右江根据地。1932年，韦拔群、陈洪涛牺牲后，黄松坚等带领余下人员继续坚持斗争。这是一场波澜壮阔的革命斗争史，这是一场前仆后继的革命运动。右江地区的武装斗争在红七军主力北上、反动势力猖狂反扑、自然环境恶劣、武器弹药严重短缺、人员伤亡惨重的情况下，依然红旗不倒，这靠的就是百折不挠的精神。这一精神让革命的火种在西南边疆民族地区燎原，让红色政权扎根在少数民族群众心里，激励各少数民族群众高举“工农武装割据旗帜”，英勇顽强地坚持了长达20多年的武装斗争。

实事求是是百色起义精神的精髓。实事求是是我们党的思想路线，有了这条思想路线的引导，保证了新民主主义革命和社会主义各项事业的胜利。1930年，军阀混战频繁，这在一定程度上为革命力量的发展提供了有利条件，革命开始走向复兴。但敌强我弱的根本形势没有改变，更没有形成中国革命的高潮。此时，中共中央领导人李立三逐渐形成了“左”倾盲动主义错误，它的贯彻执行，不仅给中央革命根据地带来了惨重的损失，更是给右江革命根据地带来了严重的影响。但以邓小平、张云逸为代表的共产党人坚持实事求是，从实际情况出发，灵活执行中央的指示，在一定程度上减轻了“左”倾盲动主义错误带来的不利影响。按照中央的指示，红七军攻打桂林、柳州等大城市，沿途与敌人多次激战，损失惨重。邓小平等领导人立马汲取教训，摒弃“左”倾错误，采用正确的游击战略战术，使红七军最早到达湘赣苏区，保住了红七军的基本力量。

依靠群众是百色起义精神的核心。相信谁、为了谁、依靠谁，是否站在最广大人民的立场上，是判断一个政党是不是马克思主义政党的试金石。邓小平等人领导和发动的百色起义，正确选择了群众基础较好的左右江地区为革命武装斗争的立足点，充分相信和依靠当地壮族、汉族、瑶族等民族群众，最大限度地调动各民族群众的革命积极性，取得了胜利并创建了中国工农红军第七军。1929年10月，邓小平、张云逸率领部队抵达百色后，立即召开党委会议，作出了四项决定，包括“在部队和群众中公开宣传中国共产党的主张，广泛发动群众”“号召汉、壮、瑶、苗等各族子弟加入部队扩大队伍，增加部队工农成分的比重”“组织和武装群众，在有工作基础的地方，通过地方党组织，将枪支发给各县农军，以便进行反霸斗争”等。邓小平在党员扩大会议上多次强调：“必须依靠当地各族群众，才能取得胜利，否则，寸步难行。”①

团结奋斗是百色起义精神的特色。百色起义精神是团结奋斗的精神，在起义的准备和发起过程中，我们党十分注重团结各族人民、团结各阶层人士。在广西右江地区居住着壮族、汉族、瑶族、苗族、彝族、仡佬族、回族等多个民族，少数民族人口占90%以上，而壮族人口占80%，是中国典型的少数民族聚居区。但当时的中国军阀割据、动荡不安，各民族人民处于水深火热之中，百色地区民族关系复杂、社会矛盾尖锐。中国共产党来到了百色后，根据这一地区多民族聚居的特点，注重民族平等与民族团结，将百色地区的各族人民团结起来，一同开展武装斗争、进行政权建设，切实保障各族人民的平等权利。这也在极大程度上调动了各个民族参加起义的积极性。其中，值得一提的是，百色起义中的革命力量中壮族人民占到了一半以上，他们为百色起义的胜利、为右江革命根据地的建立立下了汗马功劳。

百色起义是中国共产党在西南边疆民族地区，领导各少数民族群众开展新民主主义革命的成功典范，也是少数民族革命斗争史上的光辉典范。光照千秋的百色起义铸就了伟大的百色起义精神。在艰苦卓绝的斗争中，革命先辈们用鲜血和生命抛撒下革命的火种，培育了伟大的百色起义精神，这一精神集中反映了中国共产党人的政治本色，体现了无产阶级的世界观、价值观，是马克思主义基本原理与中国革命斗争实际相结合的产物。这种精神积淀在百色各族人民的内心深处，流淌在百色各族人民的血脉之中，它和伟大的五四精神、先驱精神、红船精神、井冈山精神、苏区精神等一样，是中国共产党、中华民族和中国人民的精神高地和家园。

---

① 郭敏璐、程贞生：《邓小平与广西》，广西人民出版社1994年版，第77页。

百色起义烈士纪念碑

（二）照金精神和南梁精神

“日照锦衣，遍地似金”——照金，一块英雄的土地，一部红色的传奇。在战火纷飞的年代，刘志丹、谢子长、习仲勋等老一辈无产阶级革命家，凭借坚定的信念，历经艰险、百折不挠，在西北地区创立了第一个山区革命根据地，最早点燃了西北民主革命的火种，形成了伟大的照金精神。20 世纪 30 年代，照金虽然失守，可这些老革命家仍坚守信念、矢志不渝，继续进行革命斗争，创建了以南梁为中心的陕甘边革命根据地，在革命斗争中形成了南梁精神。

1927 年国民革命失败后，中国共产党开始了武装反抗国民党反动派、实行红色割据、创建独立政权的斗争。陕西省党组织按照八七会议精神，号召共产党员到广大农村中去开展武装斗争。1927—1928 年，刘志丹、谢子长、习仲勋等积极投入了清涧起义、渭华起义、渭北起义、两当起义、靖远起义、西华池起义等十多次起义，虽然多以失败告终，但这些起义为后来创建陕北红军、建设陕甘边革命根据地积累了经验。

1932 年 2 月 28 日，刘志丹、谢子长率领的中国工农红军陕甘游击队第一次来到陕西照金，将当地的民团包围缴械。从此以后，陕甘游击队就经常在这个地区活动，向广大贫苦群众宣传“红军是共产党的队伍”“是穷人的队伍”，发动并号召民众打土豪、分田地、废除封建剥削，开展土地革命，进行游击斗争。此时，革命的火种散播来，刘志丹等人开始酝酿建立新苏区，巩固革命斗争的果实。6 月 1 日，陕西省委作出了《关于创建陕甘新苏区和游击队工作的决议》，指出：“创造新苏区与开展游击战争是陕西全党的一个中心任务”，“开展游击运动，进行土地革命，整编部队，组建边区特委，发展党组织”。11 月，陕甘游击队按照中央和省委的指示精神集结到照金，从领导群众开展分粮斗争入手，着手创建根据地工作，并先后在群众基础好、党员人数多的几个村子建立了党支部。1933 年 3 月，在照金召开了陕甘边第一次工农代表大会，建立了中共陕甘边特委、陕甘边红军游击队总指挥部和陕甘边革命委员会，创建了以照金为中心的陕甘边革命根据地。这一根据地面积达 2000 平方公里，是我国北方地区第一个山区革命根据地。而后，根据地开展了轰轰烈烈的土地革命运动，摧毁了照金地区及周围反动民团据点，粉碎了国民党多次“围剿”，根据地蓬勃发展、不断壮大。但受“左”倾错误影响，1933 年 7 月，红二团政委不顾刘志丹等人的反对，强令红二团南下关中，创建渭华根据地，结果兵败秦岭，数百战士战死沙场，400 多人最后仅有 30 多人返还。10 月，在国民党反动派的“围剿”下，照金失守，部队和党组织先后转移至南梁，开始创建以南梁为中心的陕甘边革命根据地。同年 11 月，刘志丹等人召开包家寨会议，重建第二十六军。这次会议是决定陕甘边革命红军命运的重要会议。会议最终决定开展武装斗争，创建陕甘边革命根据地。1934 年 11 月，陕甘边苏维埃政府于南梁成立，习仲勋担任主席。1935 年，在粉碎国民党第二次“围剿”后，照金苏区重新恢复，陕甘边革命根据地与陕北革命根据地连成一片。可以说，照金精神和南梁精神是在刘志丹、谢子长、习仲勋等共产党人创建陕甘边根据地的斗争中逐渐形成的。

照金革命根据地纪念碑

照金精神是中国共产党人在创建西北革命根据地的过程中形成的具有特定地域性的革命精神，是革命历程中表现出的理想信念、路径抉择、思想品格和风格特色，内涵丰富而厚重。

信念坚定、爱国为民。陕甘边革命根据地的历史充分地证明，是爱国为民、救国救民的坚定信念，激励着刘志丹、谢子长等中国共产党人百折不挠地英勇抗争，甚至不惜牺牲自己的生命。他们中有许多人有着优裕的家庭环境、接受过良好的教育，但他们放弃了优越的生活条件、放弃了对物质和金钱的追求，投身革命的洪流之中，为了救人民于水火，为了挽大厦于将倾，洒尽最后一滴热血。甚至是在错误肃反中，在受到不公正待遇和处理之时，也没有心生怨恨、弃党而去，仍是相忍为党、顾全大局，经受住了战争和政治风雨的严峻考验，表现出了对党和人民革命事业的无限忠诚精神。正如邓小平所言："为什么我们过去能在非常困难的条件下奋斗出来，战胜千难万险使革命胜利呢？就是因为我们有理想，有马克思主义信念，有共产主义信念。"①

独立自主、凝聚共识。在以照金为中心的陕甘边革命根据地不断发展

① 《邓小平文选》第3卷，人民出版社1993年版，第110页。

的过程中，独立自主的思想可以说是贯穿革命根据地斗争的始终。大家心往一处想、劲往一处使，团结一致、凝聚共识。刘志丹等革命根据地的领导人坚持实事求是，把党中央的路线、方针、政策和革命根据地的实际情况相结合，创造性地进行各项工作。尤其是在和总部数次断了联系的情况下，他们依旧不盲从、不盲动，根据客观情况去制定政策、处理问题，在关键时刻展现出独当一面的大无畏担当。同时，以刘志丹为代表的领导者们团结一心、凝聚共识，他们坚持以农村为重点进行革命斗争，坚决贯彻工农武装割据的思想；坚持“枪杆子里面出政权”，坚决进行武装斗争；坚持建立革命统一战线，坚决团结一切可以团结的力量。

务实求真、联系群众。求真务实是党的思想路线的核心内容，也是中国共产党人鲜明的政治品格。群众路线则是中国共产党的生命线和根本工作路线，党在任何时候都应该和群众紧密联系在一起。以刘志丹、谢子长、习仲勋等为代表的老一辈无产阶级革命家，认识、把握、遵循、运用中国新民主主义革命的规律，根据陕甘边地区的实际情况，制定出符合实际的路线、方针和政策，创造性地开展革命工作。比如，他们吸取多次开展兵运斗争失败的经验教训，总结出进行军事行动必须同农民运动相结合，提出了建立人民军队的著名的“三色论”：红色，就是组织发动工农群众，建立党独立领导的人民军队；白色，就是派共产党员到国民党军队中去，组织发动起义；灰色，就是派共产党员到绿林武装中去，改造他们，使其成为人民武装。实践证明，“三色论”符合陕甘边地区武装斗争的实际，取得了巨大的成功。同时，他们坚持密切联系群众，在开展革命斗争、创建革命根据地时一村一村做调查、一家一户搞工作，把群众的力量积聚和扩大统一起来，依靠群众开展土地革命，进行根据地建设。

百折不挠、快乐奋斗。革命的道路从来都不是一帆风顺的，它有高潮有低谷，在高潮时“会当击水三千里”，在低谷时也可能“屋漏偏逢连夜雨”，因此，干革命需要乐观的革命主义精神。刘志丹在率领陕甘边游击队创建根据地时也经历了极为艰苦的斗争历程。1933 年 5 月，由于政委杜衡的错误指挥，红二团兵败秦岭，几乎全军覆没。刘志丹本人也被围困深山老峪，但他的革命意志却没有动摇：“月亮都有时圆，有时缺呀！革命在一时一地的失败，算得了什么？失败了再干呀！咱们道理正，穷苦人都站在咱们这边！”“天不能老是阴雨，总有个放晴的时候。”刘志丹这些鼓舞士气的话语，诠释了共产党人百折不挠、快乐奋斗的照金精神。

在土地革命战争时期的峥嵘岁月中，中国共产党人带领广大军民克服重重困难，在陕甘边区筚路蓝缕开展革命实践，逐步形成了以“面向群众、坚守信念、顾全大局、求实开拓”为主要内涵的南梁精神。

陕甘边区工农兵代表大会旧址

一心为民、面向群众是南梁精神的根基。党的群众路线表明，党从成立之日起，便以服务广大人民群众为宗旨，代表中国最广大人民的根本利益。刘志丹作为陕甘边红军和根据地的创始人，从来不摆首长的架子，而是和其他红军战士一样，吃野菜、住窑洞、穿粗衣、蹬草鞋，群众、战士们看到他，总是亲切地称呼他为“老刘”。时任陕甘边苏维埃政府主席的习仲勋走到哪里，老百姓都会亲热地喊“仲勋啊”。谢子长也经常告诉战士：“我们是老百姓的儿子，不论走到哪里，时刻不要忘记了老百姓，都要爱护他们，革命就是为了老百姓。”毛泽东到达陕北后，在了解了陕甘边革命根据地的群众工作之后大加赞扬，真正做到了一心为民、面向群众。

坚守信念、百折不回是南梁精神的核心。在复杂危险的陕甘边革命斗争中，中国共产党人凭借坚定的理想信念所产生的强大凝聚力，克服艰难险阻，不畏牺牲、勇往直前，最终创建了陕甘边革命根据地。作为陕甘边根据地最重要的开创者，刘志丹坚信革命必定胜利，不论失败多少次也毫不气馁。单就从组建革命武装和开展武装斗争来说，刘志丹便经历了渭华起义失败、张皮原受挫、彬县身陷囹圄、旱胜遭受暗算、合水遇险等磨难，但他仍然有着坚定的信念，从不悲观失望，仍以极大的热情投身革命事业，乐观地说道："干革命还能怕失败！失败了再干嘛。"这一时期，刘志丹、谢子长、习仲勋等人更是先后组织了 70 多次大大小小的武装起义，坚守信念、百折不回，展现出对马克思主义的坚定信仰。

顾全大局、团结进取是南梁精神的关键。在革命根据地的发展、壮大过程中，刘志丹、谢子长、习仲勋等革命领导人向我们展现了顾全大局、团结进取等可贵的精神。当党内"左"倾主义盛行，领导者对刘志丹等人进行批判甚至撤职时，他们仍兢兢业业；当党内出现争端与分歧，他们受到波及与牵连，仍不忘初心、顾全大局。刘志丹在 1935 年秋的错误肃反中，在得知自己将要被抓捕之后，仍不顾个人安危，坚持向代表团说明情况，结果被逮捕关押。在被解救出来后，仍毫无怨言，多次劝慰受迫害的同志以大局为重。对此，李维汉评价说，刘志丹"明知一部分同志被冤屈关起来，自己也会被捕，他有枪杆子，有群众，要干就起来了，那就打起内战了，结果是分裂，给敌人造成一个大缺口。他明知个人会有危险，但还是顾全大局，服从纪律。"[①]忍一时而瞻长远，舍小利而顾大局，刘志丹向我们展现了他宽阔的胸襟、为国为民的大局意识。也正是他的这种可贵品格，为南梁革命根据地的保存打下了良好的基础。

实事求是、开拓创新是南梁精神的特质。以刘志丹、谢子长、习仲勋为代表的共产党人在领导创建陕甘边革命根据地的过程中，坚持实事求是、调查研究，创造性地开展工作。在与中央切断联系的情况下，随机应变，应时而动，将党的正确路线方针政策同陕甘边的实际情况结合起来，按照客观情况制定符合实际的政策。在包家寨会议上，刘志丹等人认真总

① 杜永耀：《"穿越时空的'南梁精神'"》，《光明日报》2013 年 1 月 7 日。

结以往失败教训，及时纠正错误，使陕甘边革命形势转危为安，为以后将中国革命大本营在西北落脚奠定了基础。这些都体现了一切从实际出发的思想路线，表现出陕甘边党组织政治上的成熟和创造精神，为探索中国正确革命道路作出了贡献。

在这片红色的土地上，刘志丹、谢子长、习仲勋等老一辈无产阶级革命家带领人民群众建立了以照金、南梁为中心的陕甘边革命根据地，克服了“左”倾和右倾错误，使之最终成为党中央和中央红军长征的落脚点、八路军开赴抗日前线的出发点，成为土地革命后期全国的“硕果仅存”，为中国革命的胜利作出了巨大的贡献。而与之形成的照金精神和南梁精神，是中国革命共产党精神链条的重要环节，是土地革命战争时期共产党人及广大陕甘边军民在创建、巩固和发展陕甘边革命根据地斗争实践中，用鲜血和生命铸造与培育的红色文化形态，在整个革命精神体系中处于承前启后、继往开来的重要地位。在革命精神组成的长河中，照金精神、南梁精神与红船精神一脉相承，初心和使命始终如一，与井冈山精神、苏区精神、百色起义精神同属土地革命战争时期形成的重要精神，有着共同的革命精神本质。同时，照金精神、南梁精神也有其独特之处，它是陕甘边革命根据地实践发展的最早精神产物，为后来延安精神的形成探索了本土实践经验，是延安精神重要源泉之一。

四、艰苦斗争

中国的革命向来不是一帆风顺的，革命也向来不是敲锣打鼓就能走向成功的，这需要进行艰苦的斗争。无论是琼崖革命“二十三年红旗不倒”，还是雨花英烈誓死为了新中国，其中的艰辛惨烈令人垂泪，也更激励了我们为了祖国的美好明天而接续奋斗。

（一）琼崖革命精神

琼崖革命是在远离中央、远离主力的南疆孤岛——海南岛上进行的，中国共产党人和广大军民同敌人进行了艰苦卓绝的斗争，在其间形成的琼崖革命精神，以其别样的风采，丰富了中国共产党革命精神谱系。

琼崖，也即是如今的海南岛，是我国的第二大岛。岛上长夏无冬，雨量充沛，聚居着汉、黎、苗、回等民族，山高林密，易守难攻。土地革命战争时期，中国共产党领导的琼崖革命根据地范围包括琼山、文昌、乐会、琼东、万宁、定安、澄迈、临高、儋县、陵水、崖县等11个县的部分地区，苏区人口有100多万。琼崖革命精神形成于中国共产党领导下的琼崖革命斗争过程中，是海南优秀传统文化积淀和滋养的产物，更是马克思主义在琼崖传播的结果。

琼崖革命精神源自中国共产党领导的琼崖革命斗争实践。早在国民革命时期，罗汉、王文明等共产党人就在国共合作的有利条件下建立了中共琼崖地方组织，大力开展工农运动，促进了琼崖大革命高潮的到来。琼崖工人运动、农民运动、青年运动、妇女运动蓬勃发展。国民革命失败后，中共琼崖地方组织领导人民进行武装反抗国民党反动统治的斗争。王文明等共产党人组织发动了全琼武装总暴动，并开始建立琼崖革命根据地，开展土地革命。1937年7月全面抗战阶段开始，第二次国共合作进行，中共琼崖特委及其领导的抗日武装在国民党消极抗日、积极反共的情况下，克服极端困难，坚决抗战，成为坚持琼崖战场上的中流砥柱。抗战胜利后，国民党当局挑起全面内战，琼崖革命进入到了迎接全琼解放的最后阶段，琼崖纵队坚持自卫反击战，发动三大攻势，最终配合大军解放海南岛。二十三年艰苦斗争，二十三年红旗不倒，琼崖革命彪炳史册，形成了光照千秋的琼崖革命精神。

琼崖革命精神的形成不仅仅是琼崖革命斗争实践的结果，更是在于它是海南优秀传统文化积淀和滋养的产物，是马克思主义在琼崖传播的结晶。如果说海南文化中具有的多元、兼容的品格，坚韧、乐观的性格和重义轻利、热爱故土的传统，是琼崖革命精神形成的深厚土壤，那么马克思主义在琼崖的传播则是琼崖革命精神形成的先决条件。中国共产党成立后，深受海南优秀传统文化熏陶的共产党人用马列主义武装起来，在群众中广泛宣传马克思主义，点燃了琼崖革命的星星之火，琼崖革命精神逐渐孕育而生。

琼崖革命以其独特的风采和精神风貌镌刻了中国新民主主义史上的光辉篇章。琼崖革命精神的内涵主要包括信念坚定、不屈不挠，自立自强、敢为人先，依靠群众、甘于奉献，五湖四海、丹心向党。

中共琼崖“一大”旧址

信念坚定、不屈不挠是琼崖革命精神的灵魂。琼崖革命精神“艰苦卓绝”“红旗不倒”的品格，鲜明地体现在主要领导人冯白驹身上。在母瑞山革命根据地斗争时期，以冯白驹为主要代表的共产党人进行了艰苦的斗争，国民党军的重重封锁与不停“搜剿”、严重的饥饿与疾病的折磨，原来踏上母瑞山的100多人队伍一度只剩26人，“我们坚决坚信，革命是一定要胜利的，只要我们坚持下去，黑暗是暂时的，光明会有一天要到来的。”[①] 琼崖革命历经几起几落，征途坎坷而曲折。革命的红旗之所以始终不倒，就是在于琼崖共产党人所具有的坚定的马克思主义信仰和共产主义信念，并以此为支撑，冲破了一个又一个险阻、战胜了一个又一个困难。

自立自强、敢为人先是琼崖革命精神的基本内核。海南岛地处南疆边陲，远离大陆。在国民党反动派的严密封锁和全面包围下，琼崖革命不仅在人力、物力、财力上难以得到援助，在与中央的联系上更是一度断绝，难以得到中央及时且具体的指导。在极其艰难的斗争环境中，琼崖党组织坚持实事求是的思想路线，一切从实际出发，自力更生、艰苦奋斗。根据

① 中共海南区党委党史办公室编：《冯白驹研究史料》，广东人民出版社1988年版，第426页。

地军民团结一致、大搞生产、恢复经济，不仅打破了国民党反动派的经济封锁，克服了抗日根据地的经济困难，最终也保障了琼崖解放战争的经济供给。在敌人的重重包围之下，琼崖党组织更是敢为人先，创新了土地革命政策，较早出台了土地分配方法，制定了正确的土地没收政策，提出了正确的土地分配原则等。

陵水县苏维埃政府旧址

依靠群众、甘于奉献是琼崖革命精神的重要基石。中国共产党是中国工人阶级的先锋队、中华民族和中国人民的先锋队，琼崖党组织更是中国共产党坚持群众路线的地方典范。以冯白驹为代表的共产党人，紧紧依靠人民群众，坚持发动群众、组织群众，始终保持同人民群众的血肉关系。他曾在纪念中国共产党成立 30 周年时写道：琼崖革命能够“坚持下来并且能够发展的主要原因，就是我们始终依靠群众联系群众，得到了海南岛人民，拥护与支持”[①]。“不是山藏山，而是人藏人”，正是在人民群众的大力支持下，党的各项工作才得以顺利开展。军民鱼水一家人，谱写了红旗不倒的传奇。

五湖四海、丹心向党是琼崖革命精神的强大支柱。在琼崖革命斗争

① 冯白驹：《中国共产党的光辉照耀在海南岛上》，《琼岛星火》1981 年第 4 期。

中，革命干部人才奇缺，为了实现琼崖革命胜利、人民解放的目标，琼崖党组织以五湖四海的胸怀广聚人才。革命斗争中坚持任人唯贤的原则，既注意培养本地干部，又充分相信外来干部，不分地域、不分你我，便是共同的共产主义信念和对革命的必胜信心，一片丹心向党。

在新民主主义革命时期，琼崖党组织领导琼崖人民进行了可歌可泣的革命斗争，接应和配合党的大部队解放海南岛，最终取得了琼崖革命的彻底胜利，创造了中国革命史上孤岛奋战二十三年而红旗不倒的光辉范例。聂荣臻在为《琼崖纵队史》一书题词时，盛赞琼崖纵队："孤岛奋战，艰苦卓绝，二十三年，红旗不倒。"[①] 琼崖革命孕育形成了崇高的琼崖革命精神，形成了党领导琼崖人民进行孤岛奋战的强大精神动力。琼崖革命精神和中国共产党革命精神谱系中的其他革命精神具有同质性，都是中国共产党人艰苦奋斗、勇于探索的结果，都是中华民族优秀传统文化的高度凝聚与升华。

琼崖革命精神是中国共产党人在特定地域和特定的历史文化背景之下形成的一种革命精神，与其他三者比较，具有自己鲜明的特质，如这一精神在孤岛上孕育和发展；形成时间长，几乎贯穿新民主主义革命的全过程；民族认同感强烈等。正因如此，琼崖革命精神有其独到的价值，革命时代虽已成为历史，但琼崖革命精神却没有过时，且永远不会过时。海南省身为我国面积最大的经济特区和唯一的一个省级经济特区，当前所弘扬的"敢闯敢试、敢为人先、埋头苦干"的特区精神正是对琼崖革命精神生生不息的传承。这一精神在新时代更应加以传承和弘扬，用以促进海南经济特区的建设，争创新时代中国特色社会主义生动范例。

（二）雨花英烈精神

"天地英雄气，千秋尚凛然。"南京雨花台，长眠着在新民主主义革命斗争中英勇牺牲的英雄们。他们在风雨如晦的革命岁月里，为真理上下求索、为信仰奋斗牺牲，形成了令人扼腕、催人奋进的雨花英烈精神。

南京雨花台，古称玛瑙岗、聚宝山，是一座松柏环抱的秀丽山岗。但是，丧心病狂的国民党反动派却将这样一座美丽的山岗作为了屠杀共产党

① 琼崖武装斗争史办公室编：《琼崖纵队史》，广东人民出版社 1986 年版，前言第 2 页。

人和革命群众的刑场，无数的志士仁人长眠于此。新民主主义革命时期，牺牲在雨花台的革命烈士成千累万，留下姓名的却仅有2406位，他们平均年龄不到30岁。扶大厦于将倾的家国情怀、牺牲自我的政党精神、投身革命的实践斗争最终形成了雨花英烈精神。

雨花英烈们具有着强烈的家国情怀，他们挽狂澜于既倒，扶大厦于将倾。中国传统文化向来强调“天下兴亡，匹夫有责”“修身齐家治国平天下”。近代以来，民族危亡，英烈们探求救国救民、兴国兴民的道路。他们接受了马克思主义的科学理论，将其与中国国情相结合，投身于救亡图存的伟大实践中，在各种考验面前坚忍不拔、矢志不渝。

奉献牺牲的政党精神促进了雨花英烈精神的形成。中国共产党的政党精神是马克思主义价值理念的体现，其中蕴含着实现人完全彻底的解放、达到自由全面的发展；爱国主义、集体主义的思想原则、为人民服务的价值追求、大公无私舍己为人的高尚品格、奉献牺牲的大无畏精神等内容。雨花英烈们在中国共产党政党精神的感召下，忧国忧民、为国为民、无私奉献、不怕牺牲，在面对敌人的血腥屠杀面前凛然而立，视死如归，昂然走向刑场。

雨花台烈士雕塑

雨花英烈们投身革命的实践斗争是雨花英烈精神的最终锻造、形成环节。在挽救民族危亡的革命运动中，雨花英烈们无论是在被逮捕前的公开斗争、地下斗争，还是被逮捕后的狱中斗争中，都积极投身革命实践、坚决执行党的任务、坚决保守党的秘密，同国民党反动派抗争到底。在被逮捕前的公开斗争中，他们最初主要在白区开展公开暴动。1935 年 1 月遵义会议确立了以毛泽东为核心的党中央的正确领导，确立了“白区工作以防御为主，尽量利用合法的机会工作的斗争形式”[①]。地下斗争成为雨花英烈们的主要斗争形式。在白色恐怖地区，在反动派的严格搜查和大肆屠杀之下，大量中共地下党员不畏牺牲，进行着异常艰苦的地下斗争。雨花英烈们在不幸被捕后，面对国民党反动派的严刑拷打、威逼利诱仍浑然不惧、不怕牺牲，表现出坚定的革命气节。

崇高的理想信念是雨花英烈精神的灵魂。雨花英烈的理想信念便是马克思主义，崇高的理想信念让他们即便身处险境，仍能坦然面对，笑看风萧水寒，仍然本色不变。正所谓“革命理想高于天”，共产主义远大理想是中国共产党人的精神支柱。在中国革命一片黑暗、危机四伏之时，雨花英烈们却毅然地活跃在敌人的腹地。他们在关键时刻、生死关头坚信、坚定并坚守了自己的政治选择。1928 年 9 月 27 日，共青团南京市委书记史砚芬被敌人枪杀于雨花台，年仅 24 岁。在他英勇就义后，亲人从他的内衣口袋中，发现了写给弟弟妹妹的遗书：“我的死，是为着社会、国家和人类，是光荣的，是必要的。我死后，有我千万同志，他们能踏着我的血迹奋斗前进，我们的革命事业必底于成，故我虽死犹存。”[②]这份遗嘱鲜明地表达了共产党人史砚芬为共产主义理想甘愿献身的决心和对党的事业必胜的坚定信念。

高尚的道德情操是雨花英烈精神的特质。最黑暗的夜晚，更能看清灿烂的星光。最艰苦的岁月，也更能凸显英烈们高尚的道德情操。毛泽

---

① 中共南京市委党史工作办公室、中共南京市委组织部：《南京党史八十年——中共南京地方简史读本》，江苏人民出版社 2001 年版，第 24 页。

② 蒋守昌、李晓英：《我们的革命事业必底于成——史砚芬给弟弟妹妹的诀别信》，《中国纪检监察报》2019 年 6 月 28 日。

东曾说："一个共产党员，应该是襟怀坦白，忠实，积极，以革命利益为第一生命。"① 雨花英烈们身陷囹圄之时，更加表现出大无畏的革命勇气，他们面对国民党反动派的各种诱惑不为所动，面对敌人丧心病狂的摧残宁死不屈。共产党人刘亚生被捕后，胡宗南将其单独优待，对其许以种种好处，但他仍然不为所动。最后，当叛变的妻子来说服他，刘亚生宁愿离婚也绝不背叛自己的信仰和事业。张学堂被捕后被敌人施以酷刑，也是始终没有屈服。邓中夏临终遗言："就是把邓中夏的骨头烧成灰，邓中夏还是共产党员！"这鲜明地体现出共产党人的至死不渝、坚贞不屈。

为民牺牲的大无畏精神是雨花英烈精神的精髓。中国共产党初心和使命是"为中国人民谋幸福，为中华民族谋复兴"，雨花英烈们为了实现民族复兴，最终实现人民幸福，进行了艰苦的奋斗。即使革命形势十分严峻，即使随时面临牺牲的危险，但他们依然奋不顾身地投入救亡运动之中。在他们的书信中，随处可见深切的为民情怀，"一颗为民心，万古终不泯"②，"为着大多数人的幸福的缘故而流血，牺牲，是十二分值得的啊！"③

中国共产党的革命精神谱系，不是一个个抽象的概念和内涵，而是在中国革命实践中实实在在发生过的历史事件，是随之凝结而成的精神精华。从五四精神到先驱精神，从八一精神到苏区精神，从百色起义精神到南梁精神，从琼崖革命精神到雨花英烈精神莫不是如此。

这些精神都是以马克思主义的科学理论为基础，同当下斗争的具体实际相结合，都是中国共产党在追求民族独立、实现民族解放道路上的智慧结晶。

"为有牺牲多壮志，敢教日月换新天。"雨花英烈精神也是一样体现了中国共产党革命精神的特质，它不是堆砌在书上的词句，而是英烈们在

---

① 《毛泽东选集》第2卷，人民出版社1991年版，第361页。

② 中共江苏省委党史工作办公室等编：《雨花魂》，中共党史出版社2015年版，第89页。

③ 中共江苏省委党史工作办公室等编：《雨花魂》，中共党史出版社2015年版，第304页。

雨花台烈士纪念碑

那伸手不见五指的黑暗岁月坚定理想、坚持斗争的思想结晶。如今我们回顾苍茫岁月，更是怆然泪下，扼腕悲歌。它对于我们今天进行爱国主义教育、理想信念教育仍然有着重要的意义和价值。

第三章　夺取伟大胜利的精神动力

伟大斗争孕育伟大精神，伟大精神形成强大动力。红军长征后，中国共产党人不畏艰难，斩关夺隘，在险境中崛起，在逆流中前行，创造了可歌可泣的战争史诗，铸就了伟大的长征精神等一系列革命精神，推动中国革命实现了重大转折，开创了革命发展的新局面，最终取得新民主主义革命的胜利。

一、历史转折

1933年下半年，正当“左”倾错误在党内和革命根据地得以贯彻执行之际，蒋介石调集50万大军对中央革命根据地发动第五次“围剿”。而此时，临时中央负责人博古把指挥大权交给不了解中国国情的军事顾问李德。他们无视中国革命战争的具体特点，一味地照搬正规阵地战经验，放弃过去几次反“围剿”行之有效的积极防御方针，先后采取军事冒险主义方针、消极防御方针，使红军辗转于敌军的主力和堡垒之间，一再丧失突围时机，致使第五次反“围剿”失败。为此，中央红军被迫撤出苏区，开始长征。长征从瑞金一路走来，党和红军经历了各种超乎想象的磨难，尤其是湘江战役之后，长征人数由出发时的8.6万余人锐减到3万余人。在重兵堵截、敌军围追、物资缺乏的严峻形势下，中共中央在遵义召开会议，解决军事路线问题和组织路线问题，事实上确立了毛泽东的领导地位。遵义会议在党的历史关头召开，成为中国共产党生死攸关的转折点。

遵义会议后，中央红军在毛泽东等人的指挥下，根据实际情况，灵活转变作战方向，翻雪山、过草地，突破敌人重重包围，克服各种艰难险阻，付出巨大牺牲，最终取得长征胜利。遵义会议的成功召开和长征的伟大胜利，孕育了遵义会议精神和长征精神。这些宝贵的精神，是推动革命事业向前发展的不竭动力。

（一）遵义会议精神

长征初期，“左”倾教条主义者犯了退却中的逃跑主义错误，开展搬家式的战略行动。这种转变一方面使部队行军速度迟缓，另一方面为敌人调集兵力，对红军围追堵截留下充足时间，致使红军损失惨重。为了扭转局面，毛泽东提出挺进贵州的战略计划。

1935 年 1 月 7 日，中共中央率领红一方面军占领遵义。毛泽东、周恩来、朱德等中央领导同志随军委纵队于 1 月 9 日下午进入遵义城。遵义市子尹路的贵州旧军阀柏辉章公馆，2 层的青瓦小楼高墙壁立、朱门厚重。二楼的一间屋内，十多把椅子紧凑摆放在一张长木桌周围，桌下有一个火盆。这是遵义会议会议室，1935 年 1 月 15 日至 17 日，中共中央政治局扩大会议在这里连开三天。会议的中心议题是总结第五次反“围剿”的经验教训，初步确立了以毛泽东为代表的马克思主义的正确路线在中共中央的领导地位，结束了“左”倾教条主义在中央的统治，是党的历史上一次具有伟大转折意义的重要会议。遵义精神在此过程中形成。

遵义会议会址

理论联系实际，反对教条主义。理论联系实际，是中国共产党的优良作风，也是指引中国革命和建设取得胜利的根本原则。遵义会议给我们留下的宝贵经验就是，要坚持将马克思主义基本原理与中国革命实际相结合。

在革命战争年代，军事路线至关重要，遵义会议坚持理论联系实际，反对教条主义的军事路线，确立了正确的军事路线，加快了新民主主义革命胜利发展的进程。会上博古代表党中央对第五次反“围剿”战役作了总结报告，认为红军失败，主要因为敌人力量过于强大、苏区物质条件差、白区反蒋运动和瓦解敌军的工作没有成效等客观条件，并没有在主观上认识到，这是“左”倾冒险主义错误军事路线造成的后果。周恩来代表中央军委作副报告，认为这次战争失败的根本原因是党中央战略战术的错误。毛泽东在会上作了长达一个多小时的长篇发言，着重批判军事路线上的错误。王稼祥在会上指出了博古、李德等在军事指挥上的一系列严重错误，批评了他们单纯防御的指导思想，张闻天随即表了态，支持毛泽东和王稼祥的意见。与会的其他几位主要领导也纷纷表态，包括博古同志在内，都一致肯定了毛泽东等作出的正确主张，使会议取得成功。

坚持走独立自主道路。坚持走独立自主道路是马克思主义中国化的基本要求。中国共产党成立后就成为共产国际的一个支部，在重大路线方针问题上，必须严格执行共产国际代表大会及执委会的一切决定。这样的格局，共产国际能指导幼年的中国共产党不断前进，但也影响中国共产党独立自主地探索本国的发展道路，也会导致党内部分领导人将共产国际和苏联经验教条化，照搬照抄，缺乏灵活性和适应性，给中国革命带来挫折。由于电台损坏，与共产国际的联系中断，客观上也迫使中国共产党自己解决问题。遵义会议是中国共产党独立自主地批判并结束王明“左”倾教条主义错误在中共中央的统治地位，并把党的路线转移到马列主义基本原理和中国革命实际相结合的正确轨道上来的一次重要会议。

李德后来曾说：“遵义会议召开时与外界隔绝，从共产国际方面，既不能得到忠告，也不能得到帮助，所以，毛泽东能不顾马列主义的干部的反对而畅行无阻。”[①] 我们要说正是由于这种情形，中国共产党才能不受共产国际干预地、独立自主地批判他的错误，把他从不可一世的神圣不可侵犯的“太上皇”的宝座上轰下台来，并按照中国革命自己的实际情况，决定自己的方针、政策和策略，从而使党从长达四年的王明“左”倾教条主义错误的影响和束缚下解放出来，开始走自己的路。

坚持正确的政治路线和政治策略。坚持正确的政治路线和政治策略是解决中国一切问题的根本思想和方法。遵义会议前，在相当长的一段时间里，“左”倾教条主义错误在党内占据主导地位，致使党和红军遭受严重挫折。为了扭转这一错误局面，毛泽东夜提马灯，点亮真理之光，照亮中国革命前进的道路。

苟坝小道

1935 年 3 月 10 日凌晨 1 点，红一军团发来的一封加急电报。电报建议中央红军攻打打鼓新场[②]。接到电报后，在党内负总责的张闻天马上召集

① ［德］李德（奥托·布劳恩）：《中国纪事（1932—1939）》，现代史料编刊社 1989 年版，第 130—131 页。

② 今贵州省毕节市金沙县县城，距离苟坝只有 50 公里的路程。

主要领导召开专题会议，这就是著名的苟坝会议。会议从 3 月 10 日的早晨一直开到了深夜，争论激烈，与会领导一致赞同进攻打鼓新场。但是，毛泽东坚决反对，他认为，中央红军不应太在意一城一池的得失，打是手段，走才是目的，要尽早跳出蒋介石在黔北地区设计的大包围圈。虽然分析得详细透彻，但毛泽东的意见没有得到与会人员的认同。会后，毛泽东回到自己的住所，依然十分担忧红军的前途和命运。3 月 10 日深夜，毛泽东手提马灯，沿着大小龙井之间的田间小道走了近 1 公里崎岖小路，找到了周恩来，再一次坦陈不能进攻打鼓新场的理由。说服周恩来后，两个人又一起去找朱德商量。11 日天亮后，中央继续开会，三人一起说服了其他人。后来的实践证明，这一决策是正确的。毛泽东敢于坚持正确方针的态度和作风成为党的宝贵精神财富。

建设坚强成熟的中央领导集体。建设成熟的党中央领导集体是推进中国共产党伟大事业不断胜利的根本。遵义会议作出了四项决定：第一，选举毛泽东担任中共中央政治局常委；第二，指定张闻天起草《遵义会议决议》；第三，对中共中央政治局常委分工进行调整；第四，取消博古和李德的军事指挥权。遵义会议推选毛泽东为常委，从此毛泽东进入中共中央领导核心，这是中国共产党、中国红军历史上的一件大事。刘伯承在《回顾长征》中写道："遵义会议的精神传达到部队中，全军振奋，好像拨开了重雾，看见了阳光，一切疑虑不满的情绪一扫而光。"①

遵义会议驱散了笼罩在中国革命航道上的重重迷雾，拨正了被王明"左"倾机会主义路线引入歧途的中国革命航向，引导党和红军度过了激流险滩，在中国革命最危急的关头，挽救了党，挽救了红军，挽救了中国革命，为红军长征的胜利和中国革命的发展奠定了基础，是中国共产党从幼年的党走上成熟的党的标志。当时担任翻译工作的伍修权列席了会议。他特意作诗，以"舵手一易齐桨橹，革命从此上新途"表达内心喜悦之情。

（二）长征精神

中央红军长征后，红二十五军、红四方面军和红二、六军团也先后

① 中国人民解放军历史资料丛书编审委员会：《红军长征・回忆史料》（1），解放军出版社 1990 年版，第 9 页。

进行了长征。在长达两年的时间里，英勇的红军翻越了几十座陡峭险峻甚至终年积雪的高山，跨越了数十条波涛汹涌的河流，数次穿越了堪称“死亡世界”的茫茫草地，纵横14个省，行军约6万里，冲破国民党中央军、粤军、湘军、桂军、黔军、滇军、川军、东北军、西北军、马家军和少数民族反动土司头人部队的围追堵截，克服难以想象的重重艰难险阻，经受无数折磨考验，战胜党内分裂的危机，付出巨大牺牲，最终赢得长征的胜利，铸就了伟大的长征精神。

崇高理想，坚定信念。1934年10月，中央红军8.6万人离开江西踏上万里征程，到1935年10月抵达陕北时只剩下7000余人。① 靠着坚定理想、崇高信念，中国工农红军完成了人类历史上一次不可思议的壮举。

在艰苦卓绝的长征路上，涌现出一批批为理想和信念而矢志不移的英雄群像。1935年10月15日陈云向共产国际报告《关于红军长征和遵义会议情况的报告》中记录了这样一个故事：“一个13岁的孩子，是儿童局的书记，在当地居民中活动。他与红军大部队失去联系后，爬山过岭，整整找了三天三夜，没有任何吃的东西，他饥渴难忍时，就喝自己的小便解渴。最后他终于找到了自己的同志和队伍。”② 还有一些因伤病掉队的红军干部战士，凭着对革命必然胜利的坚定信念，坚持“死也要死在队伍里”，在伤病恢复之后，想方设法，历尽千辛万苦，找到红军主力部队，千里追随。

在二万五千里的长征途中，连绵不绝的群山、空气稀薄的雪山、泥泞吃人的草地、干旱贫瘠的黄土高原、险象环生的大江大河、对红军不了解而充满敌意的民族地区、遭遇的各种战斗以及饥饿的威胁和无休止的行军，考验着每一个红军战士的信念和意志，无数红军将士血染长征路，他们中的很多人，无法查证他们的姓名，只知道他们是“红军”。

不怕困难，勇于牺牲。“红军不怕远征难，万水千山只等闲。”漫漫

---

① 中共中央党史研究室第一研究部：《红军长征史》，中共党史出版社2006年版，第436页。

② 中共中央党史研究室编：《红军长征纪实丛书·红一方面军卷》，中共党史出版社2016年版，第50页。

征途中，无数红军战士不畏艰险，不畏困难，始终保持积极乐观的革命精神，斗志昂扬，一往无前。

从湘江战役到四渡赤水，从飞夺泸定桥到强渡大渡河、突破腊子口，从爬雪山到过草地，纵观长征中的系列战斗历程，无不体现了中国红军将士英勇战斗、敢打敢冲、顽强拼搏、不怕牺牲、前仆后继、忘我献身的大无畏革命精神。在飞夺泸定桥的战斗打响之前，指战员纷纷请战，掀起了“争当突击手，飞夺泸定桥”的请战热潮。杨成武将军在回忆录中描绘了以下的情景：“我的话音刚落，坐在我对面，平时不爱说话的二连连长廖大珠刷地站了起来。他那矮小而结实的身子激动得有点发抖，黝黑的脸一下红到耳根。他吃力地说：‘一连过乌江立了功，成了渡江模范连，我们要向一连学习，争取当夺取泸定桥的英雄连……’‘夺桥任务非给我们三连不可！’刚从侦察连调到三连当连长的王友才，没等廖大珠说完，也霍地站了起来。他站在那里，活像座小铁塔，话匣子一打开，就像机枪哒哒地没个完，‘三连哪一次战斗都没有落后过，这次我们保证把桥拿下来！’这会儿，其他连队的干部也都坐不住了。……一个个连长都站了起来，他们各摆各的理由，各讲各的有利条件，争着当突击队。……”①

独立自主、实事求是。实践检验真理，勇于开拓新路是长征精神的精髓。在纪念红军长征胜利80周年大会上，习近平总书记指出：“长征是一次检验真理的伟大远征。真理只有在实践中才能得到检验，真理只有在实践中才能得到确立。……长征的胜利，使我们党进一步认识到，只有把马克思列宁主义基本原理同中国革命具体实际结合起来，独立自主解决中国革命的重大问题，才能把革命事业引向胜利。这是在血的教训和斗争考验中得出的真理。”②

1935年1月19日，中央红军撤出遵义城。2月5日至9日，在称为“鸡鸣三省”的云南威信县水田寨、大河滩、扎西镇，连续召开了三次政治局会议，统称为“扎西会议”，会议通过了中央关于反对敌人五次“围

---

① 《杨成武回忆录》上册，解放军出版社1987年版，第158—159页。

② 习近平：《在纪念红军长征胜利80周年大会上的讲话》，《人民日报》2016年10月22日。

剿”的总结决议和经验教训决议大纲，传达了遵义会议精神的决定，并提出由张闻天代替博古负总的责任。会议期间，周恩来劝博古交权使人印象深刻。

1935年2月5日，周恩来与博古进行了一次长谈。周恩来说：南昌起义、广州起义的失败，证明中国革命源泉在于农村，必须走农民包围城市道路。这以后，我一直在思考，我们党应该找一位熟悉农村革命的人担任领导职位。我虽然长期做军事工作，军队干部也拥护我，但我有自知之明。你虽才华横溢，但对军事不通，难以带兵打仗，行伍出身的人不会服你。我们俩适合做具体业务的人，而不合适做领袖。毛泽东擅长农民运动，是驾驭目前的战争的合适人选。宁都会议后他离开部队，中央红军就失去一个可贵的人才。我认为，红军不能没有他。从长征伊始，我就有回到军事领导岗位上的想法。我坚信，凭借他的才能，必定可以率领中央红军走出困境。所以在遵义会议上，我力主他进入政治局常委，参加军事领导。会议发展到集中批评你，是因为大家憋了一肚子话要讲。军队已不可能再让一个不懂军事又不会领兵打仗的人来指挥他们了。况且你自己也没有强烈的领袖欲望。周恩来的一席话，使博古解开了思想疙瘩，交出军权。从此，中国共产党在以毛泽东为核心的中央领导集体率领下独立自主、实事求是地探索中国革命的成功之道。

严守纪律，紧密团结。中国共产党是一个有着严明纪律的无产阶级政党，严格遵守纪律，维护党的团结统一，是我们党的光荣传统和政治优势。长征途中，红军不仅要同恶劣的大自然作斗争，还要同国民党军队的围追堵截作斗争。在这种极其艰险的境地下，只有严格遵守党纪军纪、加强革命团结，形成坚强的战斗力量，才能战胜敌人。顾全大局、严守纪律、紧密团结是长征胜利的基本保证，也是长征精神的重要内容。

长征之初，红军各路部队自觉以大局为重，坚持以局部利益服从整体利益。为牵制国民党军队，使敌人无法形成合围将红军“剿灭”，中央红军进行大转移时，作出苏区根据地必须有人留下坚持战斗的决定。陈毅、项英、瞿秋白、何叔衡、贺昌、陈潭秋、刘伯坚、毛泽覃、古柏等党和红军的高级干部坚决服从命令，留在苏区坚持战斗，毫无怨言。很多人都长眠在这段留守岁月里，牺牲自我，保证了主力部队顺利转移。

长征期间，党和军队领导人毛泽东、张闻天、周恩来，甚至犯过严重"左"倾错误的博古、凯丰等人，都胸怀全局，淡泊名利，甚至主动让贤，以革命大局为重，紧密团结全党全军，带领红军克服国民党军队的围追堵截和恶劣的自然环境，迎来了革命的新曙光。红军长征到达陕北后，中共中央政治局在甘泉县下寺湾召开会议，研究常委的分工问题。会前，张闻天有一个考虑：军事方面由毛泽东负责，周恩来负责组织局的工作。会上王稼祥提出，周恩来从事军事工作有经验。毛泽东也支持周恩来从事军事工作，提出主要仍由周恩来负责，自己当副手。周恩来表示：个人愿意做军事工作，但领导不必更换，由毛泽东任主席。[①] 最后，会议决定由毛泽东为中华苏维埃西北革命军事委员会（实际是中革军委）主席，周恩来、彭德怀为副主席。1935 年 8 月 19 日中央政治局常委会召开会议，会议决定，王稼祥负责政治部工作，张闻天负责组织部工作，秦邦宪（博古）负责宣传部工作，毛泽东负责军事工作，凯丰负责少数民族委员会工作。这次会议从组织上正式确认了毛泽东分管红军的地位。

娄山关红军战斗遗址

① 《中国人民解放军高级将领传》第 1 卷，解放军出版社 2007 年版，第 373 页。

群众路线，艰苦奋斗。红军长征中，广大指战员充分发扬一不怕苦、二不怕死的精神，克服各种自然的、人为的艰难险阻，携手前行，走向胜利。特别是爬雪山、过草地阶段，极端严酷的自然条件夺取了许多战士的生命。时任中央红军红十一团政委的王平回忆道："红十一团过了河，已经走出七十多里，彭德怀军长对我说，班佑河那边还有几百人没有过来，命令我带一个营返回去接他们过河。刚过草地再返回几十里，接应那么多掉队的人，谈何容易。我带着一个营往回走，大家疲惫得抬不动腿。走到河滩上，我用望远镜向河对岸观察，那边河滩上坐着至少有七八百人。我先带通讯员和侦察员涉水过去看看情况。一看，哎呀！他们都静静地背靠着背坐着，一动不动，我逐一察看，全都没气了。我默默地看着这悲壮的场面，泪水夺眶而出。多好的同志啊，他们一步一摇地爬出了草地，却没能坚持走到班佑，他们带走的是伤病和饥饿，留下的却是曙光和胜利。"①可以说，艰辛的长征之路时刻面临着这样的牺牲，活着的人擦干眼泪，怀着对革命的信念、对生命的执着，最终走向了长征的胜利。

长征的历史表明：一个国家、一个民族，只要不怕困难，满怀信心，勇于拼搏，就一定能战胜前进道路上的任何艰难险阻，永远立于不败之地。1935年12月27日，毛泽东在《论反对日本帝国主义的策略》的报告中，对长征做了高度评价，他指出："长征是历史纪录上的第一次，长征是宣言书，长征是宣传队，长征是播种机。自从盘古开天地，三皇五帝到于今，历史上曾经有过我们这样的长征吗？十二个月光阴中间，天上每日几十架飞机侦察轰炸，地下几十万大军围追堵截，路上遇着了说不尽的艰难险阻，我们却开动了每人的两只脚，长驱二万余里，纵横十一个省。请问历史上曾有过我们这样的长征吗？没有，从来没有的。"②伟大的长征铸就了伟大的长征精神，长征精神激励一代又一代中国共产党人奋勇向前，创造了一个又一个人间奇迹。

---

① 《王平回忆录》，解放军出版社1992年版，第115页。

② 《毛泽东选集》第1卷，人民出版社1991年版，第149—150页。

二、走向成熟

20世纪30年代，刘志丹、谢子长、习仲勋等人在延安境内和甘肃东南部开展武装斗争，创建了陕甘边、陕北两大革命根据地，成为土地革命时期唯一保持完整的一块根据地。1935年10月，中共中央和中央红军到达陕北，到1948年3月23日，毛泽东、周恩来、任弼时在陕北吴堡县东渡黄河迎接胜利曙光，在将近13年的时间里，中国共产党由小到大、由弱变强、转危为安，逐渐走向成熟，中共中央突破重围、取得非凡成就，延安成为万众瞩目的革命圣地。伟大的延安精神和南泥湾精神就是中国共产党在这片黄土地上克服千难万险、取得辉煌胜利的过程中孕育而成的。

（一）延安精神

延安地处陕北黄土高原的丘陵沟壑地带。1935年10月，中央红军到达陕北吴起镇。1937年1月，中共中央进驻延安。从此，延安成为中国革命的指挥部和总后方，成了人们心中的革命圣地。巍巍宝塔山、滚滚延河水就成了延安的象征，在革命年代，多少有志青年为了看到宝塔山，为了喝到延河水，不畏路长，不畏艰辛，步行几个月甚至一年来到延安。“我们不怕走烂脚底板，也不怕路遇九妖十八怪，只怕吃不上延安的小米，不能到前方抗战；只怕取不上延安的经典，不能变成最革命的青年！”[①]延安精神就是在这样一片神圣的土地上孕育而成。

“坚定正确的政治方向”是延安精神的灵魂。1935年12月，中共中央召开了瓦窑堡会议，会议正式确立了抗日民族统一战线政策。路线已定，广大党员教育问题摆在面前。

1938年4月1日，毛泽东在陕北公学第二学期开学典礼大会上，简明扼要地指出正确的政治方向就是：打倒帝国主义，完成民主政治。这一论述，鼓舞人心，使中国共产党的政治主张成为团结全国人民的一面旗帜。全面抗日战争爆发后，奔赴延安成为满腔热血的中国青年和有识之士

① 艾克恩：《延安文艺运动纪实》，《新文学史料》1992年第3期。

爱国青年奔赴延安

的共同选择。他们冲破沦陷区日伪军的阻扰，国统区国民政府的拦截，历尽千辛万苦、不远万里从北京、上海、西安等地奔赴延安，在延安大地上形成一道壮丽的景观。他们中的很多人放弃了安逸生活和物质享受，奉献了自己的青春乃至生命，一心向往革命、拥护革命。毋庸置疑，这就是坚定正确政治方向的力量所致。中国共产党人以大局为重，以民族利益为先，在民族矛盾空前激化、中华民族面临生死存亡的关键时刻，抛弃前嫌，与国民党进行合作，建立抗日统一战线，携手共进，共赴国难，这就是坚定正确政治方向的体现。方向决定道路，道路决定命运。方向就如一面旗子，旗子立起了，大家才有所指望，才知奔赴何方。延安时期的历史证明，我们只有牢牢把握政治方向，才能在波谲云诡的形势面前心明眼亮、心有所属，才能在重大政治原则和大是大非问题上毫不含糊、毫不动摇。

“解放思想、实事求是的思想路线”是延安精神的思想精髓。解放思想、实事求是是中国共产党的思想路线，是党的理论成熟的标志。

1935 年 11 月 3 日，中共中央政治局常委会议在延安甘泉县下寺湾召开。在会上，毛泽东听取陕甘晋省委副书记郭洪涛和西北军委主席聂洪钧的汇报后，得知刘志丹等许多创建陕北苏区的干部被当作反革命抓了起来，且有被随时处决的危险时，他立刻要求：停止一切逮捕、审查、杀人行动，听候中央解决。那时，中共中央正忙着备战，就先派时任中央保卫局局长王首道和陕北干部贾拓夫等人组成工作组，前往瓦窑堡开展调查。毛泽东特意叮嘱王首道等说："杀头不能像割韭菜那样，韭菜割了还可以长起来，人头落地就长不拢了。如果我们杀错了人，杀了革命的同志，那就是犯罪的行为。大家要切记这一点，要慎重处理。"① 不久，中共中央到达瓦窑堡后把关押的人从监狱放出来。周恩来等中央领导相继找他们谈话，肯定了陕甘边苏区同志创建革命根据地的成绩，并重新给他们分配了工作。刘志丹被任命为西北革命军事委员会后方办事处副主任（周恩来兼任主任）兼红二十八军军长。

可以说，毛泽东等中国共产党人坚持调查研究坚持实事求是的精神，果敢迅速地解决了陕北危机，挽救了干部，挽救了陕甘边苏区，也使中央和中央红军有了长征的落脚点和抗日战争的出发点。

"全心全意为人民服务"是中国共产党的根本宗旨。延安时期，生活艰苦，粮食短缺，战士们经常挨饿，通信班的战士也如此。在通信班，年轻人居多，小伙们经常长途跋涉去送信，因此饭量比较大。作为班长，张思德看在眼里，为了让大家多吃一些，每当饭吃到一半，张思德就一声不响地放下碗筷去打水，实际上是让别人多吃一些。时间久了，大家便知晓张思德的用意。一个星期天，张思德从几十里地之外的一个水坑捞了一些鱼，洗净晒干，用火烤好，让大家分享。当吃到一半时，张思德又要提起水桶去打水。可是，这次，水桶被副班长提前拿走了。张思德只好转身回来继续吃饭，却偶然间发现自己碗里多了几个黑色馍馍。他瞬间明白，故意细嚼慢咽，吃了半个馍馍之后，便把剩下的放回盆里。这一举动，被战士小韩看见了，小韩把张思德拽回来，将那几个馍强塞给张思德。1944 年 9 月 5 日，张思德带领战士们在安塞执行任务时，突遇窑洞塌方，在千钧一发的时刻，张思德把战友推出窑洞，自己却不幸牺牲，年仅

① 《王首道回忆录》，解放军出版社 1988 年版，第 167 页。

29 岁。

为了悼念张思德，在延安枣园沟口的操场上，中央机关和中央警卫团为张思德举行追悼大会。毛泽东参加了追悼会，并亲笔题写了“向为人民利益而牺牲的张思德同志致敬”的挽词，并发表了《为人民服务》的演讲，高度赞扬了张思德为人民服务的思想境界。张思德的形象成了为人民服务的代名词、里程碑。2009 年 9 月 10 日，张思德被评为“100 位为新中国成立作出突出贡献的英雄模范人物”之一。

“自力更生、艰苦奋斗的创业精神”是延安精神的显著特征。在延安精神这座精神财富的宝库中，自力更生、艰苦奋斗的创业精神显得尤为可贵，它是延安精神的主要内容，是中国共产党在长期艰苦斗争的革命环境中形成的优良作风和品质。

在延安，很长一个时期，中央领导是没有小汽车的，外出或是骑马或是步行。后来，华侨领袖陈嘉庚送给延安两台小轿车。分配小车时，大家都希望配给毛泽东一辆，而毛泽东却提出了自己的意见：一要考虑军事工作的需要，二要照顾年龄大的同志。在他的坚持下，一台分给了主管军事工作的朱老总，由他调动使用，另一台分给了延安“五老”使用。

延安时期，物质条件十分艰苦，日子很清贫。朱德总司令 1944 年住到王家坪后，开了 3 亩地，种了 10 多种蔬菜，从前线回到延安的同志都喜欢到他那里打牙祭。在 1943 年 11 月举行的边区生产展览会上，展出了朱德亲手种植的一个大冬瓜，使参观者深受感动。周恩来、任弼时两人曾被评为纺线能手。正是这种艰苦环境，激发了人们昂扬的斗志，培育了真正的乐观主义精神和革命的豪迈之情。

延安精神是中国共产党取得革命胜利的精神支柱，是中国特色社会主义现代化建设的精神动力。2020 年 4 月，习近平总书记在陕西考察时强调指出：“延安精神培育了一代代中国共产党人，是我们党的宝贵精神财富。要坚持不懈用延安精神教育广大党员、干部，用以滋养初心、淬炼灵魂，从中汲取信仰的力量、查找党性的差距、校准前进的方向。要把政治建设摆在首位，严肃党内政治生活，严格落实中央八项规定及其实施细则精神，坚决破除形式主义、官僚主义，构建一体推进不敢腐、不能腐、不想腐体制机制，为各项事业发展提供坚强保障。”①

延安宝塔山

（二）南泥湾精神

“花篮的花儿香，听我来唱一唱。来到了南泥湾，南泥湾好地方。好地方来好风光，好地方来好风光，到处是庄稼，遍地是牛羊……”

一曲《南泥湾》，在历史的岁月中传唱、回响。随着这首歌从陕北一隅飞播到大江南北、长城内外，南泥湾的名字为大众所熟知，它所承载的以“自力更生、艰苦奋斗”为核心的南泥湾精神，也为大众所接受。

① 《习近平在陕西考察时强调：扎实做好“六稳”工作落实“六保”任务，奋力谱写陕西新时代追赶超越新篇章》，《人民日报》2020年4月24日。

南泥湾大生产运动纪念雕塑

1940 年到 1942 年，由于日军强化进攻、国民党顽固派严密的经济封锁，加上严重的自然灾害，抗日根据地陷入前所未有的危机状况。对于根据地面临的困难，毛泽东作了这样的描述："我们曾经弄到几乎没有衣穿，没有油吃，没有纸，没有菜，战士没有鞋袜，工作人员在冬天没有被盖。国民党用停发经费和经济封锁来对待我们，企图把我们困死，我们的困难真是大极了。"① 面对困难，中共中央发起了自给自足的大生产运动。南泥湾精神就在这艰苦的岁月里孕育而成。

自力更生、艰苦奋斗。当年的"南泥湾"，曾经是连个名字都没有的地方，就是一片"烂泥洼"。林业学家乐天宇将其变废为宝。1940 年 6 月，由乐天宇率领考察团从延安出发，考察土地利用问题。在考察过程中，乐天宇发现延安县南部固临镇，有一大片丘陵地区，方圆 80 余里，有田地，有沼泽，也有森林。乐天宇向毛泽东汇报说，这个地方，开发起来，会变成江南的。同时他又说，这个地方属延安县，是个三角地带，与胡宗南的

① 《毛泽东著作选读》下册，人民出版社 1986 年版，第 558 页。

地盘，不过一水之隔；东与阎锡山的统治区相毗连。屯兵于此，有利于保护延安南大门，是一个屯兵于农的理想地方。

朱德知道乐天宇发现一块可开发的宝地后，与乐天宇一同前往考察。抵达固临镇时，朱德欣喜地说："这片水草地，泥是烂了一些，要是开田种水稻，会变成田连阡陌的江南水乡。"他对乐天宇说："天宇同志，我看可以给它起一个名字。""叫它南泥湾。"就这样，南泥湾被正式命名。不久，在毛泽东主持的党中央会议上，通过了开发南泥湾的决定。[①]正是共产党人勇于变革的创造力，才使昔日荒凉的"烂泥洼"变成生机勃勃的塞北江南。

上下一致、共克时艰。一位美国记者记述他们在南泥湾看到的劳动场景：我们看见一排排的人，他们身穿白色上衣，在开垦着沼泽地和干旱的山地，或者在田里劳动。[②]这就是人民军队，是实行民主主义的军队。在南泥湾精神的创造中，三五九旅的指战员们创造了实现官兵团结、上下一致的新办法，这就是"共同劳动"。

在南泥湾屯垦中，各级领导干部带头参加劳动。旅长兼政委王震经常从延安到南泥湾参加劳动，副旅长苏进、旅副政委王恩茂和参谋长唐子奇、刘转连、政治部主任袁任远，供给部政委罗章、副部长甘祖昌等也坚持参加开荒，与战士同甘共苦。"开荒是最艰苦、最困难的一道关。全旅上下，从旅首长到炊事员、饲养员，都毫无例外地参加开荒。机关以科为单位，旅、团首长及旅直属各部门负责同志分别与秘书、警卫人员一道，连队以班、排为单位进行开荒。每天天刚蒙蒙亮，同志们就起床，在单位首长带领下向荒山进军。"[③]单位首长们经常顶风挖地，连眼睛都睁不开，一张嘴就是一口沙土，泥土吹在脸上像泥人一样，前面放火烧刺草，火舌顺着风势吹在脸上，火烤烟熏，始终和战士们并肩奋进。警卫员劝说：

---

① 边际：《谁发现了南泥湾》，《党史信息报》2017年12月13日。

② [美]冈瑟·斯坦：《红色中国的挑战》，马飞海、章蟾华等译，上海译文出版社1999年版，第67页。

③ 中国人民解放军历史资料丛书编审委员会：《后勤工作·回忆史料》(1)，解放军出版社1994年版，第265页。

三五九旅在南泥湾开荒

“首长工作忙，我们多挖一锄就行了。”王震说：“要说工作忙，毛主席比我们更忙，还分了地参加种菜。周副主席的担子比谁都重，还参加纺纱比赛。我怎能光动嘴，不动手动脚呢？！”战士们无法劝阻，只好把他夹在中间，仅留一小条地让他挖。王震自是明白他们的用意，不示弱，比着干，并肩前进。[①]身先士卒的王震和三五九旅官兵一样，双手生满了老茧。

在王震率领下，三五九旅官兵们一手拿枪，一手拿镢头，敌人来了就战斗，敌人不来就生产。正如当时一首歌曲所唱：“两支枪，两支枪，一支枪，能打仗，一支枪，能开荒。打仗消灭鬼子顽固派，开荒生产粮满仓。保卫毛主席，保卫党中央，三五九旅是党的钢枪。”

争为先锋、勇于创造。南泥湾垦荒期间，朱总司令对三五九旅作出指示，要求广泛开群众性的劳动竞赛，善于发现垦荒先进模范人物。三五九

① 新疆军区编写委员会：《屯垦军魂：抗日时期359旅南泥湾大生产运动、解放初期驻疆人民解放军大生产运动纪实》，新疆大学出版社2004年版，第41页。

旅认真贯彻朱总司令的指示，把开展竞赛视为开荒生产的中心任务之一。

垦荒竞赛，最初由群众自发，三五九旅士兵为互相监督和激励，提出一些挑战、应战条件。为了使垦荒竞赛制度更加完善，领导将大家提出的竞赛条件加以整理，形成一份完整的垦荒竞赛文件。垦荒竞赛文件指出，凡符合条件者，可评为劳动英雄或模范单位。为此，有些部队成立了“劳动英雄组”和“劳动突击组”等组织。组织规定：凡够资格者即可参加“劳动英雄组”，表现良好者可评为劳动英雄；达到劳动英雄条件，且超过普通人条件者，可参加“劳动突击组”。通过参加这些组织，无数人在开荒生产中给大家树立了榜样，同时提高生产数量和质量，对开荒生产起了积极推动作用。

垦荒竞赛的深入开展，大大激发了战士们的劳动热情，在劳动竞赛中涌现了许多“劳动英雄组”。1943 年 12 月 26 日，边区召开了劳动英雄大会。大会表彰了 23 个先进集体和个人，其中先进集体 4 个，先进个人 19 名。三五九旅有 4 个先进集体，6 名先进个人出席了大会。其中李位、刘顺清、赵占奎、陈敏 4 同志被选为边区特等英雄。[①] 1944 年 10 月，三五九旅又产生 23 名劳动英雄，其中王福寿、陈敏等 12 人出席边区“群英会”；七一七团二连、三连王福寿小组、六连和七一八团李位生产班等为先进集体。其中七一七团二连受到朱德的表扬，称他们是“模范连”[②]。

勤俭节约、大公无私。生产和节约，是积蓄力量的两个车轮。厉行节约是发展生产积累财富的重要方针。三五九旅乃至陕甘宁边区的大生产运动，能够取得如此伟大的成绩，与厉行节约是分不开的。

在制度方面，三五九旅供给制度基本上保持了统一，一定的经费开支应呈报上级核准，因此克服了过苦过奢的现象。在生产中极力节约，从实际生活中定出了许多具体办法来，如：（一）规定二年发三套单衣，二年发二套棉衣；（二）一切东西发新的交破的，拆烂的补旧的；（三）草鞋用

① 新疆军区编写委员会：《屯垦军魂：抗日时期 359 旅南泥湾大生产运动、解放初期驻疆人民解放军大生产运动纪实》，新疆大学出版社 2004 年版，第 129 页。

② 新疆军区编写委员会：《屯垦军魂：抗日时期 359 旅南泥湾大生产运动、解放初期驻疆人民解放军大生产运动纪实》，新疆大学出版社 2004 年版，第 129 页。

马兰草自己打;（四）发给战士针线，自己缝补衣服;（五）用树皮做写字板，做菜盒，做灯笼;（六）发羊毛由战士自己打毛袜手套;（七）一切建筑修理均由自己动手等等。不但节省了大批开支，还建立爱惜公物的制度，养成了朴素切实的作风。

在日常生活方面，三五九旅通过吃“豆杂杂”“饸饹饭”“合饭”来节约粮食。以旅直警备连一个连为例。全连100人，依照每人每天领粮一斤半，全连每天应领150斤折合小米5斗。该连全连吃豆杂杂饭，计算下来，一个月就可以节省粮食1380斤。[①]吃饸饹饭，全连一天可节省了860两，共计53斤12两，一个月共计节省1612.5斤。在夏秋之间，即4、5、6、7、8月这五个月中吃三餐，中午吃稀饭，以二两小米三两杂粮，自改用上例吃法，每人每天节省小米一两半，全连每月共节省了4500两，共计280斤4两。五个月共计节省2406斤4两。[②]

南泥湾精神建立了革命“家务”，稳定了边区的经济和财政，减轻了边区人民的负担，加强了边区人民和军队的团结，从而休养了民力，增强了力量；培育了劳动新风气，部队中劳动英雄成批涌现，大学生视拾粪种地为光荣，抱轻病者视自己休息为耻，这种集体劳动、集体娱乐、团结紧张的作风空前绝后；锻炼了一支不可战胜的钢铁般的部队，为建设边区、歼灭日军、准备反攻打下了良好的基础。总之，南泥湾精神是党和军队在屯垦事业和经济建设中自力更生、艰苦奋斗精神的集中体现，是党和军队屯垦事业内在本质的充分展示，是人民军队不可征服的物质基础。

三、中流砥柱

1931年9月18日，日本帝国主义发动了蓄谋已久的侵略中国东北三省的战争，由于国民党政府的不抵抗政策，东北三省很快就沦落敌人之手，东北3000万同胞陷入水深火热之中。在民族危亡的关键时刻，中国

① 《抗日战争时期陕甘宁边区财政经济史料摘编》（生产自给），陕西人民出版社1981年版，第51页。

② 陕甘宁边区财政经济史编写组、陕西省档案馆编：《抗日战争时期陕甘宁边区财政经济史料摘编（生产自给）》，陕西人民出版社1981年版，第53—54页。

共产党以民族利益为重，号召建立抗日民族统一战线，带领全国人民进行抗日救国斗争，由此拉开抗日战争的序幕。从1931年9月18日至1945年9月2日，中国人民反对日本侵略的战争整整持续了14年。在14年的英勇奋战中，东三省抗日义勇军和抗日联军、太行儿女、吕梁人民坚定意志、团结一致、浴血奋战，以自己的模范行动支撑起民族救亡图存的希望，成为抗战先锋。

伟大革命孕育伟大精神，在这场持续14年的反侵略战争中，形成了伟大的抗日精神、东北抗联精神、太行精神、吕梁精神，这些精神激励全国各族人民克服一切艰难险阻，夺取抗日战争的最后胜利。

（一）抗战精神

20世纪30年代，日本帝国主义基于其“如欲征服中国，必先征服‘满蒙’；如欲征服世界，必先征服中国”[①]的狂妄计划，加紧侵略中国，妄图变中国为其独占殖民地。1931年九一八事变爆发，1937年7月7日卢沟桥事变爆发。日本帝国主义的侵华战争，把中国推向了亡国灭种的危险境地，激起中国人民长达14年的浴血奋战。中国人民抗日战争规模之大、持续时间之长、牺牲之多、贡献之大、影响之远，为中外历史之罕见。在这场艰苦卓绝的战争中，形成了伟大的抗战精神，成为中国人民弥足珍贵的精神财富。2014年9月3日，习近平总书记在纪念中国人民抗日战争暨世界反法西斯战争胜利69周年座谈会上指出：“在中国人民抗日战争的壮阔进程中，形成了伟大的抗战精神，中国人民向世界展示了天下兴亡、匹夫有责的爱国情怀，视死如归、宁死不屈的民族气节，不畏强暴、血战到底的英雄气概，百折不挠、坚忍不拔的必胜信念。”[②]

天下兴亡、匹夫有责的爱国情怀。1931年9月18日夜，在日本关东军安排下，铁道“守备队”炸毁沈阳柳条湖附近的南满铁路路轨，并栽赃嫁祸于中国军队。日本人以此为借口，袭击沈阳北大营，九一八事变

---

① 中共中央党史研究室编：《中流砥柱　中国共产党与全民族抗日战争》中册，中共党史出版社2005年版，第821页。

② 习近平：《在纪念中国人民抗日战争暨世界反法西斯战争胜利69周年座谈会上的讲话》，《人民日报》2014年9月4日。

爆发。

日军炸毁柳条湖铁轨后，日军独立守备队第二大队向北大营发起了猛烈的攻击。驻扎在此的东北军陆军第七旅的六二〇团团长王铁汉做好了随时战斗的准备。日军在猛攻北大营后，见中国驻军没有抵抗，又发起几次试探性进攻，随即从炸塌的缺口冲进北大营。

晚11时刚过，第七旅两个兄弟团已开始分别向北大营的东面撤退。因未接到撤退命令，王铁汉团依旧坚守营房。次日凌晨1时40分，日军开始接近王铁汉团，并炮击该部营房。当时许多官兵刚进入梦乡，来不及抵抗就被日军用刺刀捅死，一些钻到床下的官兵被机关枪射死。一部分冲出营房的官兵不顾一切砸开库房门，拿出枪支弹药，狂呼若雷，准备反击。就在此时，该旅参谋长严令不准抵抗，并将枪弹缴库。王铁汉表示“无法遵命”，但遭到参谋长怒斥：“那么你就退出营房，否则你就负一切责任！”王铁汉气愤地回答：“敌人侵我国土，攻我兵营，斯可忍，则国格、人格，全无法维持，而且现在官兵愤慨，都愿与北大营共存亡。敌人正在炮击本团营房，官兵不能持枪待毙。”

但在上级的严令下，王铁汉被迫率部撤退。就在撤退之时，日军400余人向该团第二营发起新一轮的攻击。王铁汉愤怒之极，立即下令还击。随着一声令下，迫击炮、平射炮、机关枪同时开火，将日军火力压下来。王铁汉指挥该团官兵与日军激战，一直持续到凌晨4点多钟，毙伤敌人40余名。在兄弟团官兵全部撤出后，王铁汉才率部突出北大营区。

王铁汉在东北地方当局和张学良的不抵抗命令下，率部奋起抵抗日军，打响了中国军队自发抗击日本侵略者的第一枪。

视死如归、宁死不屈的民族气节。中华民族自古以来就有精忠报国、视死如归的优良传统。在空前惨烈的抗日战争中，无论是高级将领还是普通战士，都挺身而出，甘愿为祖国奉献自己的全部。

1941年8月，日军华北方面军司令官冈村宁次对晋察冀边区发动空前规模的秋季大“扫荡”。晋察冀边区一分区官兵和群众被迫躲在易县西南方向的狼牙山。9月23日，一部日伪军突然兵临狼牙山下。为解救困在狼牙山的军民，一团战斗力最强的七连担任起掩护民兵转移的任务。

9月25日清晨，500多日伪军向狼牙山发起猛攻。激战中，七连战士伤亡过半，连长刘福山身负重伤，生命垂危。为了安全转移大部队及七连受伤的战士，指导员蔡展鹏命令六班留下断后。六班的班长马宝玉、副班长葛振林、战士胡德林、胡福才和宋学义等五名战士，为掩护连队和群众转移，一边打，一边撤，故意把敌人引上与主力转移相反方向的狼牙山棋盘陀顶峰。棋盘陀峰顶三面悬崖，无障可凭，无路可退。同敌人激战五小时，五名战士的子弹已经全部打光。班长马宝玉对战友说："打，再没有弹药了；走，再没有退路了。革命战士怎么也不能当俘虏。我还留着这最后一颗手榴弹，大家抱在一起，敌人来了就同归于尽！"[①] 正在这时，日伪军蜂拥向山顶冲来，马宝玉把最后一颗手榴弹掷向敌群。随着手榴弹的爆炸声，马宝玉对大家说："最后一个手榴弹没有了，我们坚决不当俘虏，只有跳崖！"[②] 话音刚落，六班五名战士毁掉枪支，纵身跳下悬崖。马宝玉、胡德林、胡福才壮烈殉国，葛振林、宋学义被树枝挂住，被老乡救起，幸免于难。

马宝玉等五名战士誓死抗日的壮举迅速传遍全军全国，被誉为"狼牙山五壮士"。在晋察冀军区的一次会议上，聂荣臻对狼牙山五壮士的英雄行为作出评价："在他们身上，体现了中国共产党领导的人民军队的优秀品质，体现了中华民族的英雄气概，我们要继续下去，发扬光大。"[③]

不畏强暴、血战到底的英雄气概。一寸山河一寸血，日军的侵略极大唤起了全民族的危机意识和使命感。在抗日民族统一战线指引下，全国人民以不畏强暴、血战到底的英雄气概，与日本帝国主义进行殊死较量。

在正面战场上，面对敌军精良的武器装备，广大战士沉着冷静，临危不惧，以"宁为玉碎、不为瓦全"的精神与敌人血拼到底。在台儿庄战役

① 乔希章：《华北烽火：八路军抗日战争纪实（下）》，中共党史出版社2001年版，第565页。

② 乔希章：《华北烽火：八路军抗日战争纪实（下）》，中共党史出版社2001年版，第565页。

③ 张文杰、郭辉：《八路军抗战纪实》，人民出版社2005年版，第565页。

中，守军的第三十一师与敌人展开激烈的巷战、肉搏战，夺取敌人据点。在伤亡殆尽之时，孙连仲仍语气铿锵地向李宗仁保证："第二集团军牺牲殆尽不足惜，连仲亦以一死报国家。"他在命令师长池峰城组织敢死队夜袭时斩钉截铁地说："士兵打完了你就自己上前填进去。你填过了，我就来填进去。有敢退过运河者，杀无赦！"三十一师官兵早已抱定必死的决心，决定与城共存亡。他们逐屋抵抗，两三人一组分散地躲在民房内，以早已倒塌的残垣断壁做掩护阻击敌人，没有了子弹便捡顺手的农具或削尖了竹竿做武器，静等敌人靠近时奋力一击。就这样，任凭敌人如何冲杀，我方战士死守不退，至死不屈。

抗日根据地军民开展地雷战

在敌后战场上，中国共产党领导结合自己多年的革命经验，创造出地道战、地雷战、"院落伏击"、捕捉战等许多灵活多样的游击战，扬长避短，与敌人斗智斗勇，巧妙周旋。为有效地消灭和打击敌人，根据地的民兵们研究出了踏雷、绊雷、子母雷、连环雷、拉雷、丁子雷、水雷、梅花雷、滚雷、箱子雷等30多种雷，并巧布地雷阵，致使敌人大路、小路等陆路不敢走，只好走水路。水雷的发明，使敌人连水路也不敢走了，只好选择物质空投。仅1943年5月，敌人在太行地区"扫荡"中，共触发地雷1900多枚，死伤1000余人。1945年5月19日，日伪军500余人侵袭"五虎村"，陷地雷阵，五里地足足用时五小时，踏响地雷20多颗，炸死

30多人，被胶东军区授予“战斗模范村”称号。同年5月，日伪军二三千人占据了盆子山区，对此地区反复“扫荡”“清乡”，海阳县民兵爆破组配合部队埋雷布阵，埋雷2500多颗，炸死日伪军200多人，有力地支持了该地区的抗战，海阳县被授予“战斗模范县”称号。

百折不挠、坚韧不拔的必胜信念。在抗日战争期间，面对日军的大举进攻和重兵“扫荡”、汪精卫的叛国和敌后根据地面临的诸多危机，中国共产党领导抗日根据地军民反对投降、坚决抗日，团结对敌、殊死抵抗，克服困难、坚持必胜信念。

全面抗日战争开始后，全国人民都在殊死拼搏、渴望胜利的到来。然而，战争开始的10个月里，北平、太原、上海等地相继沦陷，战争该如何发展？中国能不能最终取得胜利？怎样才能胜利？怎样面对广为流传的“速胜论”和“亡国论”？一系列问题摆在国人面前，有人迷茫，有人惆怅。毛泽东深知，如果这些问题得不到回应，对长期坚持抗战是十分不利的。为此，毛泽东在总结抗日战争初期经验的基础上，历经八天九夜，写成《论持久战》。在这篇文章中，毛泽东精辟分析了敌我双方的基本特征，指出：“日本国度比较地小，其人力、军力、财力、物力均感缺乏，经不起长期的战争。”“中国又是一个很大的国家，地大、物博、人多、兵多，能够支持长期的战争。”并科学地预见了抗日战争将经历战略防御、战略相持和战略反攻三个阶段，“这个第二阶段是整个战争的过渡阶段，也将是最困难的时期，然而它是转变的枢纽”[①]。只要全民族秉承百折不挠的精神，克服难关，最后的胜利一定属于中国。

回望历史，中华儿女既有惨遭外侮的深刻历史教训，也有万众一心、同仇御侮的热血记忆。抗战精神体现出的强烈的民族意识与浓厚家国情怀，使中华儿女在敌强我弱，物质条件极为艰苦的情况下，扭转了战局，实现了中华民族精神的时代性升华，成为汇聚人心、团结御侮、维护国家统一的精神纽带。

抗战精神是百余年来中国人民在与世界列强不断抗争的历史过程中形

① 《毛泽东选集》第2卷，人民出版社1991年版，第448、449、465页。

成和发展起来的一个伟大精神成果，是中华民族从沉沦走向振兴、从传统走向现代、从自在走向自觉的伟大转折，是中华民族全体儿女弥足珍贵的精神财富。抗战精神永远激励着中国人民克服艰难险阻、为实现中华民族伟大复兴而奋斗。

（二）东北抗联精神

1931年九一八事变后，日本关东军随即展开大规模军事行动，因为日军早有周密计划，而当时南京国民政府实行“不抵抗”政策，近20万东北军不战自退，东北大片国土沦陷。为了达到完全侵占中国东北的目的，日本侵略者扶植清朝末代皇帝溥仪建立了傀儡政权——伪满洲国，并进行疯狂的殖民掠夺，开始了对东北人民长达十四年的奴役和殖民统治。

面对外敌入侵，东北抗日联军与日本关东军及伪军进行殊死战斗。1949年5月，毛泽东对东北抗联的斗争给予了高度评价，他指出：“抗联干部领导抗联斗争及近年参加东北的斗争是光荣的，此种光荣斗争历史应当受到党的承认和尊重”[①]。东北抗日联军的历史，是东北人民在抗击日本侵略者过程中用鲜血写就的一部历史。东北人民英勇不屈的斗争精神是中华民族伟大精神的集中体现。

简单朴素的爱国情怀。在外敌入侵、国难当头、山河破碎之际，“先天下之忧而忧，后天下之乐而乐”“天下兴亡、匹夫有责”“没有国，何有家”成为东北人民最真挚的情感表达。广大青年学子们在硝烟弥漫的战场上为了家国抗击凶残日军，不怕牺牲、不言放弃、与敌人殊死搏斗的决心和斗志感染了越来越多的民众自发地加入抗日大潮。

宋铁岩，原名孙肃先，1909年12月6日出生在吉林省永吉县大绥河区前蒐登河村一个大家庭里，八岁读私塾，自幼聪明，成绩优异。1925年秋，他考入吉林省立第一师范学院读书。九一八事变后，宋铁岩积极响应党的号召，组织和领导大学生走向街头，参加反日会，进行示威游行。在此期间，他四处奔走，进行政治宣传，印发了油印小报《反日民众报》《人民革命画报》和传单《为“五卅”周年纪念告满洲国士兵书》《红五月革

① 《毛泽东年谱（1893—1949）》下册，中央文献出版社2013年版，第502页。

命斗争口号》和《给满洲国士兵及抗日军官的信》，提高了广大指战员和人民群众的阶级觉悟，增强了抗日斗争的信心，鼓舞了抗日军民的革命斗争，壮大了党领导的抗日武装力量。

东北抗日联军密营

1936 年 6 月，东北抗日联军第一军、第二军主要领导人在奉天省金川县河里地区召开会议，将第一军、第二军联合编成东北抗日联军第一路军，并将中共东满、南满两个省委合并组成东南满省委（也称南满省委），宋铁岩仍担任省委委员。会议决定为打通与关内红军和党中央的联系，扩大游击区，展开西征。宋铁岩随总司令杨靖宇率第一军军部从河里出发，向南活动。

1937 年 2 月 11 日，本溪游击根据地老和尚帽子山里密营受到敌人围攻，宋铁岩带病指挥部队奋勇还击。他命令一部分队伍先撤退，自己带领几名战士掩护。在战斗中因身体虚弱，行动困难，在越过一个小山岗时不幸中弹牺牲，年仅 27 岁。

矢志不渝的理想信念。东北抗日联军在十分困难的情况下坚持战斗，凭借的就是坚定的理想信念。在抗日战争期间，东北抗日义勇军无论遭遇多大的挫折、无论面临多么恶劣的自然环境，无论受到多大的打击，无论有多么惨烈，都始终同仇敌忾、铁骨铮铮、视死如归。

在哈尔滨有一条街被命名为一曼大街，这是为了纪念抗日民族女英雄赵一曼。1935年，赵一曼担任东北人民革命军第三军第一师第二团政治委员，在协助团长指挥作战时，为掩护队伍，身受重伤。在养伤过程中，遭汉奸出卖，不幸被俘。日军为了从赵一曼口中获取有价值的情报，严刑逼供。在日军的酷刑下，赵一曼一度昏厥，但每次醒来，回答日军的只有一句话："我的目的，我的主义，我的信念就是反满抗日。"1936年8月2日，日军将其绑在大车上，在珠河县城游街示众。面对敌人的屠刀，赵一曼高呼"打倒日本帝国主义""中国共产党万岁"，当她昂首走到小北门外的草坪中央时，几个军警的枪口对准她，子弹直穿胸膛，这时的赵一曼年仅31岁。赵一曼在面临刑讯时的坚毅和隐忍，体现了她忠于革命、忠于党的大无畏精神和英雄气概。

勇往无前的战斗意志。抗日战争的14年里，东北抗日联军东奔西走，席不暇暖，用自身的英勇顽强牵制了敌人南下的力量，将日军牢牢限制在东北战场上，打乱了日军的作战计划，用锲而不舍、抗战到底的精神和意志，见证了抗日战争的胜利。1938年5月，毛泽东在《抗日游击战争的战略问题》中，论述了东北抗联的斗争对于全国抗战的价值："那里的游击队多打死一个敌兵，多消耗一个敌弹，多钳制一个敌兵使之不能入关南下，就算对整个抗战增加了一分力量。至其给予整个敌军敌国以精神上的不利影响，给予整个我军和人民以精神上的良好影响，也是显而易见的。"①

1938年10月，日军在占领广州、武汉前后，调集几十万大军对东北的抗联部队实行经济封锁、制造"无人区"，企图阻断抗联部队与外界的联系，将其困死、饿死。为粉碎敌人的阴谋，保持抗联队伍实力，抗联第三路军向西北远征。一路上，远征部队忍受着夏天蚊虫的叮咬、冬天零下四五十度的严寒，冲破了敌人的封锁，克服了常人无法想象的困难，保持着常人无法理解的战斗意志，终于到达黑嫩平原并开辟了新的游击区和根据地。

① 《毛泽东选集》第2卷，人民出版社1991年版，第416页。

从1940年末至1941年底，日本为巩固其侵华战争的后方基地，调集八个师团和数万伪军警察部队，对抗联部队发动了疯狂的进攻。东北抗联在极其艰难的条件下，顽强战斗，但自身损失也极为惨重，队伍从3万多人锐减到不足2000人，大部队不得不转移至苏联远东地区进行整训，同时陆续派出小部队返回祖国东北进行游击活动。1945年8月，东北抗联在苏军的援助之下，反攻东北，进驻长春、沈阳、哈尔滨、吉林、牡丹江、佳木斯等57个大中城市和县镇，各地抗联负责人立即对日伪残余势力进行肃清、发展建立党组织，联络失散党员、发动群众、建立人民武装。1945年11月，中共中央决定将东北抗日联军与挺进东北的八路军、新四军合并为东北人民自治军，后改称东北民主联军。

攻坚克难的奋斗精神。自1931年日本发动侵略战争开始到1945年日本帝国主义宣布无条件投降，在这漫长的14年里，东北抗日联军在艰苦环境下，战天斗地、忍饥挨饿、坚韧不屈、锲而不舍、满腔壮志，形象生动地阐释了东北抗联的伟大精神。

彭真曾说："在我们党领导的革命斗争中有三件事最艰苦，一是红军的二万五千里长征，二是南方八省红军游击队的三年游击战争，三是东北抗日联军的十四年的斗争。"① 在天寒地冻、缺衣少饭的艰苦岁月里，东北抗联战士与饥饿作斗争，与严寒顽强抵抗。

曾任东北抗联第九军第一师政治部主任的郭文成，在带领部队向西部海伦地区远征以开辟新的游击区的过程中，由于食不饱腹，战士们只能吃野菜、树皮充饥，由于长期跋涉，许多战士的双脚在污水中浸泡，以致溃烂，还有一些人染上伤寒病。在饥寒、疾病的严重威胁下，郭文成不顾病痛的折磨，一方面积极做大家的思想工作，鼓励战士们战胜困难，坚持到底，另一方面努力寻找解决办法。最后，终于在附近的深屯里，向群众宣传救国道理，得到群众的资助，帮大家渡过难关。为此，在部队里，大家都亲切地称他为"铁坚"。在抗战最艰难的时期，曾任下江特委书记及第六军第一师政治部主任的高禹民带领部队留守下江坚持斗争，在严寒的冬

① 李惠：《东北抗日联军斗争史简编》，解放军出版社1987年版，第183页。

天，高禹民和战士们身着“开花”的棉袄，脚穿露脚趾头的鞋子，没有粮食，就杀战马，吃马肉、马皮、草根。在北满临时省委相关人士前来援救时，队伍人数已由原来的103人，减少到23人，可以想象留守部队经历了何种艰难和生死考验。但即便这样，抗联战士们依然坚定信念，相信革命终究会胜利，正是这种一往无前的战斗意志激励着高禹民和他的战士义无反顾奋勇拼杀。

在14年的抗战过程中，东北抗联战士们艰苦奋斗、吃苦耐劳。他们逢山开路、见水架桥、修建工厂、新办学校、勇于开拓、保存力量、团结群众、广泛动员。他们超越了生命极限，无休止地奔波，永不言弃，从不放弃，用坚毅顽强给东北抗联精神深深打上了那个时代的印记。他们以“为有牺牲多壮志，敢教日月换新天”的英雄主义精神取得一场又一场的伟大胜利，激发了全国各族人民的奋勇抗争的斗志，为中华民族积累了宝贵的精神财富。

（三）太行精神

在日本帝国主义侵略中国、中华民族生死存亡的危急关头，1937年8月22日，中共中央在陕北洛川召开政治局扩大会议，作出了《中央关于目前形势与党的任务的决定》。会议通过了《抗日救国十大纲领》，对游击战作了具体部署。在中国共产党的领导下，太行人民和八路军一二九师、一一五师三四四旅、山西牺盟会和新军、山西青年抗敌决死队、冀西民训处等军队相互配合，协同作战，创建了太行革命根据地。中共中央北方局和八路军总部长期驻扎在这里，领导华北敌后抗战。八路军以此为战略支点，三次分兵，走向华北，走向平原，把抗日战火燃遍大江南北。

太行精神在伟大的抗日战争中孕育形成，如雄伟的太行山，傲然挺立，无论有多少风吹雨打，急电雷鸣，都绝不低头，绝不屈服。

坚定正确的理想信念，始终保持对党对人民对事业的忠诚。在太行山艰苦卓绝的抗日战争中，中国共产党带领广大人民群众以坚定的必胜信念，在极端恶劣的条件下与日本侵略者展开了坚决、持久的斗争。无论是“革命意志坚如钢，万里寻党誓不移”的高级将领，还是“甘愿征战血染衣，不平倭寇誓不休”的归国华侨，以及感人至深的千千万万普通民众，都用不畏牺牲、百折不挠树立起了一座座信仰的丰碑。

“山山埋忠骨，岭岭皆丰碑，村村住过八路军，户户出过子弟兵。”在抗日战争最艰苦的岁月里，面对日军的疯狂进攻和残忍杀戮，太行民众纷纷投入到抗击日军的伟大斗争中。在太行山深处的武乡县禄村，有位名叫李改花的伟大母亲，舍小家为大家，先后将三个儿子送上战场，用她博大的胸怀和无私的奉献谱写了“母亲教儿打东洋”的悲壮颂歌。

太行人民踊跃参军抗日

1937年的秋天，日军的铁蹄踏破了整个华北大地，在民族危亡的紧急关头，李改花决定把二儿子张二臭送到八路军的部队中，临行前她说：“二臭啊，你到了部队可一定要像岳飞那样精忠报国呀。”1943年的7月，日军袭击了李改花所在的禄村，李改花的丈夫张贵德和九名无辜的老百姓被日军抓走，经受了日军惨无人道的折磨后悲惨地离开人世。

国仇家恨交织在一起，激起了李改花对日军的万般仇恨，瘦弱的母亲瞬间变得更加坚强。在丈夫一周年忌辰后，李改花怀着悲痛但坚决的心将刚满20岁的小儿子送上了抗日战争的前线。她告诉小儿子：“三蛋儿，你去吧，去找你二哥，到八路军那儿当兵，给你爹，给乡亲们报仇。记住，啥时打走鬼子，啥时再回来。”1944年冬天，噩耗传来，小儿子在攻克安阳的战争中为爆破敌人的碉堡而壮烈牺牲。李改花含泪说道："当兵打仗哪有不死人的，为咱老百姓打敌人，死了也值得。要说心疼，哪个不是娘的心头肉，哪能不疼？可是不仅咱一家，六七年了，咱中国死了多少人，落到哪家都一样。"1945年初，武乡县在禄村召开征兵动员大会，60多岁的李改花在大儿子的搀扶下颤颤巍巍来到动员大会现场，向部队首长推荐了自己的大儿子，也是最后一个儿子。首长的劝说将大儿子全亮留下，但李改花坚定地道："眼下前方正用人，让他去吧，叫他去打鬼子。俺有三个儿子，全亮是老大，可就他还没当过兵，打鬼子人人有责，俺不能让他坐在家里。这是俺最后一个儿子了，可是俺就想把他交给你们，跟着共产党，跟着八路军，没错！"

太行老区的干部群众们都钦佩她的坚强与伟大，盛赞其为"当代岳母""当代佘太君"。为了纪念和表彰她的动人事迹，抗日政府授予她"岳母遗风"的牌匾。

坚持执政为民的政治立场，始终保持同人民群众的密切联系。军民团结一家亲，军民鱼水情意重。在创建敌后根据地、开展敌后游击战争的过程中，中国共产党发动群众、开展游击战争、团结各阶级人士，充分发挥了万众一心、众志成城、敢于胜利的宝贵品质，把抗日战争变为人民的战争、全民的战争，为中国革命的彻底胜利奠定了深厚的群众基础。

刘家嘴是山西省武乡县洪水镇东部山区的一个偏僻山庄。陈磨兰是这个村的一位普通妇女。有一天，一队八路军来到村口。一位年轻战士跟随着一位年长的首领，向陈磨兰借针线，缝补衣服。陈磨兰听后，没有过多追问，麻利地帮忙把衣服缝好。临走时，因向陈磨兰借了针和线，拿出三角钱给她。但陈磨兰坚决不肯收。那位年纪较大的首长和蔼地说："我们八路军有一条纪律，叫做不拿群众一针一线。"陈磨兰不服气地说："你也别忘了，八路军和老百姓鱼水不能分，也好比这针线一样。"无奈之下，他俩只好姑且拿走针线。时隔两三个月，陈磨兰家来了一位小战士。小战士拿出一个小纸包对陈磨兰说："这是邓政委让我交给你的。"

陈磨兰瞬间感觉不可思议。小战士说道，"您给邓政委补过衣服"，陈磨兰这才记起，激动地打开纸包，纸包里是一卷线，几枚针，纸上还写着这样几个字："针线连着军民情。邓小平。"

锤炼坚忍不拔、百折不挠的品格，始终保持知难而进、奋发有为的精神状态。抗日战争时期，面对日本帝国主义的残暴屠杀与迫害，成千上万的太行儿女挺身而出。在中国共产党的领导下，发扬一不怕苦、二不怕死的精神，抛头颅、洒热血，同凶残的敌人进行浴血奋战，成为一首流芳万世、壮怀激昂的英雄史诗。

1940年8月，八路军发动了著名的百团大战。何云作为《新华日报》的一名战地记者，跟随刘伯承、邓小平奔赴前线进行采访，并在战地编辑、审稿、发行，尽量保证传播的时效性。在烽火连天的战争期间，报馆经历了数次转移，但报纸的出版一直没有间断。为此《新华日报》被誉为"华北抗战的向导"。

1942年5月，日本对太行山辽县麻田一带进行大规模"扫荡"，企图摧毁八路军总部与《新华日报》华北分馆。但是，何云不畏艰险，带领全馆同事与敌军斗智斗勇，坚持工作。在危急时刻，何云跟身边同事强调，不能把子弹打光，要给自己留最后一颗，坚决不做俘虏。5月28日黎明，何云在大羊角村山坡上隐蔽时，不幸被子弹击中，身负重伤，昏倒在地。当医护人员将其抢救醒来时，他的第一句话就是："我的伤不很严重，快去抢救倒在那边的同志吧！"但是，医护人员检查完其他伤员再来看他时，他已经牺牲了，时年37岁。

何云牺牲后，刘伯承沉痛地说："实在可惜啊！一武（指左权）一文（指何云），两员大将，为国捐躯了！"[①] 全国解放后，何云的忠骨被移至晋冀鲁豫烈士陵园，安葬在左权将军墓的左侧。

坚守党的政治本色，始终保持艰苦奋斗的优良作风。在抗日战争中，太行山独特的地理位置和险要的地理形势，使其一直处于敌人的重重包围之中，又遇持续不断的自然灾害，太行根据地生产建设面临严重危机。在这种艰苦岁月里，太行根据地党政军机关精兵简政，开展生产互助和减租

---

① 新华社新闻研究所编：《新华社烈士传》，新华出版社2016年版，第48页。

减息运动。在与天地争、与日军斗的过程中，将中华民族的艰苦奋斗的优良传统和作风发扬光大。

从1941年到1942年，日军对抗日根据地扩展军事力量，以军事“扫荡”和“清剿”为主，实行杀光、烧光和抢光的“三光”政策，再加上1940年以来频发的自然灾害，华北敌后抗日根据地陷入严重的物资困难阶段。为此，太行根据地党委以“不能饿死一人”为口号，动员军民进行大生产，帮助群众制订生产计划，通过贷粮、贷款、扶助等形式帮助群众恢复和兴办水利事业，大搞纺织以及家庭副业，推广良种，创新生产技术，提高产量，促进农业生产，缓解抗日根据地物资短缺的状况。同时，太行战士们还研制出无烟火药和黄铜弹壳、硝酸炸药、黄药手榴弹等，基本满足了边区部队弹药需求。此外，为最大限度地节省抗日根据地的人力、物力、财力等战争资源，在以太行山为依托的晋冀鲁豫边区实行精兵简政政策。减政方针是：精简行政机构，健全工作效率，减少财政开支，裁汰重合机关，达到人少精干，适合敌后游击战争环境。精兵工作主要有：合并领导机构，裁剪行政人员；调整行政区划，实行大村大区制；废除繁文缛节和专署权限。

通过大生产运动和精兵简政政策，太行根据地克服了物资短缺的困难，战胜了严重的天灾，帮助根据地度过生存危机，同时也保留了可贵的艰苦奋斗、勤劳勇敢的革命精神。

太行浩气传千古。太行精神是中华民族处于亡国灭种的危急关头，在中国共产党领导下，太行军民奋起抗击，救亡图存，粉碎日本帝国主义灭亡中国的野心，在捍卫国家主权和民族独立的革命过程中孕育形成的革命精神，包含着中国共产党崇高的理想、信念和远大目标，是中国共产党优良传统与作风的集中体现。

（四）吕梁精神

吕梁山位于山西省西部，是黄土高原上的一条重要山脉。革命战争年代，吕梁是抗日战争时期华北敌后形成的以晋开头的三大战略区之晋绥革命根据地的中心，是党中央、延安的东部屏障，是延安通往华北其他革命根据地必经之地，战略地位十分重要。中国共产党及其领导的一二〇师部队，依靠广大的吕梁儿女，在吕梁山创建了革命根据地，为抗日战争、解放战争的胜利作出了重要贡献。在根据地开辟、巩固、发展的过程中形成的吕梁精神，是中国共产党革命精神的主要组成部分。

对党忠诚的政治立场。忠于革命、忠于党是抗战期间吕梁儿女浴血奋战的真实写照。

程天长是岚县河口村的一名小学教员，在上课过程中，他经常通过历史事件和历史人物的讲解，宣传拯救中华民族和抵御外辱的英雄人物的光辉事迹，激发学生的爱国热情。1941 年 5 月 8 日，程天长不幸被捕，日本指挥官挎着军刀，逼问程天长区委转移的方向，但程天长大义凛然、面不改色。他痛骂日本鬼子和汉奸走狗，高呼：“同胞们，日本鬼子欺负中国人民的日子不会太久了，中国的抗日战争一定能够取得胜利，我们要团结起来，把日本鬼子从中国赶出去。”几个日本军扑上去将程天长按倒在地，他挣扎着，依然高呼：“打倒日本帝国主义！”“中国共产党万岁！”日本指挥官军拔出军刀，挥向程天长。就这样，程天长英勇就义，年仅 30 岁，一个不朽的忠魂屹立于汾河岸边，回荡在抗日战争的激流之中。

艰苦奋斗的优良传统。吕梁市临县是晋西北抗日根据地重要的粮棉生产基地。从这里生产的粮草布匹，养育了无数抗战前线的革命将士，铸就了吕梁抗战历史中的一段辉煌历程。为此，临县被誉为晋西北的“乌克兰”。

临县的妇女合作纺织的形式大致有五种：第一，纺织变工互助组；第二，以纺织机为中心的纺织合作社；第三，小型纺织工厂；第四，大型纺织合作社；第五，以纺织为主的综合性合作社。这五种形式的妇女合作纺织都在“统一领导、分散经营”的方针下运行。这种模式提高了劳动生产率，活跃了乡村经济，促进了市场繁荣，改善了百姓生活，同时也能够积极支援前线。在临县，形成了村村种棉花、家家搞纺织、人人齐动手的良好局面。

在临县流传着这样一首歌谣：“纺线织布能换米，织成布匹有衣穿，谁说妇女白吃饭，生产赛过男子汉。”临县的妇女用自己的双手创造了财富，赢得了赞誉。自 1942 年 1 月至 1944 年底，晋西北举办了四届大型群英会，共表彰劳动模范和战斗英雄 1096 名。临县的韩国林效仿纺织模范刘能林、张秋林，把村里 72 个妇女分成 22 个纺织变工互助，把纺车、织机搬到一道圪塄上，带动全村妇女积极纺织，发扬自力更生、艰苦奋斗的精神。

临县妇救会组织妇女纺织

不怕牺牲的英雄气概。刘胡兰，这个巾帼英雄的名字，在今天依然老少皆知，刘胡兰的故事在今天依然广为盛传。刘胡兰出生在山西省文水县云周西村一个中农家庭。她 8 岁上小学，10 岁参加儿童团，1945 年进入中共妇女干部训练班，14 岁被吸收为中共预备党员，与无数的抗日战士们出生入死。1947 年 1 月，年仅 15 岁的刘胡兰因叛徒告密被逮捕。任凭敌人绞尽脑汁，威逼利诱，她像钢打铁铸那样，毫不动摇，始终保守党的秘密，她无所畏惧地说："怕死不当共产党！要杀要砍由你们！"于是恶魔般的国民党反动派把她铡死了。刘胡兰的生命是短暂的，她用年轻的生命展示了壮志豪情。毛泽东亲笔为其题词“生的伟大，死的光荣。”邓小平为其题词：“刘胡兰的高贵品质，她的精神面貌，永远是中国青年和少年学习的榜样。”

刘胡兰烈士陵

在吕梁儿女抗日过程中，像刘胡兰这样的巾帼英雄数不胜数。1941 年离石县妇救会秘书杜凤英和二区妇救会组织部长李秀珍因叛徒出卖，不幸被捕。为了获取有价值的情报，日军对杜、李二人施加酷刑，打得遍体鳞伤，但始终没有得到任何有用的信息，在百般无奈之下，把她们交给日军司令部。在司令部，敌人在再次利用皮鞭打、老虎凳等各种酷刑后，仍然一无所获。1942 年农历腊月十二日，敌人在使用各种伎俩无济于事后，将杜、李二人拉到西城墙，扒光衣服，整整折磨了一天。随后，敌人将李秀珍的肚子剖开，挖出七个月大的婴儿，挑在刺刀上示众，随后将她俩活活捅死。杜凤英和李秀珍就义时都年仅 23 岁。

无私奉献的家国情怀。在战火纷飞的年代，吕梁群众与子弟兵团结战斗，生死与共，为抗日战争的胜利作出了巨大贡献，建立了不可磨灭的历史功绩，许多英雄模范人物的名字永远印在人民心中。任万生就是在抗战中成长起来的拥军模范，在晋绥边区群英会上被授予“军队爸爸”的光荣称号。

任万生出生在兴县兴业村，从小家境贫寒，生活清苦。1940 年，日军“扫荡”兴县，实行“三光”政策，八路军的两个伤员送到兴业村疗伤，当时行业邨百姓穷，没钱买药为伤员疗伤。尽管如此，当村长把一名伤员分配到任万生家里、希望其精心护理时，任万生认为，两名伤员来自同一个部队，分配到一起，既避免孤独，又好护理，就和老伴商量，并经村干部同意，将两个伤员都接到自己家里，煎药喂饭、端屎倒尿，照顾得无微不至。1941 年的一天，日军又来“扫荡”，任万生首先想到两名八路军伤员的安全，为把伤员转移到安全地方，任万生顾不得家里的东西，和老伴一人背着一个伤员跑到深山沟里躲起来。凶残的日军没有抓住伤员，却把任万生家里的衣物、粮食抢了个精光，并把房子烧掉。日军走后，任万生见此情景，没有一点抱怨，还说：“损失的东西，烧掉的房子全是小事，八路军伤员没受到惊吓，这是最大的幸运。”

在任万生的影响下，拥军新潮不断涌现。兴业村的妇女组织起来，为驻扎村里的七连战士制作军鞋，绣制“军民一家亲”的手帕，邻村的贺家圪台也送来三只羊、两头猪慰问军队，一桩桩感人的事数不胜数。军队是人民的子弟兵、人民是军队的衣食父母。“军队爸爸”任万生和千千万万的群众用实际行动展示出无怨无悔的奉献精神。

吕梁革命斗争历史见证了我党从创立走向成熟、走向胜利的光辉历程。2017 年 6 月 21 日，习近平总书记在山西考察调研时指出：“革命战争年代，吕梁儿女用鲜血和生命铸就了伟大的吕梁精神。我们要把这种精神用在当今时代，继续为老百姓过上幸福生活、为中华民族伟大复兴而奋斗。”①

---

① 李正印：《弘扬吕梁精神，攻坚深度贫困》，《山西日报》2017 年 8 月 8 日。

四、争取解放

抗日战争胜利后，中国共产党代表广大人民的意愿，力图避免内战，通过和平民主道路开展国家建设。但是，蒋介石坚持独裁的内战方针，一方面邀请毛泽东赴重庆和平谈判；另一方面调遣兵力，进行内战部署。1946 年 6 月，以进攻中原解放区为开端，国民党发动了对解放区的全面进攻。在敌强我弱的情况下，中共领导人制定了正确的军事方针，建立起最广泛的人民民主统一战线，与国民党反对派进行顽强斗争。1947 年，以刘伯承、邓小平率军挺进大别山，人民解放军由战略防御转入战略进攻。1948 年 9 月，中共中央抓住有利时机，先后发动辽沈、淮海、平津战役，基本消灭国民党主力。1949 年 3 月，中共七届二中全会胜利召开，为夺取全国胜利和建立新中国做了政治和思想准备。9 月，中国人民政治协商会议在北平召开，中国人民迎来了解放，迎来了新中国的诞生。

在抗日战争和解放战争时期，中国共产党与全国人民同呼吸、共命运，孕育形成了红岩精神、沂蒙精神、大别山精神、西柏坡精神。在这些革命精神的推动下，中国人民迎来了中国革命的伟大胜利。

（一）红岩精神

红岩是抗日战争时期和解放战争初期，中共中央南方局领导机关所在地和重庆谈判期间中共代表团所在地。1939 年 5 月 3 日、4 日，重庆遭日机大轰炸，中共中央南方局及新华日报社的办公房屋被全部炸毁。随后，中共中央南方局着手寻找新的办公地址。经中共地下党多方联系，最后选定重庆城郊的化龙桥红岩嘴大有农场。农场主人饶国模女士慷慨解囊，同意将办事处迁至红岩嘴。同年秋天，农场内办公、住宿用房竣工，中共中央南方局和八路军驻重庆办事处正式入住。当时门牌号编为“重庆市沙磁区化龙桥红岩嘴 13 号”，1945 年改为“红岩村 13 号”。

在这里，中共中央南方局在中共中央领导下，始终围绕巩固和扩大以国共合作为基础的抗日民族统一战线，贯彻执行“坚持抗战、反对投降；坚持团结，反对分裂；坚持进步，反对倒退”的方针，与国民党顽固派开展有理、有利、有节的斗争；团结一切可以团结的进步力量，调动一切可以调动的积极因素，在推动抗日战争和人民解放战争的历史进程中，孕育形成了红岩精神。

崇高的思想境界。思想境界是人的精神世界、精神活动及精神修养所达到的某种层次或境地。思想境界不仅是一种风格，更是一种情操和一种态度。崇高的思想境界是红岩精神的本质属性，它集中体现了中共南方局共产党人坚韧不拔、坚定不移、海纳百川的革命情怀和革命信仰。

小说《红岩》书影

刘国鋕，1921 年出生，四川泸州人，1941 年加入中国共产党，1944 年从西南联大毕业后到云南陆良从事教育工作，1945 年底，因身份被当地国民党特务注意，他回到重庆。在重庆中共南方局的领导下，他积极参加“陪都青年联谊会”和“中国青年民主社”等组织，开展地下工作。

1948年4月，由于叛徒出卖，不幸被捕。国民党重庆行辕二处处长徐远举得知消息后，异想天开地认为，征服刘国鋕这个文质彬彬、出身大地主、大资产阶级家庭的少爷，不会有多大问题。但铁的事实证明徐远举的判断是一个极大错误，他大大低估了这位貌似文弱、革命信念却异常坚定的共产党员。面对国民党特务的酷刑，刘国鋕视若不见，在被问到涉及党组织的问题时，他一律用“不知道”来回答。

刘家为营救刘国鋕，从香港请回刘国鋕的五哥刘国錤。刘国錤是国民党四川省建设厅厅长何北衡的女婿，在香港开公司做生意。刘国錤从香港带回许多东西，送给国民党特务机关。徐远举收到刘家的礼品后同意放人，但提出要求：刘国鋕必须在报纸上发表声明，公开宣布退出共产党。当得知被释放需要以退出共产党为代价时，刘国鋕义无反顾地说：有组织存在，死了等于没死，出卖组织，活着还有什么意义，要我脱离共产党，万万办不到！为此刘家第一次营救以失败告终。

1949年3月，刘国鋕家人再次托人进行营救，甚至动员国民政府著名实业家刘航琛和四川省建设厅厅长何北衡联名给西南军政长官张群写信，要求保释刘国鋕，叫他离开重庆去香港。但徐远举仍坚持：刘国鋕若不声明退党，必须写《悔过书》。考虑到弟弟倔强性格根本不可能写悔过书，刘国錤便代替他写悔过书，让刘国鋕签字。刘国鋕明白徐远举在利用他们骨肉之情玩弄计谋，对刘国琪说：“我理解你和家人对我的思念，但我有我的信念、意志和决心，这是谁也动摇不了的。我自愿为共产党牺牲，你们不要再管我，也不要再来。”这样，刘家第二次营救刘国鋕失败。11月，刘国鋕在国民党当局的屠杀中英勇就义，年仅28岁。

坚定的理想信念。理想是前进道路上的灯塔，抗日战争时期和解放战争初期，中国共产党人高举爱国主义伟大旗帜，坚守共产主义远大理想，把实现最高纲领和最低纲领相结合，把忠贞的理想信念贯穿于实际行动之中，积极同日本帝国主义和国民党反动派展开斗争，为争取民族独立作出卓越贡献。

“红岩上红梅开，千里冰霜脚下踩，三九严寒何所惧，一片丹心向阳开。”一曲《红梅赞》，塑造出了穿着蓝旗袍、红毛衣，戴着白围巾的共产党人“江姐”的伟岸形象。身高1.45米的娇小女子江竹筠，在丈夫彭咏梧牺牲的巨大悲痛之下，毅然接替丈夫的工作，继续为革命战斗。1948年6月14日，由于叛徒出卖，江竹筠不幸被捕。在重庆渣滓洞集中营里，江竹筠受过老虎凳、吊索、电刑等各式各样的酷刑，敌人甚至将竹签钉进她的十指。但无论受到多大的迫害和拷打，江竹筠都宁死不屈，她坚定地说:“你们可以打断我的手，杀了我的头，但要组织是没有的。”1949年11月14日，在重庆即将解放之际，在歌乐山电台岚垭，江竹筠被国民党特务无情杀害，为共产主义革命理想献出自己年仅29岁的宝贵生命。

在战争年代，像江竹筠这样为革命献身、慷慨赴死的共产党员数不胜数。在生命的最后一刻，他们心中惦记的是革命，是祖国，是共产主义伟大事业，在生命最后一刻，他们丝毫没有迟疑，没有私利，没有投降，把自己的生命和热血无私地贡献给革命事业。

巨大的人格力量。抗日战争和解放战争时期，老一辈的无产阶级革命家和共产党人以崇高的精神风范、人格魅力和自身修养，将红岩精神展现得淋漓尽致。

1943年3月18日，周恩来在45岁生日那天，独自一人在办公室，按整风精神回顾个人经历中的得失与体验，深感自己的修为与实现党的事业和整风运动对领导干部的要求相差甚远，为此写下《我的修养要则》：一、加紧学习，抓住中心，宁精勿杂，宁专勿多。二、努力工作，要有计划，有重点，有条理。三、习作合一，要注意时间、空间和条件，使之配合适当，要注意检讨和整理，要有发现和创造。四、要与自己的他人的一切不正确的思想意识作原则上坚决的斗争。五、适当的发扬自己的长处，具体的纠正自己的短处。六、永远不与群众隔离，向群众学习，并帮助他们。过集体生活，注意调研，遵守纪律。七、健全自己身体，保持合理的规律生活，这是自我修养的物质基础。[1]《我的修养要则》体现了周恩来勤于学习、善于反思、严于律己、以身作则的人格品质。这种高尚的情操成为全党学习的楷模和榜样。

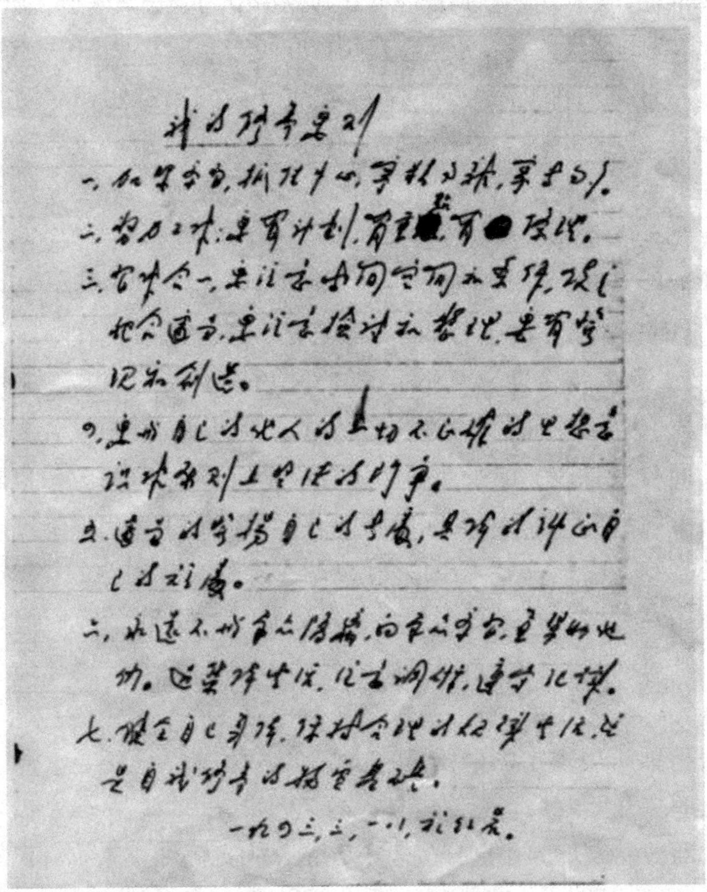
我的修养要则
一、加紧学习，抓住中心，宁精勿杂，宁专勿多。
二、努力工作，要有计划，有重心，有条理。
三、习作合一，要注意时间、空间和条件，使之配合适当，要注意检讨和整理，要有发现和创造。
四、要与自己的他人的一切不正确的思想意识作原则上坚决的斗争。
五、适当的发扬自己的长处，具体的纠正自己的短处。
六、永远不脱离群众，向群众学习，并帮助他。过集体生活，注意调研，遵守纪律。
七、健全自己身体，保持合理的规律生活，这是自我修养的物质基础。
一九四三、三、一八，于红岩。

周恩来《我的修养原则》手迹

浩然的革命正气。抗日战争和解放战争时期，中国共产党人出淤泥而不染，临困难而不惧，敢于牺牲，勇于奉献的精神，激励着中华民族不断前行与进步。

“出淤泥而不染，同流而不污”，这是中共南方局无产阶级革命者们在

① 《周恩来年谱（1898—1949）》，中央文献出版社 1989 年版，第 550 页。

与国民党斗争过程中始终秉承的一条重要原则。抗日战争进入相持阶段，蒋介石采取消极抗战、积极反共政策，国民党高官在这种情况下，大发国难财，政府腐败不堪。然而，与国民党形成鲜明对比的是共产党的艰苦朴素。中共南方局共产党人从领导到普通群众都勤俭节约，安贫乐道，始终不忘共产党艰苦奋斗的优良传统和作风。八路军驻西安办事处处长伍云甫在日记中记载了1942年红岩村工作人员的津贴详情：电台工作人员最高级15员，最低级9元；夜餐费用每人每月45元，保健费分180元、140元和100元三等，以工作年限、身份来区分。而当时在重庆，公共汽车票价为3元一次，最高津贴15元只能坐5次公交。由此可以出，在生活异常艰难的战争年代，红岩村的工作人员生活十分艰苦，但他们没有被生活吓倒，也没有就此沉沦，而依旧保持着朴素的生活作风，洋溢着革命乐观主义精神。

“只要一息尚存，誓为真理而斗争”是中共南方局共产党人的真实写照。抗日战争中任新四军军长的叶挺，在皖南事变中被国民党扣留。身陷囹圄后，面对接二连三前来劝降的说客，叶挺坚决表示：“头可断，血可流，志不可屈！”当叶挺的老同学陈诚甚至蒋介石亲自出面劝降时，叶挺都委婉地拒绝了。1942年10月，叶挺的妻子前来看望他，告知中共中央一直在努力营救时，叶挺热泪盈眶，万分激动，挥笔写下《囚歌》一诗。在诗中，叶挺高呼“在烈火和热血中得到永生”。这是一名革命者笑对死亡的革命气概与革命精神。

红岩精神所展现出的中国共产党人的人格魅力是领导干部道德、人品和能力的综合反映，是干部应具备的无私奉献、言行一致、以身作则等优良品质的外在表现。在抗日战争中，它作为巩固和扩大抗日民族统一战线的精神力量，对夺取抗日战争的伟大胜利发挥了重要作用；在解放战争中，它作为争取国内和平、建立光明新中国的精神力量，对推进中国革命取得最后胜利起到了重要的作用。

（二）沂蒙精神

沂蒙地区是一块有着光荣革命斗争传统的土地。抗日战争和解放战争时期，沂蒙地区是著名的革命根据地，是鲁南特委、山东省委、省政府、省军区的创建所在地，是山东的政治、军事、文化中心。

沂蒙六姐妹合影（公方莲已去世）

为了取得中国革命的胜利，沂蒙人民自愿把家中唯一一个儿子送上战场、甘愿把最后一口粮当作军粮、最后一块布缝制成军装。在沂蒙，10 万多革命烈士为中国革命献出了宝贵的生命。在沂蒙，“抗日楷模村”渊子崖、乳汁伤员“红嫂”、支前模范“沂蒙六姐妹”、“女子火线架桥队”等英雄事迹与英雄人物妇孺皆知。在沂蒙这块土地上，“村村有烈士，乡乡有红嫂”。沂蒙军民不屈不挠，英勇斗争，创立、巩固、发展了沂蒙根据地，创造了光辉的革命业绩，铸造了伟大的沂蒙精神。

爱党爱军的政治立场。1945 年，《大众日报》刊发这样一首脍炙人口的诗歌：“朝阳官庄彭大娘，拥参工作做得强，母送子来妻送郎，彭大娘四儿一女上前方。”把四个儿子一个女儿送上战场的彭大娘，本名叫王步荣。因丈夫姓彭，人们都叫她彭大娘。她出生于沂水县沂水镇小滑石沟村，后来嫁到武家洼乡朝阳官庄村。婚后育有五个儿子、三个女儿。彭大娘 34 岁时，丈夫不幸病故。几个孩子靠她一人抚养，生活十分艰难。万般无奈，她只好把大儿子、二儿子送到地主家做长工，地主家非人的待遇给二儿子幼小的心灵种下了仇恨的种子，他较早地接触了革命。1937 年，王步荣积极支持二儿子到沂水抗日游击队当兵。二儿子参加革命的行为使这个历经磨难的妇女懂得了穷人只有起来革命、才能翻身解放的道理。于是她积极参加革命活动，并担任了村贫民互救会组长。1938 年，她光荣地加入了中国共产党。从此，她的家就成了我党的秘密联络点。1939年，王步荣的二儿子在攻打敌人据点时，英勇牺牲。王步荣并没有被悲痛所压倒，她擦干眼泪，又将三儿子送到区中队。1942年，在抗战最艰苦的时期，她又把刚满14岁的四儿子送去当兵。后来，王步荣又说服女儿和本村两名姑娘参加革命。在1945年大参军运动中，她又把留在身边的唯一的大儿子送上战场。

这个仅300余人的小村，先后有40多名青壮年参军，被授予“荣冠全区”锦旗一面，“保国争光”光荣匾一块。王步荣送四儿一女上前方的事迹被登到了《大众日报》《鲁中大众》等报刊上，歌颂王步荣的秧歌小调也到处传唱，激发了附近村庄适龄青年报名参军的热情。

无私奉献的高尚情怀。沂蒙母亲是伟大的。当战争来临的时候，她们置自己的孩子于不顾，却悉心照料着革命军人的孩子；她们宁愿舍弃生命，也要保护好革命军人和烈士的后代。

1888年，王换于出生于沂南县岸堤镇圈里村一户王氏人家，直到出嫁也没有自己的名字。19岁嫁到马牧池乡东辛庄于氏后就被称为于王氏。抗战爆发后，于王氏因思想先进、做事干练、性格直爽，被培养为抗日积极分子。1938年，于王氏入党时有个干部说，从王家嫁到于家，是用两斗谷子换的，就叫王换于吧。从此，这个普通的山东农村妇女的名字，和中国革命紧密联系在一起。1939年6月，徐向前到达王换于家后，委托王换于协助当地地下党组织创办战时部队机关托儿所。从此，王换于家成为战时托儿所。在托儿所的41个孩子中，最大的孩子七八岁，最小的孩子才生下来三天，其中有徐向前的女儿小何（乳名），罗荣桓的女儿罗琳等。平日里，王换于将这些孩子放在周围七个抗日“堡垒户”家中分散抚养，每当日寇对根据地进行大的“扫荡”时，王换于便把孩子们集中到她家掩护抚养。1943年后，王换于又抚养过45个革命后代。[①]

王换于把托儿所里的每一个孩子都当作自己的孩子，用生命来呵护。

① 李锦：《过年：中国农村的30个春节》，黄河出版社2008年版，第191页。

有一次，王换于看望寄养到西辛庄的孩子时，发现一位烈士的孩子因没有奶吃，瘦得不像个样，就将孩子抱回家交给正在哺乳期的二儿媳。此时儿媳正抚养着自己和另外几个抗日将士的孩子，奶水显然不够吃。王换于含着眼泪叮咛："烈士的孩子饿死了，就断根了，咱的孩子饿死了，你还能生育，让革命烈士的孩子吃奶，咱们的孩子就吃粗粮吧！"结果，儿媳妇抚养的几个孩子都很好，而她自己的两个孩子都因为营养不良夭折了。

艰苦创业的精神风貌。艰苦创业，是沂蒙人民自力更生、自强不息、艰苦奋斗、吃苦耐劳、顽强拼搏、不屈不挠精神的体现。面对山区恶劣的地理环境与艰苦的生存环境，面对沂蒙山区"四塞之崮、舟车不通"的现实状况，沂蒙儿女不悲观、不放弃、不失望，凭借着积极乐观的革命主义精神，治山治水、改造自然，改变沂蒙老区落后的生产、生活条件，取得社会主义建设的巨大成就。

位于莒南县东北部山脚下的厉家寨，自然环境恶劣，生产条件不足，"穷山恶水种地难，既怕涝来又怕旱，十年就有九年歉；沙石盖子旱龙岗，锄地叮当响，种地不打粮"。这是当地的真实写照。解放前，当地老百姓"棒子煎饼两手捧，地瓜稀粥照人影"，甚至有很多人以讨饭为生。为摆脱贫困局面，解放后，厉家寨群众开始建设新家园。为解决耕地不足问题，厉家寨人通过"移山"把山上的土转移到山沟或水洼中，平整土地，扩大耕地面积，积极开展农业生产。在从山上搬土的过程中，厉家寨人偶然发现岩石层下有大片土地可以利用，为此，他们用锤子、铁锹把三尺厚的石层变为一块块石头，通过深层翻整，将岩层下的土地变为十多亩的平原大地。凭着"愚公移山"的精神，厉家寨人披蓑戴笠、肩扛铁锹、开河建坝，为农业生产改造山岭，建设自己的家园。1957 年，毛泽东在看完厉家寨的农业生产报告后亲笔批示："愚公移山，改造中国，厉家寨是一个好例。"①

贫困不可怕，可怕的是是否有战胜困难的毅力和决心。沂蒙人民正是在党中央的领导下，排除万难，埋头苦干，实施导沭整沂工程，建立千库

① 中共山东省委党史研究室、山东省档案馆编著：《中共山东历史大事记（1949 年 10 月—1978 年 12 月）》，中共党史出版社 2001 年版，第 282 页。

万塘，治理水土流失，组织农田水利建设会战，整山治水，攻坚克难，率先脱贫。

在长达12年的抗日战争和解放战争中，沂蒙地区成为全国著名的抗日根据地和解放区之一。沂蒙军民与日本侵略者进行了八年的浴血苦战，粉碎了日军无数次的“扫荡”，击退了国民党顽固派的反共逆流，巩固和扩大了抗日根据地，发展和壮大了人民革命力量，终于赢得了抗日战争的伟大胜利。全面内战爆发后，国民党反动军队向山东解放区大举进攻，沂蒙军民奋起反击，先后粉碎了国民党反动军队的全面进攻和重点进攻，一举扭转了华东战局，开始了战略反攻。沂蒙人民用鲜血和生命谱写了一曲曲感天动地的英雄凯歌。

（三）大别山精神

大别山是中原、江淮、江南的重要连接点，具有极为重要的战略地位，是中国革命重要的根据地，发挥了极为重要的战略支点作用。土地革命战争时期，鄂豫皖根据地是仅次于中央苏区的全国第二大革命根据地。鄂豫皖根据地牵制和歼灭了敌人大量的有生力量，配合和支援了中央革命根据地和其他革命根据地的斗争，在全国革命发展过程中，发挥了重要的战略作用。抗战时期，大别山区成为重要的抗日根据地，新四军第五师在此开展抗日活动，成为全国抗日的重要组成部分。1942年年底，中共中央决定将豫鄂边区和新四军五师，作为一个独立的战略区域和战略单位使用，领导关系由华中局改为中共中央直辖，以加强对中原地区敌后抗日游击战争的指导。至1944年，豫鄂边区发展到地跨河南、湖北、安徽，乃至湖南、江西五省地区，成为党在中原敌后的独立战略区。解放战争时期，中原解放区是全国六大战略区之一。

从1921年中国共产党诞生至1949年新中国成立，中国共产党领导大别山人民，在反对帝国主义、封建主义和官僚资本主义的长期革命斗争过程中，形成了大别山精神。

“坚韧忠诚的理想信念”是大别山精神的核心。在革命斗争中，大别山人民高举马列主义的伟大旗帜，英勇奋斗。面对敌人的“围剿”“清剿”，大别山军民们临危不惧，义无反顾坚持斗争，用鲜血和生命捍卫着红色政权。

1927年，蒋介石叛变革命后，疯狂地屠杀共产党人，出生于南岗村的张英礼面对白色恐怖，毫不畏惧，把一面镰刀斧头的党旗挂在南岗村。有人担心这样做太危险，张英礼斩钉截铁地说："怕什么，共产党人是闹革命的，不是凑热闹的，越是这个时候，越要挺身而出，共产党人的骨头是硬的。"共产党员程儒香在黄安城失守后，不幸被捕，在敌人严刑拷打下，他始终不透露组织的任何情况，并痛斥敌军："老子今年28岁，就是共产党，是大队长。你们要杀就把老子杀了，只死我一人，共产党是杀不完的。今天你们杀了老子，再过20年，老子又是条英雄好汉，还要跟你们对着干。"程儒香的话激怒了敌人，敌人挖其眼珠，割其耳朵，在风雪天中将其钉在树上，折磨了两天多。1929年农历正月初一，他在冰天雪地中被冻死。

"一颗红心拿不去，头断血流不投降"是大别山儿女坚守理想信念的真实写照；"铜锣一响，四十八万，男将打仗，女将送饭"是大别山群众忠于革命的生动描述。

"胸怀全局的政治品格"是大别山精神的集中体现。在革命战争年代，大别山区有200多万人民投身革命，在各自的岗位上，革命前辈们无论地位高低，不计较个人得失，舍小家为大家，一心一意为革命奉献。

进行战略反攻，把战争引向蒋管区，一直是党中央和毛泽东设法推进的战略步骤。为此，毛泽东等领导人再三研究国共区域据点，决定把目光对准河南、安徽、湖北三省交界的大别山区。"千里跃进大别山"就这样大胆地闯入毛泽东的视野，他把目光放在了中原战场前线的晋冀鲁豫野战军部队。

6月30日夜晚，由刘伯承、邓小平率领的晋冀鲁豫野战军首先实施跨越黄河行动，并一举突破了国民党军的"黄河防线"，率先拉开了人民解放军战略进攻的序幕。为了把刘伯承、邓小平领导的部队与留在后方的其他部队区别开来，也为了对外宣传的需要，毛泽东开始将晋冀鲁豫野战军称作为"刘邓大军"。

刘邓大军突破黄河的消息传到南京，蒋介石非常震惊。他匆忙调兵，决心把刘邓大军就地全歼，最低程度也是赶回黄河以北。于是，刘邓大军自踏进鲁西南这块地区起，开始了连续28天的不间断战斗。最终歼灭国民党军4个整编师师部，9个半旅，共5.6万余人。收复了鲁西南解放区，彻底打开了千里跃进大别山的大门。

8月1日起，鲁西南连日下起大雨，黄河水连日猛涨。刘伯承和邓小平焦急万分。如果大雨接连这样下去，一旦黄河决堤，几十万大军无法过河，后果不堪设想。军情告急、水情告急。刘邓决定停止休整，立即率领大军直出大别山。战略一定，行动马上开始，刺向敌人心脏的利剑马上就要出鞘了！1947年8月7日，刘伯承、邓小平发出命令：勇往直前，不要后方，不向后看，千里跃进大别山！当夜，刘邓大军12万人正式迈向千里征程，千里奔向大别山。

刘邓大军在大别山区的战略展开，如一把锋利的尖刀，直插入国民党的心腹，使其惶惶不可终日。面对三路大军挺进中原的战略态势，1947年11月下旬，国民党实施所谓的“总体战”，与解放军争夺中原，并首先集中兵力与刘邓大军争夺大别山地区。

在国民党的全面围攻和疯狂“进剿”下，刚形成的大别山根据地面临严峻形势。刘邓在冷静分析敌情的基础上，指出此次“敌人对大别山的疯狂围攻，是垂死挣扎的表现。同时，我们跃进大别山，正是要吸引大量的敌人向我进攻。把敌人吸引来得越多，我们背得越重，对其他兄弟战略区进行大规模的反攻和进攻就越有利。”① 为此，刘邓大军分成两个指挥所，刘伯承率后方指挥所随第一纵队转移至淮河以北，指挥外线作战；邓小平率领前方指挥所，留在大别山地区指挥内线开展游击战争。

刘邓分开后，留在大别山的邓小平等人不顾疲劳，冒风雪、忍饥饿、耐痛苦，指挥部队以灵活多样的方式与数倍于己的敌人日夜周旋，克服数日不得一饱、半月不见油盐的重重困难，先后歼敌正规军和地方民团队伍1.1万余人，收复县城10余座，初步取得了大别山内线斗争的胜利，度过

① 刘建华、刘丽主编：《邓小平纪事（1904—1997）》上册，中央文献出版社2011年版，第292页。

了创建根据地的最困难时刻。

为了支援大别山的斗争，减轻刘邓大军的压力，12月19日，远在豫皖苏解放区的华东野战军副司令员粟裕致电中央军委，提议陈粟、陈谢两路大军应配合刘邓粉碎敌军对大别山的进攻。中央军委和毛泽东完全赞同这一提议。当得知中央和粟裕等人的意图后，邓小平站在全局的高度，立即致电中央，表示刘邓大军挺进大别山的任务，就是为吸引敌人的重兵，使兄弟部队能够展开反攻。邓小平指出："我们在大别山困难多，是在'啃骨头'，但在其他战场上，我们的兄弟部队开始'吃肉'了。我们背上的敌人越多，我们啃的'骨头'越硬，兄弟部队在各大战场上消灭的敌人就越多，胜利就越大。""眼下，虽然我们困难一点，我们身上还要掉几斤肉，我们还要付出一些代价，这没有什么了不起，为了全国革命的胜利，这是值得的，是很光荣的。"①

经过千里跃进大别山及在大别山的艰苦斗争，刘邓大军受到了严重削弱，其主力部队转出大别山时，已由开始挺进大别山时的12万人锐减至不足7万人。但正是刘邓大军的牺牲，改变了全国解放战争的战略形势。

"朴诚为民的革命本色"是大别山精神的特质。在中国人民革命军事博物馆里，陈列着一套面料呈浅灰色、里层为本色的粗布棉衣。这件棉衣是当年十万大军缝制的千万件棉衣中的一件。经历半个多世纪的岁月沧桑，这套棉衣虽已发黄褪色，但它见证了我军艰苦奋斗的光辉历史。

刘伯承、邓小平率领的晋冀鲁豫野战军进入大别山地区后，随即开展创建新解放区的工作。刘邓大军总数约12万，因为部队进行的是无后方作战，粮食、被服、弹药、药品等都十分紧缺，再加上冬季即将来临，气温日益降低，又恰逢秋雨绵绵，物资缺乏严重威胁着军队的安危。党中央、毛主席曾尝试采用多种方式和渠道，向刘邓大军提供物资，但由于距离相隔遥远，都未能如愿。

---

① 邓蓉：《我的父亲邓小平》上卷，中央文献出版社2013年版，第255页。

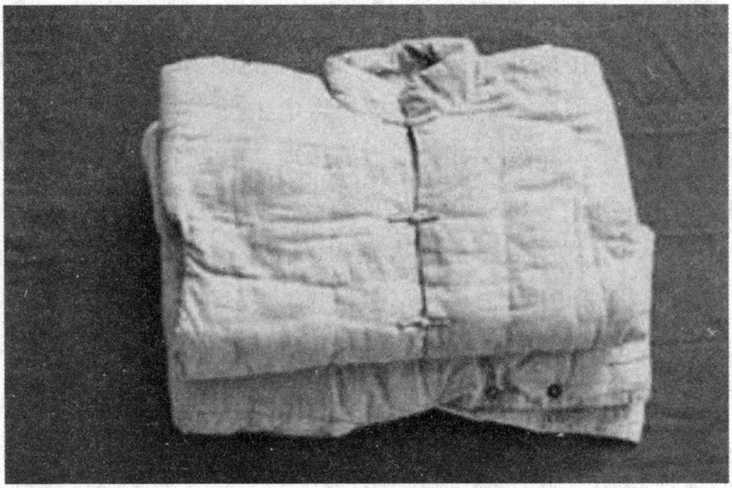

刘、邓首长在大别山自制的棉衣

在这种情况下，刘、邓首长决定全军一面打仗，一面自己动手，解决棉衣问题。当地群众得知刘邓大军筹集棉布后，纷纷热情捐助，种类包括土布、棉花等，还有可以改做衣服的旧粮食口袋。军队还通过公平合理的市场交换，从商人手中购买棉布。另外，战争缴获也是解决衣物短缺的途径之一，在解放的几个县城里陆续缴获了一批布匹和棉花。通过运用多种方式，衣服材料的问题基本得到了解决。

把衣料制成衣物，需要专门的技能和人才，当时军队上下充分发挥了创造力，采用各种办法制作衣服。有的脱下衣服来照样画，有的请当地妇女传授裁剪技术。总算一件一件裁了出来，只是领口总开不好，不是大了就是小了，有的把领口开到脊梁上去了，只好找块布补上再重开。大家还编了顺口溜："当兵好当衣难裁，棉衣好做领难开。"刘伯承教会战士们"简易裁领法"，用一只搪瓷碗扣在领口的位置上，照碗口大小画圈裁出领口。这样，经过半个月努力，刘邓大军将士终于都穿上了棉衣。虽然棉衣由没做过手工活的指战员们制成，样式、大小都不一定合适，更谈不上美观，但都是大家一针一线缝出来的，穿在身上，暖在心里。

"不胜不休的顽强作风"是大别山精神的精髓。在大别山流传着一句话："怕死不革命，革命不怕死。"大别山的群众们深知，革命不是请客吃饭，而是真枪实干，是肉体的搏斗与较量，是流血和牺牲，没有人民群众在敌人面前的英勇无畏和百折不挠，革命成功是天方夜谭。因此在大别山，人们把战场上的大无畏牺牲视为“革命到底”的精神，认为这是革命者的神圣归宿。

秦绍勤，出生于黄安县七里坪真福德院墙村。1925 年，在其姨夫邹秀山的带动下参加革命，同年冬加入中国共产党，1927 年 12 月上旬，黄麻起义失败，敌人开始向起义地区疯狂反扑，大肆捕杀共产党员和革命群众。但秦绍勤等共产党人遵照党的指示，留在七里坪一带坚持斗争。

秦绍勤被捕后，敌师长闻讯，亲自赶来审问。面对敌人的严刑拷打，秦绍勤坚贞不屈，始终没有退却一步。敌人恼羞成怒，把秦绍勤的母亲、妻子抓来“陪审”，并喝令几名打手，将秦绍勤按倒在地，拳打脚踢，以死相威胁。秦绍勤从地上挣扎起来，使尽全身力气，大声喊道：“我是革命者，一不流泪，二不怕死；生是革命人，死是革命鬼，怕死不革命，要我投降、招供，休想!”

1927 年 12 月 19 日，秦绍勤被押到了七里坪门河岸边。同时被押来的还有他的母亲和妻子。他们用两寸多长的钉子，把秦绍勤的四肢钉在一块门板上，叫秦绍勤的母亲和妻子劝说秦绍勤悔过。母亲和妻子眼睁睁地看着他在流血，没有掉眼泪，而是鼓励他：“坚强些……”婆媳俩还带头呼口号。敌人一看情况不妙，慌忙开枪将婆媳俩打死了。秦绍勤像个血人似地被钉在那里动弹不得，目睹了亲人就在他的面前被敌人杀害。他高声叫道：“狗日的杂种们，开枪吧！老子一家人死了变鬼也要当红军，找你们算账……”

他死后，敌营长还不甘心，说：“这家伙真他妈的有胆量，把他的肚子打开，挖出五脏六腑，看看他的胆到底有多大？”……最后，敌人将烈士开膛破肚，挖出内脏，把头悬在西门外城墙上示众。秦绍勤牺牲时年仅 24 岁。

在革命战争年代，无论是共产党员在牺牲前的豪言壮语，大别山游击战士的铮铮誓言，还是危机时刻将军战士们的勇当前锋，都是大别山人民英勇无畏、百折不挠的精神体现。这种精神奠定大别山作为中国革命重要战略支点的精神力量，成为刘邓大军千里跃进大别山实现中国革命战争战略转折的精神支撑。

（四）西柏坡精神

1948年5月，中共中央迁驻河北省平山县西柏坡，这里成为了中共中央“解放全中国的最后一个农村指挥所”。从中央工委进驻西柏坡到中共中央和解放军总部离开这里的一年零十个月的时间里，中国共产党人功勋显著。全国土地会议的召开和第一部《中国土地法大纲》的颁布，使整个封建制度的根基得以撼动；震惊中外的三大战役，以摧枯拉朽、风卷残云之势推翻了蒋家王朝；中共中央九月会议和党的七届二中全会，勾画出新中国的建设蓝图……伟大的实践产生伟大的精神。这一时期，中国共产党打碎了一个旧世界，创立了一个新世界，决定了中国社会的命运，实现了中国社会历史从战争到和平、从革命到建设、从农村到城市的伟大转折，也培育和铸就了伟大的西柏坡精神。

“敢于斗争、敢于胜利”是西柏坡精神的核心。它蕴含着中国共产党和人民军队俯仰天地洞彻古今的战争智慧、攻坚克难战无不胜的战争伟力、出神入化决胜千里的战略战术、政治军事较量的三种斗争范式，以及勇敢战斗、不怕牺牲、不怕疲劳和连续作战的优良作风。中国共产党把政治因素和人心向背作为决定战争胜负诸因素中长久起作用的因素，进一步揭示了革命战争制胜的根本原因，鼓舞了解放区军民的斗志。辽沈、淮海、平津三大战役，是世界战争史上的奇观。这三大战役从1948年9月12日开始，至1949年1月31日结束，历时四个月零十九天，共歼灭国民党军队154万余人，为中国革命在全国的胜利奠定了基础。以毛泽东为首的中共中央、中央军委在西柏坡这个农村指挥所，以敢于斗争、敢于胜利的伟大精神和高超的军事指挥艺术，及时抓住战略决战的时机，正确选择决战方向，运筹于帷幄之中，决胜于千里之外。当革命胜利即将到来时，毛泽东强调要将革命进行到底，“不动摇地坚持打倒帝国主义，打倒封建主义，打倒官僚资本主义，在全国范围内推翻国民党的反动统治”①。这种敢于斗争、敢于胜利的精神，不仅表现在革命战争中，而且表现在党的工

① 《毛泽东选集》第4卷，人民出版社1991年版，第1375页。

作的各个方面。

“依靠人民、团结人民”是西柏坡精神的基石。西柏坡时期，在中国共产党的领导下，通过土改使广大人民团结在中国共产党的旗帜下，以高昂的热情投入到战争和生产实践中，走上了建设新中国的光明大道。

出生于河北平山县下盘松村的戎冠秀。1938年2月加入中国共产党。抗日战争时期，戎冠秀担任下盘松村妇女救国会会长、八路军伤病员转运站站长。为支援解放战争前线，保卫土地改革的成果，戎冠秀走村串户动员男子参军打仗，鼓励妇女大搞生产，支援前线。在她的带动下，晋察冀解放区涌现出一大批“戎冠秀小组”。在扩军大会上，她大声地说：“俺有两个儿子，验上哪个就让哪个去，都验上了都去。要是不嫌俺老伴老，让他给咱部队喂马去。”后来，她又先后送三个孙子参了军。她的小儿子牺牲在了朝鲜战场上。当时，在戎妈妈的家乡，流传着一首《支前民谣》：最后的一碗饭送去做军粮，最后的一尺布送去做军装，最后的老棉被盖在担架上，最后的亲骨肉含泪送战场。军队和老百姓，军民鱼水长，老百姓是亲爹娘。这首《支前民谣》不仅唱出了当年戎妈妈和老百姓支前的无私无畏崇高境界，而且唱出了军民之间的鱼水情深。

1944年2月，戎冠秀荣获“北岳区拥军模范——子弟兵的母亲”光荣称号。1949年10月1日，作为华北区的人民代表，戎冠秀参加了开国大典，受到毛泽东主席、周恩来总理的亲切接见。戎冠秀回村后对乡亲们说：“如今是咱们的天下了，咱们就跟着共产党、毛主席建设新中国吧！”

“善于学习，善于建设”是西柏坡精神的重要内涵。西柏坡时期，面对全国即将胜利的新形势，建设新中国的艰巨任务摆在全党面前。中国共产党人坚持把马克思主义普遍原理同中国具体实践相结合，确定了工作重心由农村向城市转变，选择了由农业国变为工业国，由新民主主义向社会主义转变的发展方向，科学把握破立结合、为力而破的辩证关系，学经济、学管理、学国内外一切先进的经验，在学习中推动了革命事业的发展与壮大。

中共七届二中全会会场旧址

1949年3月，毛泽东在中共七届二中全会上作报告，他指出，我们熟悉的东西有些快要闲起来了，我们不熟悉的东西正在强迫我们去做。为此，我党必须用极大的努力去学会领导城市人民进行胜利的斗争，学会管理城市和建设城市。他还强调，我们能够学会我们不懂的东西，我们不但善于破坏一个旧世界，我们还将善于建设一个新世界。毛泽东向全党同志列举了必须要学习的内容，即要善于对付帝国主义和国民党反动派，善于对付资产阶级，善于管理城市和建设城市，善于管理工业和商业，善于处理外交事务，善于领导工人和组织工会，善于处理各民主党派、人民团体的问题，善于调剂城市和乡村关系，解决粮食、煤炭和其他必需品问题，善于管理学校、报纸、通讯社和广播电台，善于处理金融和财政工作，善于领导工人和组织工会，善于动员和组织青年善于团结和训练新区干部等。正是在毛泽东思想的引导下，党和人民克服了重重困难，成功实现了工作重心的转移。[1]

务必谦虚谨慎、不骄不躁，务必艰苦奋斗的“赶考”精神是西柏坡精

① 《毛泽东选集》第4卷，人民出版社1991年版，第1424—1439页。

神的鲜明特色和本质所在。谦虚谨慎、不骄不躁、艰苦奋斗是中华民族的传统美德，是中国共产党的优良作风，体现了中国共产党人的思想情操和政治本色。西柏坡时期，中国共产党由弱变强，由被动转为主动，夺取全国胜利已成定局。中国革命的胜利，中国共产党执掌政权后，面临着新中国建设的严峻考验，迫切要求思考如何做好党的作风工作，特别是党员干部的思想作风问题。

在中共七届二中全会上，毛泽东强调："中国的革命是伟大的，但革命以后的路更长，工作更伟大，更艰苦。这一点现在就必须向党内同志讲明白，务必使同志们继续地保持谦虚、谨慎、不骄、不躁的作风，务必使同志们继续地保持艰苦奋斗的作风。"① 会议根据毛泽东的提议作出了六条规定：一不做寿，二不送礼，三少敬酒，四少拍掌，五不以人名作地名，六不要把中国同志同马恩列斯平列。② 为此，中共中央领导人以身作则，率先垂范。

1947 年，在党中央十二月会议期间，正值毛泽东 54 岁生日，毛泽东身边的工作人员提议给他做寿，他坚决不答应。1948 年 12 月 26 日，是毛泽东 55 岁的生日。中央机关的一些同志又在张罗着给他祝寿。毛泽东听到这个消息后，又进行了制止，并说："希望今后再也不要给党的领导人过生日祝寿，这样影响不好。这要定为制度，谁也不能违反。"③

1949 年 3 月 23 日，毛泽东离开西柏坡"进京赶考"时，听说保定要特地举行欢迎仪式，坚决不同意。随后周恩来也在给华北局的电报中特别强调：不要鸣炮，以军乐团代之。24 日下午，车队到达河北涿县。晚上研究进北京城的仪式问题时，毛泽东坚持场面不宜过大，尽量少惊动群众，形式简单点即可。

西柏坡时期，在西柏坡精神的指引下，中国共产党打败了国民党反动统治，取得了新民主主义革命的胜利，积累了弥足珍贵的经验，为新中国政治建设、经济建设奠定了坚实的基础。

---

① 《毛泽东选集》第 4 卷，人民出版社 1991 年版，第 1438—1439 页。

② 赵贵世主编、西柏坡纪念馆编：《解读西柏坡》，中央文献出版社 2004 年版，第 113 页。

③ 中共河北省委宣传部编：《西柏坡时期中国共产党纪律建设学习读本》，河北人民出版社 2015 年版，第 181 页。

第四章　保卫和建设新中国的精神支撑

在社会主义革命和建设时期，中国共产党领导全国各族人民，为建设新中国而奋斗，创造了一系列革命精神，把中华民族精神提升到了一个新水平。抗美援朝精神、“两弹一星”精神；大庆精神、铁人精神；北大荒精神、兵团精神、两路精神、西迁精神；南京路上好八连精神、雷锋精神、焦裕禄精神、王杰精神；红旗渠精神、右玉精神、塞罕坝精神等，都是艰难困苦的条件下广大人民群众改变贫穷落后面貌的精神支撑，为民族精神增添了新的丰富内涵。

一、保家卫国

新中国成立之初，百废待兴，百业待举。正当新中国准备恢复战争创伤，进行经济建设之时，朝鲜战争爆发，美国武装入侵朝鲜，并派第七舰队进入中国台湾海峡，把战火引向中国边境，严重威胁中国的国家主权和人民生命财产安全。“打得一拳开，免得百拳来”。虽然面临恢复和发展社会经济的严峻考验，但为了维护中国的国家主权和世界和平，党中央毅然作出了抗美援朝、保家卫国的战略决策。抗美援朝战争不仅奏响了一曲曲可歌可泣的凯歌，而且锻造出伟大的抗美援朝精神。经过两年多的浴血奋战，美帝国主义的侵略企图被彻底打破，新中国的安全得到了有力的保障。

（一）抗美援朝精神

“雄赳赳，气昂昂，跨过鸭绿江。保和平，卫祖国，就是保家乡！中华好儿女，齐心团结紧，抗美援朝，打败美帝野心狼”，每当这熟悉的旋律响起，无数中国人都会被带入到新中国成立初期那场保家卫国，维护世界和平的伟大战争中。

1949年10月1日，毛泽东主席在天安门城楼向世界庄严宣告了中华人民共和国的成立，中华民族从此进入了一个全新的历史时代。在炮火中站起来的中国人民，愿意同世界各国人民实行友好合作，为迅速恢复发展繁荣国家社会经济文化等各项事业创造条件。然而，以美国为首的帝国主义国家对成立的新中国采取敌视和封锁的政策。1950年6月25日，朝鲜内战爆发。美国政府从其全球战略和冷战思维出发，作出武装干涉朝鲜内战的决定，并派遣第七舰队侵入台湾海峡。1950年10月初，美军不顾中国政府一再警告，悍然越过三八线，把战火烧到中朝边境。侵朝美军飞机多次轰炸中国东北边境地区，给人民生命财产造成严重损失，我国安全面临严重威胁。危急关头，中国党和政府毅然作出抗美援朝、保家卫国的历史性决策，以大无畏的英雄气概果敢承担起保卫和平的历史使命。

英雄的中国人民志愿军高举正义旗帜，同朝鲜人民和军队一道，首战两水洞、激战云山城、会战清川江、鏖战长津湖、血战上甘岭，经过两年零九个月舍生忘死的浴血奋战，最终以“钢少气多”力克“钢多气少”，打破了美军不可战胜的神话，赢得了抗美援朝战争伟大胜利。经此一战，中国人民拼来了山河无恙、家国安宁。在波澜壮阔的抗美援朝战争中，英雄的中国人民志愿军始终发扬祖国和人民利益高于一切、为了祖国和民族的尊严而奋不顾身的爱国主义精神，英勇顽强、舍生忘死的革命英雄主义精神，不畏艰难困苦、始终保持高昂士气的革命乐观主义精神，为完成祖国和人民赋予的使命、慷慨奉献自己一切的革命忠诚精神，为了人类和平与正义事业而奋斗的国际主义精神，锻造了伟大抗美援朝精神。

伟大的抗美援朝战争展现了不畏强暴、反抗强权的民族风骨。唇亡则齿寒，户破则堂危。1950年，新生的人民政权尚未完全巩固，国民经济十分困难，武器装备也远远落后于美军。但面对国家主权受到威胁，为了捍卫祖国和人民利益，全党、全军和全国各族人民凝聚成不可战胜的钢铁洪流。对待侵略者，中国人民用他们听得懂的语言同他们对话，这就是以战止战、以武止戈，用胜利赢得和平、赢得尊重。正如毛泽东指出的：“任何地方我们都不要去侵略，但人家侵略来了，我们就一定要打，而且要打到底。”①

长津湖作战中，志愿军第二十军五十八师一七二团三连连长杨根思率部守卫1071高地东南屏障小高岭。把敌人消灭在小高领阵地之前，不准敌人爬上1071高地半步，是杨根思连接到的战斗任务。敌人借助重炮和飞机的掩护，采用疏散队形往高地不断发起进攻。杨根思率领全连勇士们沉着应战，等敌人靠近时再集中歼灭，接连打退了敌人的八次进攻。当敌人发动第九次反扑时，杨根思连打光了所有的子弹，40多个敌人趁机爬近山顶。危急时刻，杨根思抱起了10斤重的一包炸药，拉响了导火索，向敌群冲去，一声轰响，敌人成批地倒下了，杨根思也壮烈牺牲。1952年5月9日，杨根思被授予“特级英雄”称号，他生前所在的连队被命名为“杨根思连”。

伟大的抗美援朝战争展现了万众一心、勠力同心的民族力量。抗美援朝战争中，中国人民在爱国主义旗帜感召下，同仇敌忾、同心协力，让世界见证了蕴含在中国人民之中的磅礴力量。在志愿军出国作战的日子里，全国掀起声势浩大的抗美援朝运动。青年学生踊跃参军，大批医疗队和铁路员工、支前民工开赴战场，慰问信、慰问袋纷纷涌向前线，都极大鼓舞了前方将士的斗志。伟大抗美援朝战争的胜利振奋了中国人民，提高了中国人民的政治觉悟，极大地增强了中国人民的自尊心和自信心，极大地激发了中国人民的爱国热情。正如毛泽东同志所指出的：“现在中国人民已经组织起来了，是惹不得的。如果惹翻了，是不好办的。”②

抗美援朝战争中，全国广大青年热烈响应祖国的召唤，先后掀起了四次参军高潮。他们怀揣着保家卫国的崇高信念，从祖国的四面八方汇聚而来，源源不断地投入到抗美援朝战场中去。抗美援朝战争期间，全国青年有200多万人参加了志愿军。与朝鲜一江之隔的辽宁省安东市（今丹东

---

① 毛泽东：《抗美援朝的伟大胜利和今后的任务》，中共中央文献研究室、中国人民解放军军事科学院编：《建国以来毛泽东军事文稿》（中卷），中央文献出版社2010年版，第176页。

② 毛泽东：《抗美援朝的伟大胜利和今后的任务》，中共中央文献研究室、中国人民解放军军事科学院编：《建国以来毛泽东军事文稿》（中卷），中央文献出版社2010年版，第175页。

市），在抗美援朝战争初期遭到美军飞机轰炸，有400多人被炸死、炸伤。面对美国侵略者的血腥罪行，全市广大青年无比愤怒，几天之内就有5389名民兵报名参军。在党中央的领导和号召下，全国人民竭尽全力，支援志愿军和朝鲜人民。抗美援朝战争爆发后七个月的时间里，全国抗美援朝捐款便达到1186亿余元，慰问品126万多件。①

在战场上，志愿军战士深知抗美援朝、保家卫国对于祖国和人民的重要意义。由于生活条件极其艰苦，他们经常是从干粮袋中掏出炒面吃上几口，再抓几把雪塞到嘴里，就是一顿饭。著名作家魏巍在朝鲜战场看到一个战士吃炒面就雪，就问他："你不觉得苦吗？"这位战士说："怎么能不觉得！咱们革命军队又不是个怪物！不过我们的光荣也就在这里。"为什么吃炒面就雪，这位战士用朴实的语言解释道："拿吃雪来说吧。我在这里吃雪，正是为了我们祖国的人民不吃雪。他们可以坐在挺豁亮的屋子里，泡上一壶茶，守住个小火炉子，想吃点什么，就做点什么。"② 朴实的语言难掩他们身上灿烂的光辉，他们忠诚革命，奋不顾身，确实是我们最可爱的人。

伟大的抗美援朝战争展示了舍生忘死、向死而生的民族血性。金戈铁马战沙场，热血豪情铸军魂。在抗美援朝战场上，志愿军战士视死如归，英勇抗敌，所表现出的大无畏英雄气概让敌人胆寒。他们爬冰卧雪，坚韧顽强；烈火焚身，岿然不动；用血肉身躯堵住敌人的枪眼；在危险时刻引爆炸药与敌人同归于尽。狭路相逢勇者胜，志愿军身上展现出的革命英雄主义精神铸就了中国军人之魂，彻底打击了敌人的嚣张气焰，永远镌刻在历史的丰碑上。

上甘岭战役中，美军先后出动了3000多次飞机和170多辆坦克，18个炮兵营，共计6万多兵力，发射了200万发炮弹和5000枚炸弹，发动了900多次冲锋，进攻仅仅3.7平方千米的上甘岭阵地。由于受美军的连续轰炸，许多坑道每人每天只能吃到半块饼干，许多人喝不到一滴水。但就是在这样的艰苦环境下，志愿军战士靠着人墙和意志，死死守住了阵地，经过44天的激战，取得了歼敌2.7万人的战绩。有一个坑道，10多

---

① 《全国抗美援朝捐款达千一百余亿》，《人民日报》1951年6月4日。

② 魏巍：《谁是最可爱的人》，《人民日报》1951年4月11日。

名战士直到饿死，还端着冲锋枪守在坑道口。

伟大的抗美援朝战争展示了守正创新、奋勇向前的民族智慧。面对陌生的战场、陌生的敌人，志愿军将士坚持“你打你的，我打我的，你打原子弹，我打手榴弹”，把灵活机动战略战术发挥得淋漓尽致。抗美援朝战争期间，刚成立的新中国在经济实力和军事力量上与美帝国主义有着较大的差距。敌人拥有技术精良的装甲兵、炮兵，而且拥有制空权，在武器装备方面占有优势。面对武装到牙齿的侵略者，志愿军按照战略意图包围进而全歼敌军的任务一时无法实现。毛泽东根据敌我装备的特点和志愿军作战的实际情况，及时提出实行战术小包围，经过打小歼灭战进到打大歼灭战的指导方针，提出“每军一次以彻底干脆歼灭一个营为目标”。这一作战方针被人们形象地称为“零敲牛皮糖”。

在停战谈判时，毛泽东对敌人的真实意图作出科学判断，提出“充分准备持久作战和争取何谈，达到结束战争”的方针，在军事上坚持“持久作战、积极防御”，准备一切条件粉碎敌人的进攻阴谋。在谈判桌前据理力争、唇枪舌剑，迫使敌人就范，经过反复较量最终达成符合我们要求的停战协议。中朝军队经过两年之久的军事斗争和政治斗争交错，与敌人边打边谈、又谈又打，最终牢牢掌握了主动权。

鉴往事，知来者。伟大的抗美援朝精神，集中展示了中国共产党强大的领导力和中国军队强大的战斗力，体现了中华民族强大的凝聚力和不竭的创造力，是以爱国主义为核心的民族精神的生动体现。这种精神跨越时空、历久弥新，必须永续传承、世代发扬。

当今世界正处于百年未有之大变局，站在实现“两个一百年”奋斗目标的历史交汇点上，风险与机遇同在，挑战与发展并存。国际方面，一些国家仍然我行我素、唯我独尊，搞霸权、霸道、霸凌的行径，严重威胁他国主权、安全、发展利益。国内方面，人民日益增长的美好生活需要和不平衡不充分的发展之间的矛盾依然突出。面对前进道路上各种各样的风险挑战，各种各样的荆棘坎坷，我们要从弘扬伟大的抗美援朝精神中汲取历史智慧，敢于斗争、善于斗争，知难而进、坚韧向前，把新时代中国特色社会主义伟大事业不断推向前进。

（二）“两弹一星”精神

1964年10月16日下午3时许，中国新疆罗布泊的大漠深处，腾起了一束巨大的蘑菇云，随之爆发出了震惊世界的“东方巨响”，中国的第一枚原子弹爆炸成功。1966年10月27日，中国第一颗装有核弹头的地地导弹飞行爆炸成功。1967年6月17日，我国第一颗氢弹空爆试验成功。1970年4月24日，中国第一颗人造地球卫星“东方红一号”发射成功。“两弹一星”的成功研制，大大增强了中国的国防科技实力，提高了中国的国际地位。

第二次世界大战结束后，美国的核讹诈、核威胁让世界人民头上笼罩着战争的阴影。新中国成立初期，工业基础薄弱，经济和科技十分落后。在国际上，以美国为首的帝国主义国家不但对中国进行经济和技术封锁，而且还不断在中国周边挑起战端，威胁中国的国家安全。朝鲜战争期间，美国曾一度计划对中国进行核打击，并作出了具体的部署，赤裸裸地对中国进行核讹诈。中国是爱好和平的国家，但要想摆脱核威胁，不被别人扼住脖子，就必须要有自己的核武器。毛泽东在《论十大关系》阐释指出，“在今天的世界上，我们要不受人家欺负，就不能没有这个东西。”[①] 国际上坚决反对美国核讹诈政策的和平人士，也希望中国能尽快掌握核武器。以毛泽东为核心的党的第一代领导集体高瞻远瞩，毅然作出了研制“两弹一星”的战略决策。广大科研工作者响应党中央号召，自力更生、奋发图强，仅用了10年左右的时间就创造了核弹爆炸、导弹飞行和卫星上天的奇迹，孕育形成了伟大的“两弹一星”精神。

从1955年初中央确定研制核武器开始，仅仅用了十多年的时间，中国的“两弹一星”事业便取得了一个又一个的巨大成功。发展速度之快，事业水平之高大大震惊了世界。在“两弹一星”研制的伟大事业中，广大研制工作者培育和发扬了崇高的精神，这就是：热爱祖国、无私奉献，自力更生、艰苦奋斗，大力协同、勇于登攀的“两弹一星”精神。

---

① 《毛泽东文集》第7卷，人民出版社1999年版，第27页。

中国第一颗原子弹爆炸成功

“热爱祖国、无私奉献”是力量源泉。拳拳赤子心，殷殷爱国情。新中国的成立结束了100多年来中华民族饱受帝国主义侵略和压迫的历史，中华民族以独立自主的姿态屹立于世界民族之林。国家和民族的独立让身处世界各地的中国科学家们热血沸腾，他们积极响应祖国的召唤回到自己的祖国。用自己的专业知识报效国家，为国家的建设奉献自己的聪明才智，是他们心中最大的荣耀。投入到“两弹一星”研制事业后，他们长时间远离都市与家人，隐姓埋名、默默奉献，有的甚至献出了宝贵的生命。

钱学森、王淦昌、彭桓武、邓稼先、朱光亚、程开甲、赵忠尧、赵九章、郭永怀等在“两弹一星”研制中建立不朽功勋的科学家们是爱国奉献的杰出代表。他们其中很多人在国外有着优越的科研和生活条件，良好的个人发展前景，但当祖国需要时，都义无反顾地选择放弃名和利，千方百计地冲破种种阻挠回到祖国，把自己的知识贡献给国家建设。1950年8月20日，邓稼先在美国普渡大学获得物理学博士学位后九天便踏上了返回祖国的轮船。在接受核武器研制的任务后，他对妻子说：“我的生命就献给未来的工作了，做好了这件事，我这一生就过得很有意义，就是为它死了也值得。”[①]1986 年 5 月，邓稼先病危期间，他的好友杨振宁从美国赶回来看望他时，问及奖金的事，邓稼先妻子回答是 10 元，邓稼先补充说，原子弹 10 元，氢弹 10 元。[②]

钱学森在讲课

“自力更生、艰苦奋斗”是根本基点。紧紧依靠自己的力量开展科学研究，是我国“两弹一星”研制站得稳，走得远，并最终取得巨大成功的制胜法宝。限于国家经济社会发展水平的限制，我国“两弹一星”研制初期面临仪器设备简陋，实验材料缺乏，专业人才缺乏，试验场地不完善等重重困难。但是这些困难没有吓倒中国的科学家，在党中央的领导下，他们自己动手，因陋就简，有计划地延揽和培养人才，和工程人员一起反复地测量选址。经过无数次的研制实践，他们攻克了一个又一个科技难关，掌握了一项又一项核心技术。

计算对于核武器的研制有着至关重要的意义。我国最初缺乏先进的实验室，无法逼真地模拟原子弹爆炸的物理过程，验证理论计算方法的正确性。因此，组织人力进行正确的数据计算成为关键环节。一次，为了得到一个核爆大气压的关键数据，邓稼先领导的计算小组靠手摇计算机和计算尺，甚至用算盘，昼夜不停地进行了计算，但结果却和之前苏联专

---

① 宋健:《“两弹一星”元勋传》上册，清华大学出版社 2001 年版，第 271 页。

② 梁东元:《尖端科学大纪实：596 秘史》，湖北人民出版社 2007 年版，第 131 页。

基地房屋漏雨，科研人员打着雨伞进行研究

家留下的数字大相径庭。虽然计算一次都意味着海量的工作，但为了得到准确的数值，他领导计算小组反复进行了九次计算。最终，经过与周光召等科学家反复论证，计算小组推翻了苏联专家的结论，确定了自己数值的准确性，突破了关系中国原子弹试验成败的关键性难题。

“大力协同、勇于登攀”是高尚境界。“合写一篇大文章”，是“两弹一星”研制时期流传在大家中的一个“口头禅”。原子弹、氢弹、导弹、卫星，这些高科技事物不但对于当时普通中国人来说是新鲜事物，而且对于绝大多数科研人员也都只停留在书本和教义中。几张办公桌、十几名大学毕业不久的青年科技人员，是很多科研院所的现实状况。“两弹一星”的研制是一项系统工程，不但涉及研究、生产、试验多个环节，而且涉及新材料、电子元件、精密机械、仪器仪表、特殊设备、测试技术、计量基准多个领域，牵涉的人员成千上万，是任何一个科研部门都无法单独完成的。在党中央的领导下，中国科学院、国防科研机构、工业部门、高等院校和地方科研力量等“五路方面军”的科技力量拧成了“一股绳”，形成了“一盘棋”，攻克了一个又一个技术难关。

在“两弹一星”工程建设中，很多关键性技术在国际上都属于保密状态。突破这些技术难题，需要我们的科研人员百折不挠，勇于登攀。

毕业于英国伯明翰大学的姚桐斌是一名冶金学家，曾在国外长期从事液态金属凝固过程研究。1958年，他被任命为航天材料研究室主任，负责航天材料的研制。高温钎焊合金是火箭发动机急需的特殊材料，中苏合作时期，由于苏联专家实行严格的技术保密，不仅不向中国提供这种材料的成分和工艺，还带着几分轻蔑的口气说："材料成分嘛，就是告诉你们也没有用。这样吧，你们需要时，向我们订购好了。"[①] 姚桐斌带领研究所的科技人员不怕鬼，不信邪，反复试验、刻苦攻关，终于突破了高温钎焊合金的成分和工艺，使火箭发动机制造的材料技术牢牢地把控在我们自己手中。

"科技兴则民族兴，科技强则民族强"，在建设世界科技强国、迈向创新型国家的征途上，我们需要大力弘扬"两弹一星"精神，紧紧围绕国家重大战略需求，推动重大科技领域创新，下好先手棋，打好主动仗。广大科研工作者要勇于攀登世界科技高峰，通过科技创新推动国家经济社会发展，把论文和功绩书写在中国大地上。

二、自力更生

自力更生是中华民族的优秀文化因子，中国共产党自成立之日起，就秉承自力更生的文化理念，坚持依靠群众、相信群众，相信自己一定能够战胜一切艰难险阻。新中国成立初期，以美国为首的西方国家对我国实行经济封锁，采取"石油禁运""窒息红色中国"的政策。由于油料短缺，不但中国的经济发展遭遇了瓶颈，而且国家安全也受到严重威胁。对于新中国来讲，加快发展自己的石油工业，已经成为事关全局的重大战略任务。在党中央的号召下，来自全国各地的数万名科研工作者、军人、工人、学生汇集大庆，开始了艰苦卓绝的石油大会战。大庆石油人把高度的革命精神与严格的科学态度结合起来，一切从实际出发，独立自主，自力更生，实事求是，艰苦奋斗，用最少的资金、最短的时间、最省的财物开发出了大油田。大庆油田的建成彻底打破了敌

① 林城：《东方巨星："两弹一星"元勋的神秘旅程》，当代世界出版社2001年版，第230页。

人的石油封锁，摘掉了中国“贫油”的帽子。在波澜壮阔、气壮山河的石油大会战中，涌现出了王进喜等影响全国的先进典型，以“宁肯少活20年，拼命也要拿下大油田”的豪迈气魄，团结凝聚起石油工人的强大精神动力。大庆精神、铁人精神已经成为中华民族伟大精神的重要组成部分，永远是激励中国人民不畏艰难、勇往直前的宝贵精神财富。

（一）大庆精神

大庆油田，是石油工人和油田工作者创造的奇迹。如今，大庆这座崭的石油新城，湖光山色，与寂静的沼泽和森林构成了一幅和谐美丽的中国画卷。这里的一砖一瓦、一草一木，都见证着时代的梦想与荣光。

石油是推动工业发展的动力能源。新中国成立初期，石油能源紧缺，不少地方因缺少石油等动力能源而面临停产、停摆、停业的压力。为摆脱贫油国的帽子，推动工业发展，在党和政府的领导下，全国上下齐动员，鼓足干劲投入勘探、开发石油的大会战中。1959年9月26日，在共和国成立10周年前夕，松辽盆地第三口基准井终于喷出了令人欣喜的油流。大庆油田的诞生让中国甩掉了贫油的束缚，为工业发展和现代化建设提供了强大的能源保障。

1958年，松辽石油勘探局地质队进行野外调查

2009年9月22日，习近平同志在大庆油田发现50周年庆祝大会上的讲话中指出，大庆油田的开发建设，铸就了以“爱国、创业、求实、奉献”为主要内涵的大庆精神和铁人精神，造就了一支敢打硬仗、勇创一流的优秀职工队伍，涌现了铁人王进喜、新时期铁人王启民等不少在全国很有影响的先进典型，形成了团结凝聚百万石油人的强大精神动力，集中展现了我国工人阶级的崇高品质和精神风貌。

为国争光、为民族争气的爱国主义精神。“锦绣河山美如画，祖国建设跨骏马，我当个石油工人多荣耀，头戴铝盔走天涯”，一首《我为祖国献石油》唱出了石油人的热情与豪迈。为了给祖国寻找石油宝藏，提高石油的产量质量，使祖国彻底甩掉“贫油”的帽子，无数的石油人从祖国各地汇聚到了大庆。他们中有转业战士，有知识青年，有科研人员，有医生，也有普通油田工人。为了祖国的石油事业，他们奉献了青春和汗水，在这片黑土地上，打通了共和国的血脉，为祖国的发展输送源源不断的黑色血液。到1963年12月，我国经济建设、国防建设和人民用油在数量和品种上都基本实现了自给自足，中国戴着“贫油”帽子的时代一去不复返了。

独立自主、自力更生的艰苦创业精神。大庆油田诞生初期，由于设备条件落后，并缺乏陆相砂岩油田开发的经验，一些外国同行专家断言“中国人靠自己根本开发不了大型的油田”。但是油田人不信邪，没有吊车、拖拉机，起重运输设备，他们就人拉肩扛；没有住房，他们就住“地窨子”、干打垒；没有生活物资保障，他们就自己动手，丰衣足食，“五把铁锹闹革命”；没有经验，缺乏资料，油田科研工作者便“敢为天下先”，研究探索出“非均质”开发理论和“高效注水开采”方法。正是凭借这种独立自主、自力更生的艰苦创业精神，油田人闯出了成功开发建设大油田的新路。

讲求科学、“三老四严”的科学求实精神。“大地沉沉睡万年，人民科学变油田”，把看不见、摸不着的石油从地下开采出来，没有科学的技术和流程是无论如何也做不到的。科学是来不得半点马虎的，一个螺丝钉拧不紧，一个阀门有渗漏，一个焊口有砂眼，都会造成巨大的事故，带来不

1959 年 9 月 26 日，松基三井喜喷工业油流，大庆油田由此诞生

可估量的损失。所谓“三老四严”，就是指对待革命事业，要当老实人、说老实话、办老实事；对待工作，要有严格的要求、严密的组织、严肃的态度、严明的纪律。正是因为坚持实事求是的科学态度，将高昂的革命热情和科学求实的精神相结合，大庆油田的开发建设才得以顺利实施。

胸怀全局、为国分忧的奉献精神。“宁肯少活二十年，拼命也要拿下大油田”，在冰冻三尺的松嫩平原，胸怀全局的石油人，为了开采出祖国建设急需的石油，在艰苦卓绝的条件下战天斗地，克服了常人难以想象的重重困难。他们以“有条件要上，没有条件创造条件也要上”的顽强斗志，以“石油工人一声吼，地球也要抖三抖”的创业豪情，以“北风当电扇、大雪当炒面”的革命乐观主义精神，在寒冷的松花江畔打通了一条石油血脉，为新中国的工业建设和采油炼油等做出了不可磨灭的丰功伟业。

“撸起袖子加油干”，是时代给予我们这代人的使命。“两个一百年”奋斗目标和中华民族伟大复兴的中国梦，是需要通过全国各行各业的工作者不断奋斗实现的。大庆精神虽然形成于石油会战的特殊历史时期，但他所蕴含的爱国、创业、求实、奉献等科学内涵，却是激励一代又一代劳动者奋斗的精神旗帜。在新时代，我们要继承和弘扬大庆精神，在实践中不断开拓前行，为实现中华民族复兴的中国梦不懈努力。

（二）铁人精神

“铁人”王进喜是共和国历史上一座不朽的丰碑。这位出生于甘肃酒泉玉门市赤金堡一个贫苦家庭的农民孩子，在玉门解放后成长为新中国第一代钻井工人，并于1956年4月光荣加入中国共产党。大庆油田会战开始后，他主动请缨，率领“1205”钻井队开赴大庆会战。一线面对石油大会战初期生活和生产方面的极端困难，刚到大庆的王进喜喊出了为革命“有条件要上，没有条件创造条件也要上”的口号。

当时，萨尔图草原上没有公路，吊车、拖拉机不足，钻井设备在火车上卸不下来，王进喜就带领钻井队用绳子拉、撬杠撬、木块垫，将60多吨重的钻机一寸一寸地运到井场；当时没有水管线和水罐车，无法直接给钻井的地方运来水，王进喜硬是带领大家用脸盆端来了几十吨水开了钻。仅仅用了五天零四小时，王进喜就率队打完了大庆会战的第一口油井，创造了当时的最高纪录。在打第二口油井时，王进喜的腿被滚落的钻杆砸伤，应该住院的他却拄着拐杖缠着绷带回到井队坚持工作。钻到约700米时，突然发生了井喷，井场没有压井用的重晶石粉。危急时刻，王进喜当机立断决定用水泥代替。由于没有搅拌机，水泥沉在泥浆池底，王进喜便扔掉双拐，纵身跳进泥浆池，用身体搅拌泥浆。在他的带动下，工友们纷纷跳进泥浆池。经过三个多小时的奋战，井喷被“制服”，油井和钻机保住了，但王进喜身上却被碱性很大的泥浆烧出了大泡。王进喜和“1205”钻井队工人们的英雄行为深深地感动了附近的乡亲们，房东赵大娘对工人们感慨地说：“大娘活了大半辈子，没见过这么拼命的人，你们王队长可真是个铁人啊！”从此，“王铁人”的名字传遍了油田，并响彻了全中国。

铁人精神是大庆精神的具体化、人格化，是对王进喜崇高人格的升华，钢铁意志的锤炼，奉献境界的彰显。铁人精神的内涵为：“为国分忧、为民族争气”的爱国主义精神；“宁肯少活20年，拼命也要拿下大油田”的忘我拼搏精神；“有条件要上，没有条件创造条件也要上”的艰苦奋斗精神；“干工作要经得起子孙万代检查”“为革命练一身硬功夫、真本事”

的科学求实精神；“甘愿为党和人民当一辈子老黄牛”，埋头苦干的无私奉献精神。

为国分忧、为民族争气。为国分忧、为民族争气的爱国主义精神是铁人精神的灵魂。在得知国家要在松辽盆地组织石油大会战的消息后，王进喜主动要求带着自己的钻井队前去参加。对此，他解释道：“北京汽车上的煤气包，把我压醒了，真真切切地感到国家的压力、民族的压力，‘呼’地一下子都落在了自己的肩上。”[①] 在进行石油会战时，王进喜喊出了著名的口号：“这困难那困难，国家缺油是最大的困难；这矛盾那矛盾，国家没油是最大的矛盾”，他永远将国家的发展荣辱放在自己的心上。

宁肯少活 20 年，拼命也要拿下大油田。忘我的拼搏精神是铁人精神的本质。王进喜不止一次地说过“宁肯少活 20 年，拼命也要拿下大油田”，并时时刻刻践行着自己的誓言。之所以这么拼，是因为王进喜深知尽快建成大油田对于国家建设的重要意义。他经常说：“我这一辈子就是要干好一件事：快快地发展我国的石油工业。”

有条件要上，没有条件创造条件也要上。无所畏惧的艰苦奋斗精神是铁人精神的核心。王进喜面对滴水成冰的气候、广袤荒芜的草原，多次强调“有条件要上，没有条件创造条件也要上”。在他的影响下，石油工人们穿着棉袄在寒风中钻机、打孔、装设备、检查施工，摄氏零下 40 度的冰雪中，无人退缩，尤其是在井喷时，大水打湿了棉衣裤，冻成了冰人的油田人，也无一人叫苦喊累。正是凭着这么一股劲，石油工人在极其恶劣的环境下取得了惊人的成绩。

干工作要经得起子孙万代检查。一丝不苟的认真负责精神是铁人精神的精髓。王进喜曾说“对油田要负责一辈子”“干工作要经得起子孙万代的检查”，并在工作中秉持“猛如老虎，细如绣花”的态度。王进喜处处干工作想着质量，为了解决打井不直的问题，他带领“1205”钻井队进行了专门研究，并把得出的经验编成顺口溜：井架偏，钻杆弯，送钻不均匀，滚筒不够圆。他要求每个队员熟背，避免在操作时出现失误。

---

① 阎凤岐主编：《石油企业精神》，石油工业出版社 1996 年版，第 151 页。

甘愿为党和人民当一辈子老黄牛。不计名利、埋头苦干的无私奉献精神是铁人精神的情怀。王进喜曾说："我放过牛，知道牛的脾气，牛出力最大，享受最少，我要老老实实为党和人民当一辈子'老黄牛'。""铁人"王进喜一如他所说，不计报酬、不为名利，心里永远装着党和国家、装着人民群众，像埋头苦干的"老黄牛"一样，无私奉献了自己的光辉一生。

自铁人精神诞生以来，在王进喜等模范人物的激励下，我国各行各业不断涌现出一大批品德高尚、贡献突出的先进模范，他们爱岗敬业、艰苦奋斗、勇于创新、甘于奉献，体现出敢为天下先、敢于攻克难关的勇气，体现出为国分忧、不计名利、无私奉献的高尚情怀。如今，我国的物质条件大大改善，但在祖国建设和民族复兴的伟大事业中，依然存在各种各样的困难和挑战。我们要大力传承和弘扬不朽的铁人精神，勇于直面问题和挑战，用铁的意志去奋斗、去开拓、去奉献，用实干苦干来解决发展中的问题，为党和国家的繁荣发展贡献自己的力量。

三、垦边富疆

"民以食为天"，新中国成立后，吃饭问题考验着中国共产党的执政能力。边疆地区自然环境恶劣，天气变化无常，边疆地区的军队和党政工作人员急需粮食和其他军需用品，专靠国家的供给是无法维持长久的。面对困难，边疆军民没有低头，而是用无比艰辛的创业努力、辛勤的汗水、热血乃至生命在戈壁荒原浇灌出片片绿洲田园。在屯垦戍边过程中，边疆军民创造了永恒的精神财富，这种财富凝聚了力量，战胜了困难，走向了胜利。

修建道路，让"天堑变通途"，不仅对于边疆地区的经济社会发展，而且对于边疆的稳固都具有十分重要的意义。以中国人民解放军十八军为主力的 10 多万军民在极其艰苦的条件下，逢山开路，遇水搭桥，创造了世界公路史上的奇迹，结束了西藏没有公路的历史。60 多年来，在建设和养护川藏、青藏公路的过程中，形成和发扬了"一不怕苦、二不怕死，顽强拼搏、甘当路石，军民一家、民族团结"的"两路精神"。

为了尽快改变西北贫穷落后的面貌，新中国成立后，中共中央坚持

“全国一盘棋”的方针，积极动员沿海地区工业文化力量支援内地建设。

“向科学进军，建设大西北”成为新中国建设初期一个响亮的发展目标。在西迁洪流之中，交通大学西迁影响最大，最引人关注，也是被实践证明的西迁成功典范。在“家国情怀”的激励和无私奉献精神的支撑下，广大师生谱写了高校搬迁的奇迹，成就了新中国高等教育战略调整的成功典范。

（一）北大荒精神

北国风霜，千里雪封。磅礴千里的黑龙江与蜿蜒北境的松花江，在乌苏里江的春天里相遇，孕育了肥沃又寂静的荒原。这里就是北大荒，包含了黑龙江嫩江流域、黑龙江谷地与三江平原广大荒芜地区。冰雪湖泊与泥沼并存，原始森林与熊鹿为伴，从北纬 44° 到北纬 50°，跨越 5.53 万平方公里的这片广阔的土地上，山川沼泽星罗棋布，滴水成冰是冬日常态。大风肆虐，寒风刺骨，冰雪绵延近八个月。短暂的夏日，沼泽和水泡子里外全是巨型蚊虫。苦寒和恶劣的环境，令这片富饶的黑土地一度静静地沉寂在兴安岭。

1949 年的春天，这片人迹罕至的土地迎来了新的主人，从此这片土地的命运发生了翻天覆地的变化。在党中央的号召下，千百万垦荒者来到这里，开荒种田，兴建家园。经过几代人的努力，松嫩平原、龙江谷底，成为富饶丰腴的美好家园，北大荒成为了祖国的北大仓。在艰苦创业的伟大实践中，北大荒人磨砺出“艰苦奋斗、勇于开拓、顾全大局、无私奉献”的宝贵精神财富。

艰苦奋斗，勇于开拓。在一片荒无人烟的西伯利亚以南兴安岭脚下，北大荒的拓荒者，用意志和勇气挑战人类身体极限，跟自然抗争，用一撬一锤开垦着祖国千里富饶丰硕的粮田，用辛勤劳作和艰苦奋斗谱写了一曲曲动人赞歌。来自五湖四海的青年大学生、转业军人、知识青年干部源源不断地奔向北大荒，在这里建设新家园。蓝天黑土，沼泽江湖，蚊虫猛兽，都见证了拓荒者热血沸腾的青春与汗水。

在北大荒博物馆里，有一幅长 28 米、高 8 米的巨型浮雕“北大荒人颂”。作者杜飞，曾是下乡到北大荒山河农场的北京知青，他用刻刀镌写的198个人物，娓娓讲述了北大荒拓荒者们的感人故事。黄振荣是南泥湾大生产时三五九旅的营长，1956年3月，他带领踏勘队员深入完达山以北地区，在茫茫雪原上留下了开拓者的第一行足迹。此后的11年间，他带领7000多名官兵战天斗地，在这片“房无一间、地无一垅、路无一条”的亘古荒原上开垦出了76万亩良田，建起了八五二农场，并先后扩建了八五三农场和八五五农场。他去世时，人们发现这位老人脚趾甲冻掉了九个，冻伤处就更无法计数了，生前却无人知晓。面对困难，他始终精神矍铄，默默无闻地为祖国建设奉献着青春和力量。

顾全大局，无私奉献。北大荒的建设者中，很多人都是当年驰骋战场的功臣。他们锁起功勋章，尘封功与名，不计较个人得失，服从国家安排，解甲归田。在平凡的岗位上奉献着光和热。“献了青春献终身，献了终身献子孙”。来自全国各地的复原军人、科技人员、知识青年从祖国各地分期分批地来到北大荒，数十年如一日，爱岗敬业，无怨无悔，用青春和汗水走出了一条中国特色社会主义建设的模范道路。顾全大局、无私奉献是北大荒精神最闪亮的颜色。

王树功，是电影《渡江侦察记》中侦察英雄的原型，他曾经先后参加过孟良崮、济南、淮海、渡江战役和抗美援朝战争，当兵11年，立战功12次，曾荣获华东军区三级人民英雄的称号。转业后，他来到北大荒，一直默默地工作在收发岗位上，从未向人提起过自己曾经的辉煌。后来有人问他，凭你的功劳，怎么还在这儿当收发员？王树功平静地说：无论这个员那个员，我心里始终忘不了自己是个普通的共产党员！对党和人民无限忠诚，使得北大荒成为让全国人民放心的大粮仓。在抗美援朝战争时期、抗击“非典”时期、汶川地震之后，每一次国家遇到重大困难，北大荒人都挺身而出，强有力地维护了国家的粮食安全，发挥了“压舱石”的关键作用。北大荒成为国家关键时刻抓得住、用得上的重要力量。

北大荒精的形成具有其鲜明的时代特征，但“艰苦奋斗、勇于开拓、顾全大局、无私奉献”的精神内涵却跨越时空，焕发出经久不息的强大生命力。保证国家粮食安全，发展大规模现代化农业，推动产业结构优化升级，我们还面临着很多挑战，还有很多问题需要解决。越是在爬坡过坎的关键时期，我们越需要发挥北大荒精神，用青春和生命、坚韧和忠诚塑造新的历史丰碑。

（二）兵团精神

边疆稳，则国安。1949 年 10 月，中国人民解放军第一兵团第二、六军在王震将军的率领下进军新疆。茫茫戈壁，渺无人烟，方圆百里，难觅活物。粮食短缺无法保障驻军，困难重重。美国驻迪化副领事马克南，狂妄地作出“共产党的军队将会饿死在新疆”的断言。为了维护新疆的安全稳定和国家的长治久安，实现各民族平等团结和共同繁荣，1950 年初，在党中央的支持下，新疆军区即下达了第 1 号命令，要求全体人民解放军除承担战斗任务之外，一律参加农业生产。1954 年 10 月 7 日，在总结历史经验和大生产成功实践的基础上，党中央和中央军委决定：将驻疆人民解放军第一兵团（二军和六军）大部、五军大部、二十二兵团全部集体转业，正式成立中国人民解放军新疆军区生产建设兵团（以下简称“兵团”）。此后，一批批复转军人、知识青年、支边青年响应国家号召来到兵团，把青春和热血融入戈壁滩，把理想和热情洒在边防线。在屯垦戍边的伟大实践中，形成了“热爱祖国、无私奉献、艰苦创业、开拓进取”的伟大兵团精神。

热爱祖国是不朽灵魂。“青年当有志，立志在四方，祖国需要处，皆是我家乡”。为了国家安全和稳定的需要，为了国家发展和建设的需要，来自五湖四海的兵团人远离故乡和家人，来到了茫茫大漠戈壁。他们不拿军粮，不穿军装，却一手拿枪，一手拿镐，平时创造财富，战时消灭敌人。当祖国和人民需要时，他们都会义无反顾地挺身而出，成为维护祖国边疆稳定的重要力量。

无私奉献是高尚品格。“献了终身献青春，献了青春献子孙”。在兵团，很多人扎根这里，“一生只干一件事”“一干就是一辈子”。被称作“沙海老兵”的农十四师四十七团 1800 名军垦战士转业前是二军五师十五团战士。1949 年底，他们奉命从阿克苏出发，15 天行军 755 公里，冒死穿越塔克拉玛干沙漠到达和田，平息了分裂势力的叛乱。1952 年，在接到中央就地转业的命令后，他们屯垦戍边，无私奉献，在沙漠里开垦出了数万亩农田和数十个牧场，创造了荒原变绿洲的人间奇迹。

艰苦创业是无悔选择。“生是兵团人，死是兵团魂，生死相依，不离不弃”。不惧艰险，艰苦奋斗是兵团人的无悔选择。炎炎烈日，沙漠缺少水源，他们就用十字镐、铁锹挖井打井造渠；沙暴狂风，没有房屋，他们就在沙漠中刨出“地窝子”，铺上荆棘和红柳、稻草，便是遮风挡雨的家。没有畜力和现代化农具，他们就用坎土镘、人拉犁、挑筐开荒生产。凭借热艰苦创业的优秀品质，兵团人硬生生在荒漠戈壁中建起了一个个戈壁明珠。

开拓进取是永恒追求。开拓创新、锐意进取，是兵团人永恒的追求。在渡过了垦荒初期的极度困难后，兵团人便注重充分发挥兵团土地广袤的优势，不断提升生产技术水平，积极发展大规模机械化农业，建立具有现代特征的国营农场。在大力发展农业的同时，兵团人积极探索，建立了钢铁、建材、纺织、机械、电力、金属、石油和食品等轻重工业，并在建筑业、交通运输业、商业等方面取得了卓越的成绩，实现了农工商一体化发展。改革开放以来，特别是党的十八大以来，兵团人与时俱进，坚持把外向带动和产业优化升级贯穿发展全过程。从棉花经营到纺织、销售，高端农副产品出口深加工，兵团的产业规模、产业结构、产品市场都在发生着重要转变。

“兵团的存在和发展绝非权宜之举，而是长远大计。新形势下兵团工作只能加强，不能削弱”，兵团要成为“安边固疆的稳定器、凝聚各族群众的大熔炉、汇集先进生产力和先进文化的示范区”，这是习近平总书记2014年主持兵团工作座谈会时对新时期兵团工作提出的定位和要求。以“热爱祖国、无私奉献、艰苦创业、开拓进取”为内涵的兵团精神，是伟大屯垦戍边实践的结晶，是引领时代发展的旗帜，是激励攻坚克难的力量。新时代，紧紧围绕实现“三个功能”任务的总要求，大力弘扬兵团精神，兵团的建设必将会取得一个又一个的重大胜利。

（三）两路精神

被称作“世界屋脊”的青藏高原，平均海拔在4000米以上，是天与地最近的地方。这里被称为“人类生命禁区”，常年被冰雪覆盖，地质灾害频发，是地球自然条件最恶劣的区域之一。恶劣的自然环境使得西藏民众与外面交通受到严重阻碍。“山有千盘之显，路无百步之平。乱石纵横，人马路绝，艰险万状，不可名态”，是地理学家对历史上西藏交通状况的生动描述。

从1950年4月到1954年12月，以中国人民解放军十八军为主力的10多万军民克服山高路远、高寒缺氧、物资匮乏、生活艰苦等诸多困难，在极其艰苦的条件下，逢山开路，遇水搭桥，仅历时四年多时间，便依靠着双手、铁锹、十字镐等极其简单的工具，在平均海拔4000多米的世界屋脊上修建了康藏公路（今称川藏公路）和青藏公路，彻底结束了西藏没有现代公路的历史，创造了人类筑路史上的奇迹。60多年来，在建设和养护川藏、青藏公路的过程中，形成和发扬了“一不怕苦、二不怕死，顽强拼搏、甘当路石，军民一家、民族团结”的“两路精神”。

一不怕苦、二不怕死的奋斗精神。在“人类生命禁区”开拓出生命之路，需要克服的困难超乎想象。极其复杂的地质条件和气候环境，让筑路修路险象环生，山路最窄之处根本无法容身，穿山越岭全靠炸药和人力。没有路，物资补给运输、医疗后勤等都十分严峻。大雪封山洪流冲断交通线、雪崩等自然灾害更是难以预测。这样的情境，令很多装备精良的探险家都望而生畏。我们的筑路人勇敢地直面天险，冒着生命危险，与天地斗争，每一步都步履维艰。但他们却没有人退却，没有人放弃，多少人就这样成了永远的守望者。

“爬上雀儿山，鞭子打着天”，是流传在民间的谚语。雀儿山位于四川甘孜藏族自治州德格县境内，主峰高达6168米，素有“川藏公路第一险”之称。1951年冬天，筑路部队开始了打通雀儿山的攻坚战斗。雀儿山的生活异常艰苦，但战士们却充满着革命乐观主义精神，他们把驻地的生活编成了顺口溜：“住地是5000米的高度，睡觉是斜坡30度，开水是沸点70度，气温是寒暑表零下不够度，我们的热血沸腾到了100度，智慧和力量没限度。”为削平峭壁，他们把绳子系在腰间，悬空打炮眼炸出道路。张福林是打通雀儿山时的一个小炮班长，他苦心钻研放炮技术，研究出改善装药方法和利用石缝放炮的方法。1951年12月10日，他在检查炮眼时，不幸被坠落的大石砸成重伤。当他醒来的时候，断续地对指导员说："我心里明白，我不能活了。口袋里还装有4万5千块（旧人民币）钱，当作最后一次党费。另外，请你告诉上级党，说我再不能为人民服务啦！"[①]后因伤势过重而牺牲，年仅25岁。像英雄张福林一样，两路修筑期间，有3000多名烈士长眠在了雪域高原。

顽强拼搏、甘当路石的奉献精神。"两路"沿线气候条件恶劣、塌方、泥石流、雪崩等地质灾害频发，因此必须随时进行道路养护，持续进行改造，才能确保道路畅通，并不断改善路况。"两路"通车60多年来，广大公路建设者和科研工作者深入沿线反复调研，攻克了多年冻土公路、桥梁建设和养护等多项技术难题。无数护路养路人数十年如一日，无怨无悔地守护在"两路"沿线。西藏、四川、青海三省区和武警交通部队组建专门养护机构，确保最危险路段的行驶畅通，成为"两路"沿线的"保护神"。

被誉为"天下第一道班"的青藏公路第14工区，是青藏公路格尔木至拉萨36个工区中海拔最高的一个，海拔5200米以上的唐古拉山口段无疑是天路上的"天路"。14工区的15个养路工人中，很多人是第三代养路工，其中不乏有夫妻工、兄弟工，他们以路为家，守护着穿越世界之巅的生命线。由于常年生活和工作在高寒缺氧的环境中，每个工人都患有不同程度的高原病，包括心脏肥大、血色素高和关节炎等。女工次丹卓嘎说，天气一变，很多同事的关节就疼，只有吃止痛药和贴藏药来缓解，但"我们会干到干不动为止，因为这是我们的工作"。

军民一家、民族团结的亲民情怀。"为了帮助各兄弟民族，不怕困难，努力筑路"，是毛泽东为十八军筑路部队开工题写的题词。巩固民族团结，造福西藏人民是筑路军民和道路守护者的使命和动力。在筑路和护路的伟大实践中，汉族军民与藏族等少数民族鱼水情深，血肉相连，形成了坚强有力的战斗集体。全国各地人民众志成城、团结一心，给予"两路"的修筑和养护无私的援助和支持。

"爱国修路，建设自己幸福的家乡"，藏族同胞对于"两路"修筑的重

① 管纪奋编：《人民的康藏公路》，四川人民出版社1956年版，第10页。

要作用有着深刻的认识。据统计，在川藏公路建设过程中，藏族民众动用了近20万头牦牛支援，运输了将近100万驮物资到各个工地。冬季，道路被冰雪封住，藏族民众就绕道百十里路把物资运上去。在路上饿了就用雪水和着糌粑充饥，晚上就随着牦牛露宿在山沟或草地上。牧草青黄不接的时候，牧民们就自己把物资背上去。[①] 因为历史的原因，原先在藏族内部一些地区，不允许其他区域的牦牛跨地区运输、放牧，甚至宗（系）与宗之间的草地也是有着严格的分界线。但是为了支援修路，各区域打破了原来的界线。他们说："我们对着太阳和月亮发誓，我们的团结是永远的！""好比一座帐篷，哪一个角撑不起来也不行。"[②]

习近平总书记指出："无论我们走得多远，都不能忘记来时的路。"如今，"进藏难"已经成为历史。但修筑两路时期凝结成的伟大精神却永远激励着一代又一代人不断奋斗。2014年，习近平总书记就川藏、青藏公路通车60周年作出重要批示，要求："新形势下，要继续弘扬'两路精神'，养好两路，保障畅通，使川藏、青藏公路始终成为民族团结之路、西藏文明进步之路、西藏各族同胞共同富裕之路。"[③] 新时代，我们要大力发扬"两路精神"，树立以人民为中心的发展理念，立足岗位，默默奉献，扎扎实实推进各民族共同富裕。不断加强与各组群众之间的血肉联系，持续搭建各民族之间的幸福金桥。

（四）西迁精神

工业和文教事业的合理布局，关系着社会主义建设的大局。新中国成立之初，东西部区域发展不均衡现象突出。上海等东部沿海地区的大城市有着相对较好的工业基础，配套设施较为完善，高等学校和人才资源也大都集中在这里。但另一方面，受办学物理空间的限制，加上沿海地区紧张的国防形势，这些高校的发展也受到一定程度的限制。为了实现区域均衡发展，中央把新建立的工业大部分放在内地，同时动员全国力量支援西部

① 管纪奋编：《人民的康藏公路》，四川人民出版社1956年版，第24页。

② 高平：《修筑川藏公路亲历记》，中国藏学出版社2001年版，第42—43页。

③ 《习近平就川藏青藏公路建成通车60周年作出重要批示》，《人民日报》2014年8月7日。

地区建设。西部地区的经济文化发展蓄势待发，急需人才和科技的支持，同时也为高等学校特别是工科院校的发展提供了广阔空间。在党中央的统一部署下，一批高校和科研院所从沿海迁往西部，支援西部地区发展。

1955 年，交通大学的师生在彭康校长带领下，以陈大燮、钟兆林、沈尚贤、赵福鑫、周惠久、严峻、黄席椿、张鸿、陈季丹、殷大钧以及陈学俊等为代表的一批优秀教授和学生组成了西迁的核心力量，承诺“要在西北扎下根来，愿尽毕生之力办好西安交通大学”。这一年秋季，满载着师生的列车缓缓驶出上海，到达黄土高原。就这样，“向科学进军，建设大西北”的宏图伟业拉开序幕，交通大学的师生抛家舍业，带着理想和抱负，带着祖国和人民的嘱托，扎根在古都西安。据统计，1956 年交大在册的 767 名教师中，迁到西安的有 537 人，超过教师总数的 70%。[①]

1956 年 9 月交通大学在西安举行首次开学典礼

在多年的奋斗历程中，交大人形成了以“胸怀大局，无私奉献，弘扬传统，艰苦创业”为内核的“西迁精神”，在师生中代代传承弘扬。

① 胡宇齐：《西迁故事与西迁精神》，《新湘评论》2018 年第 6 期，第 44 页。

胸怀大局的爱国精神。“胸怀大局”，即坚持国家至上、民族至上、人民至上。它凝聚了中国知识分子对祖国、人民的诚挚而热情的爱，彰显了他们为祖国和人民奋斗终身、为民族崛起而不畏困难，敢为人先，舍小家为大家的伟大精神和力量。“党让我们去哪里，我们背上行囊就去哪里”，西迁的交大人服从国家需要，把个人的发展与祖国的繁荣富强，与学校的使命担当紧密结合在一起。他们最终成功完成了国家的重托，为西北地区的发展提供了人才和科技的支撑。

“哪里有事业，哪里有爱，哪里就是家”，是广大西迁教职工爱国情怀的真实写照。中央决定交大西迁之时，有中国“电机之父”之称的钟兆琳教授已经 57 岁，而且夫人需卧床养病。周恩来总理考虑到钟教授的实际困难，提出他可不必西迁。然而钟兆琳教授毅然拒绝了组织的照顾，坚持前往西安。在他的带动下，电机系的师生几乎都追随先生毅然前往西安。陈学俊教授是坚决支持交通大学西迁的中青年教师代表。1957 年 9 月，38 岁的陈学俊教授和夫人带着四个孩子乘坐第一列交大专列抵达西安，临行前，陈学俊夫妇将上海的两处房产交给了上海房管部门，“既然去西安扎根西北黄土地，就不要再为房子而有所牵挂。钱是身外之物，不值得去计较”[①]。

钟兆琳（右二）与青年教师座谈

① 西安交通大学：《“西迁精神”的由来与内涵》，《人民政协报》2018 年 2 月 8 日。

陈学俊（前排右二）与毕业的部分研究生合影

无私奉献的担当精神。“把知识技能献给人民”，是西迁交大人扎根西北的初衷。迁校初期，生活和教学条件十分艰苦。校园道路“晴天扬灰地、雨天水泥地”，学校礼堂“冬冷夏热、难耐风雨”。但这并没有动摇西迁交大人创业的信心。他们“以天为盖、以地为舆”，埋头苦干、默默奉献。在他们的努力下，学校没有因为迁校而少开一门课程，没有因为迁校而耽误原订的教学和实验计划。在他们的努力下，一批新兴学科和重点研究基地在大西北诞生。在他们的努力下，一批批栋梁之材走入到西部建设的各个战线。

地理空间的迁移意味着基础设施和教学用具等物资的严重紧缺，条件简陋，创校之路更是艰难险阻。从基础设施的院系的组建、学科的发展规划、教学研究科研等，诸多问题亟待解决。新专业的创办也是异常艰辛，工程力学专业的重要创始人朱城先生，毕业于麻省理工学院，在西迁后，夜以继日的编写讲义、编教材，为专业的创办发展呕心沥血，著成堪与国际大师铁木辛柯相媲美的中国版《材料力学》，因为常年超负荷的工作，累倒在自己热爱的岗位上，仅 38 岁就不幸离世，是“愿得此身长报国，何须生入玉门关”之丝路英雄壮志的写照[①]。

① 李慧、王奕轩、杨金钊：《“西迁精神”的文化渊源及新时代回响》，《西安交通大学学报》（社会科学版）2019 年第 3 期，第 88 页。

弘扬传统的传承精神。交通大学有着“爱国爱校，追求真理”的优良革命传统和“精勤育人，追求卓越”的良好校风。交大西迁时，在学校党委的领导下，教师、行政、后勤等各战线的党员形成了强有力的战斗队伍。为提高教学质量，保障完成教学任务，各党支部充分发挥了带头示范作用。为创建新的学科，学校党委给予充分的政策保障，让教师能够心无旁骛地投入教学科研。优良的革命传统和良好的校风在西北大地生生不息，薪火相传，引领和推动着西部甚至是全国教育事业的蓬勃发展，为我们留下了宝贵的精神财富。

如今，老一辈知识分子奉献报国的使命担当，已成为交大人融入血脉中的家国情怀。周惠久、谢友柏、汪应洛、屈梁生、卢秉恒、蒋庄德，西安交大机械学科“一门六院士”成为中国知识界的美谈。直到今天，83 岁的潘季教授回忆：“60 多年前那段激情燃烧的岁月，深深吸引我的，是一种为国家建设而拼搏的火热生活，是开拓、创造、创新所带来的快乐。”[①] 如今，西安交大参与承建的中国西部科技创新港，将再次为国家西部发展提供新的智慧引擎，交大人用行动继续书写着为国奋斗的凯歌。

艰苦创业的奋斗精神。20 世纪 50 年代的西安，“电灯不明，马路不平，电话不灵”。交大的新校址位于西安城墙东南外的唐兴庆宫旧址，勘测选定时还是一片空旷的麦田。一无校舍，二无试验设备，三无生活配套，在这里建立一所现代化的大学，一切都需要从头开始。面对困难和挑战，西迁的交大人没有被苦难吓倒，他们以大无畏的英雄气概拉开了创业的大幕。创业初期，西迁的交大人以校为家，睡工棚，蹚泥路，装设备，编教材。他们矢志不渝，开拓进取，最终在西北地区为祖国建成了一所高楼林立、大师荟萃的知名学府。

服务国家新科技和国防尖端领域发展需要，是交通大学的一项重要使命。为此，学校专门开设了核反应堆工程、工程力学、自动控制等专业。新专业的开设几乎没有经验可以借鉴，为了保证和提高教学质量，广大教师夜以继日地工作，周末和节假日休息的时间也经常在工作。他们反复制

---

① 史瑞琼、张琢悦：《“西迁精神”的由来与内涵》，《人民政协报》2018 年 2 月 8 日。

定专业规划，不断调整改进实验设备，奋力赶超世界先进水平。1956 年至 1959 年，交大先后兴办了 17 个新专业，创造了中国科研历史上的若干个第一。

习近平总书记指出，“西迁精神”的核心是爱国主义，精髓是听党指挥跟党走，与党和国家、与民族和人民同呼吸、共命运，具有深刻现实意义和历史意义。[①]“胸怀大局”的爱国精神是中国特色社会主义建设的力量源泉。“无私奉献”的担当精神是我国教育事业兴旺发达的坚强基石；“艰苦创业”的奋斗精神，是激励广大知识分子、科研工作者、青年学生等在新时代不断奋斗的营养剂；“弘扬传统”的传承精神，是鼓舞一代又一代中国人为国家发展和社会进步贡献力量的传家宝。新时代，我们要牢记总书记嘱托，大力弘扬“西迁精神”，抓住新时代新机遇，到祖国最需要的地方建功立业，在新征程上创造属于我们这代人的历史功绩。

四、一心为民

模范人物和先进集体，可以极大地激发广大人民群众建设社会主义的热情和积极性，对构建社会主义精神文明、推动社会主义现代化建设产生深远影响。“南京路上好八连”、雷锋、焦裕禄、王杰，一个个闪亮的名字犹如一座座精神灯塔，为全党和全国人民树立了榜样。一心为民，把老百姓当作亲人，把群众的冷暖放在心上，竭尽全力解决老百姓遇到的生产生活难题，他们用实际行动诠释了“为人民服务”的价值理念。在危险面前，他们冲锋在前，为了保护人民群众的生命安全毅然选择牺牲自己。只有时刻扎根于群众，才能永远保持革命的劲头。穿越历史时空，这些一心为民的革命精神已经成为中华民族精神的重要组成部分。一个个熟悉的名字，一种种永恒的精神，正激励着全党、全军和全国人民在新时代的征途上阔步前进！

（一）南京路上好八连精神

“好八连，天下传。为什么？意志坚。为人民，几十年。拒腐蚀，永

① 《习近平在陕西考察时强调：扎实做好“六稳”工作落实“六保”任务，奋力谱写陕西新时代追赶超越新篇章》，《人民日报》2020 年 4 月 24 日。

不沾。因此叫，好八连。解放军，要学习。全军民，要自立。不怕压，不怕迫。不怕刀，不怕戟。不怕鬼，不怕魅。不怕帝，不怕贼。奇儿女，如松柏。上参天，傲霜雪。纪律好，如坚壁。军事好，如霹雳。政治好，称第一。思想好，能分析。分析好，大有益。益在哪？团结力。军民团结如一人，试看天下谁能敌。”①

这是毛泽东在1963年8月1日作的《杂言诗·八连颂》，诗中提到的“好八连”，指的便是“南京路上好八连”。

1949年6月，华东军区警卫旅特务团一营一连进驻上海，在繁华的南京路、外滩一带执勤。1949年7月，连队改编为上海警备区警备团三营八连。几十年来，八连捍卫、见证了上海滩繁荣稳定，继承和发扬了人民军队的优良传统，锻造了“纪律严明、意志坚强，身居闹市、一尘不染，勤俭节约、艰苦奋斗，服务人民、奉献社会，军事过硬、不辱使命”的“南京路上好八连精神”。

纪律严明、意志坚强。八连肩负着上海南京路、外滩的巡逻执勤任务，以及中共华东局、中共上海市委的警卫任务。部队进驻大城市，周围是灯红酒绿的环境。当时的资产阶级不甘心失败，用“糖衣炮弹”向干部和军队进攻。维护社会治安和巡逻保卫任务过程中，连队官兵始终牢记毛泽东“两个务必”教导，时刻不忘进行“三大纪律八项注意”的教育，不拿群众一针一线，通过一件件小事展现了纪律严明的风采，在南京路上树立了一面光辉的旗帜，赢得了人民群众的赞扬。

身居闹市、一尘不染。几十年来，八连官兵面对诱惑考验，丝毫不动摇，“拒腐蚀，永不沾”。他们坚守人民军队的本色，击退了“糖衣炮弹”的袭击，抵御住了“香风毒雾”的诱惑，金钱美女不动心，灯红酒绿不变色。八连指战员们经常对战士们进行革命历史教育，时刻注重保持军队一尘不染的革命精神。在八连战士拒腐防变的防线面前，一切腐蚀性的行为都变得黯然失色。

勤俭节约、艰苦奋斗。“新三年，旧三年，缝缝补补又三年”，是八

① 吴正裕主编：《毛泽东诗词全编鉴赏》，中央文献出版社2006年版，第580页。

连勤俭生活的真实写照。几十年来，经济社会发展的水平在不断发生着改变，但八连战士勤俭节约、艰苦奋斗的传统一直没有改变。工具箱、补鞋箱、理发箱和针线包是八连的传家宝；节约一分钱、一粒米、一滴水、一度电、一寸布，是八连艰苦奋斗的品牌。正如八连原指导员黄森所说，“艰苦奋斗不是为吃苦而吃苦，而是一个为过上好日子不断吃苦奋斗的过程。”①

服务人民、奉献社会。“不管是霓虹哨兵，还是霹雳尖兵，我们都是人民的子弟兵，这一点永远不能忘、永远不能丢。八连战士时刻不忘植根人民，服务人民，积极投身上海的经济社会建设，他们走到哪里就把好事做到哪里。在他们的带动下，南京路周围的100多家单位效仿八连，走上街头，无偿开展为群众理发、修伞、裁衣、钉鞋等便民服务。他们关心困难群众，服务经济社会建设，真正实现了军民一家亲，也因此得到了人民群众的肯定和赞誉。”“八连官兵不仅是上海的名片，更是人民群众的亲人。”有困难找八连，已成为许多居民多年养成的习惯。

军事过硬、不辱使命。“仗可以千日不打，兵不可一日不练。”八连时刻不忘苦练战斗本领，所在驻地寸土寸金，他们就“螺丝壳里做道场”；缺乏必要的训练场地，他们就展开野外驻军训练；在现代化的军事训练中，八连战士主动学习，积极主动转战转型，2017年八连从上海警备区转至72集团军某特战旅，在短短不到一年时间里，85%的八连战士便通过了特战等级考核，攻克了跳伞、潜水、格斗、爆破等特战难题，成为特战作战队伍中一颗“新星”。

“南京路上好八连”在新时代年轻一代中，赢得了大量粉丝：“南京路上学八连模范中队”“南京路上小八连”等先进集体，都是在追逐“偶像”八连的道路上不断提升，而产生的。每年数以万计的“粉丝”从全国各地赶到上海参观学习八连，八连史馆成了南京路新网红地点。广大人民群众能够在“南京路上好八连”的身上看到人民军队的优良传统，看到“全心

① 乐楚：《“南京路上好八连”是如何闻名全国的》，《文史博览》2015年第11期，第10页。

全意为人民服务”的唯一宗旨。成为“偶像”的“南京路上好八连”不但是新时代中国特色社会主义现代化建设的标兵，更是革命精神的永恒魅力与无穷力量的体现。

（二）雷锋精神

1940 年 12 月，雷锋出生于湖南农村的一个贫苦家庭，在旧社会的压迫和剥削下，他成为孤儿，遭受了旧社会的种种苦难。新中国建立后，雷锋在大家庭中感受到了温暖和幸福。他时刻不忘党和国家的恩情，经过不断努力，成为一名光荣的中国人民解放军汽车连战士。1962 年 8 月 15 日，雷锋因公牺牲，年仅 22 岁。雷锋的一生短暂而平凡，却代表了无数默默奉献、始终坚持为人民服务的社会主义建设者的无私与伟大。这位普通青年、平凡战士将为人民服务、为社会奉献的精神钉在心里，将无私奉献和助人为乐融化在生活点滴中，在时代的光影中留下了浓墨重彩的一笔。

2013 年 3 月 6 日，在毛泽东为雷锋题词 50 周年之际，习近平总书记参加十二届全国人大一次会议辽宁代表团的审议时指出：“要大力加强思想道德建设。雷锋、郭明义、罗阳身上所具有的信念的能量、大爱的胸怀、忘我的精神、进取的锐气，正是我们民族精神的最好写照。他们都是我们‘民族的脊梁’。要充分发挥各方面英模人物的榜样作用，大力激发社会正能量，为实现‘中国梦’提供强大精神动力。”①

雷锋

“信念的力量”是雷锋迸发出强大力量的源泉。对党的绝对忠诚与热爱是雷锋精神的内在动力与力量源泉。雷锋常对人说：“在我的周身的每一个细胞里，都渗透了党的血液。”共产党领导人民建立新中国，使得雷锋翻身成为国家的主人，有了上学的机会，过上了幸福的生活。雷锋把对党的热爱和感激之情化作对共产主义事业的坚定

① 《习近平李克强俞正声分别参加全国两会一些团组审议》，《人民日报》2013 年 3 月 7 日。

信仰，在工作和生活中处处为国家着想，事事以国家为先，把青春献给了祖国最壮丽的事业。

“大爱的胸怀”是雷锋精神的核心理念。一次，雷锋在沈阳站外出，换车时遇见一个背着小孩的中年妇女被众人围观，这位大姐前往吉林探望丈夫，不料丢了车票和钱。雷锋用自己的津贴费买了火车票塞到大嫂手里，大嫂含着眼泪说：“大兄弟，你叫什么名字，是哪个单位的？”雷锋说：“我叫解放军，就住在中国。”这便是中国的雷锋，雷锋的精神长存于每一个国人的脊髓，在平凡的岗位上，他们助人为乐、为社会服务、为人民服务、做一个社会主义建设的螺丝钉。雷锋精神，在岁月长歌中历久弥新，鼓舞和振奋了每一个中国人。

“忘我的精神”是雷锋精神的根本特征。雷锋短短的一生中，无数次将自己的积蓄捐给需要帮助的人，自己却舍不得喝一瓶汽水，时刻为社会主义建设奉献，将共产主义和社会主义理想化为行动的力量。在焦化厂工作期间，他带领伙伴们冒险保护人民和国家财产的事迹，被《辽阳日报》刊载报道。期间3次被评为先进工作者，5次被评为标兵，18次被评为“红旗手”，并荣获“青年社会主义建设积极分子”的光荣称号。

“进取的锐气”是雷锋精神的精髓与内驱力。1958年，雷锋到团山湖农场学会了驾驶拖拉机。同年9月，他积极响应支援鞍钢的号召，到鞍山成为一名推土机手。在团山湖农场期间，为了早日学会驾驶拖拉机，雷锋牢记师傅教导，将拖拉机性能、驾驶技巧总结成15条驾驶规则，常在农闲时让同志们考他，点一条，背一条，以便加深记忆。雷锋每次回答都准确无误，但雷锋并不满足于此，他说：“开拖拉机是门很深的学问，要做到能驾驶能保养、维修，能节油，就不容易，今天我记住了规则，还要进一步掌握理论知识真正成为一个开拖拉机的内行，争当一个红透专深的无产阶级先锋战士。”[①]

① 戴明章主编：《回忆雷锋》，内蒙古人民出版社1999年版，第227页。

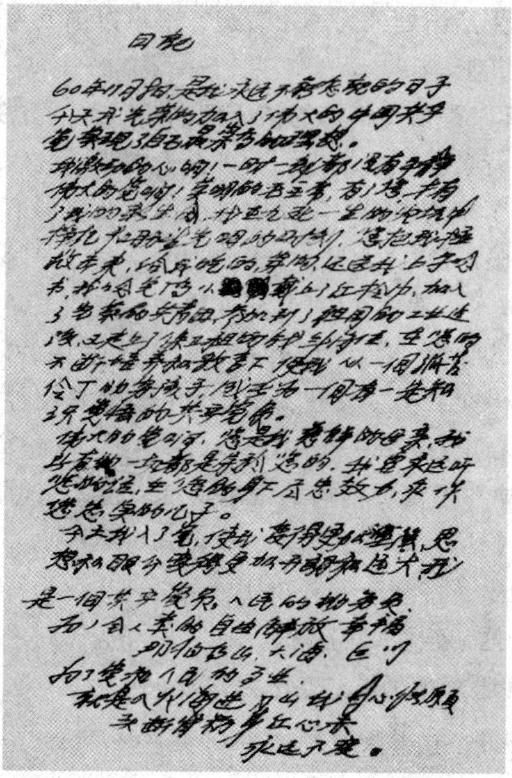

日记

60年11月8日，是我永远不能忘记的日子
今天我光荣地加入了伟大的中国共产
党，实现了自己最崇高的理想。
我激动的心啊！一时一刻都没有平静
伟大的党啊！英明的毛主席，有了您，我才有
了新的生命。我在九死一生的火坑中
挣扎和盼望光明的时候，您把我拯
救出来，给我吃的，穿的，还送我上学念
书，我念完了高小，[illegible]带上了红领巾，加入
了光荣的共青团，参加了祖国的工业建
设，又走上了保卫祖国的神圣岗位。在您的
不断培养和教育下，使我从一个孤苦
伶丁的穷孩子，成长为一个有一定知
识觉悟的共产党员。
伟大的党啊，您是我慈祥的母亲，我
所有的一切都是你给的。我要永远听
您的话，在您的身下尽忠效力，要做
您忠实的儿子。
今天我入了党，使我更得到了鼓舞，思
想和眼界也更加开阔和远大。我
是一个共产党员，人民的勤务员，
为了全人类的自由解放幸福
刀山火海
为了党和人民的事业，
就是入火海进刀山，我也心甘情愿，
头断骨粉，赤心
永远不变。

雷锋手迹：1960 年 11 月 8 日的入党日记

雷锋精神是艰苦奋斗、勤俭节约、自强不息的民族精神的具体表现。1960 年 8 月，雷锋所在驻地发生洪水，运输连接到了抗洪抢险命令，雷锋不顾参加救火被烧伤的手，和战友们在上寺水库大坝连续奋战七天七夜。雷锋精神，是中国人最真实的崇高精神，是从华夏几千年文明中汲取的精华，更是中华民族的传统与宝藏，在中国共产党的领导下，古老的中国焕发出新生命，雷锋精神永放光芒。

新时代雷锋精神，尤其是锐意进取、无私奉献的炽热情怀，是社会主义核心价值观的生动体现。当今时代更有无数“活雷锋”，他们默默为建设中国特色社会主义奋斗着、奉献着。从企业家到教育者，从德高望重的长者，到稚气未退的孩童，乐于奉献、勇于担当、善良朴实的中国人，面对困境和灾难，都会伸出一双双温暖的手，为需要帮助的人带去希望和明天。

雷锋精神是永恒的，是社会主义核心价值观的生动体现。让雷锋精神在全社会蔚然成风，世世代代弘扬下去，代表了广大民众的心声。如今，每年都有无数的“雷锋”涌向大街小巷，自发组织“向雷锋同志学习”的各种实践活动，他们用真情厚意和实际行动来缅怀这位平凡的战士，把对祖国和人民的爱，化在点滴生活中，给每一个需要帮助的人施以援手，带去温暖。

雷锋平凡而又伟大。雷锋精神已经融入中国人的骨髓，凝聚成中国人民勇往直前的动力。奉献、牺牲、助人、关爱社会、服务社会，是雷锋精神带给现代青年们的宝贵财富。当今，这样的雷锋战士数不胜数。雷锋精神，历久弥新。

（三）焦裕禄精神

焦裕禄同志是县委书记的榜样，也是全党的榜样。他出生于一个贫苦的农民家庭，青年时代饱受旧社会的压迫和日本侵略者的摧残，是在党的教育和培养下，从一个农民成长为坚定的革命战士，并最终走上领导岗位；他是人民的公仆，始终把人民的冷暖放在心上，和千万优秀共产党人一道，带领广大人民群众改变贫穷落后的面貌；他是国家的脊梁，荣誉面前不伸手，困难面前不退缩，为国家的现代化建设呕心沥血，为共产主义信仰奋斗终身。

1962年冬，河南省兰考县遭受内涝、风沙、盐碱，灾情十分严重。12月，焦裕禄临危受命，调任兰考县委书记。直到1964年5月因肝癌逝世，他在兰考总共工作了475个日日夜夜。这期间，他率领全县党员干部和广大群众战天斗地，与“三害”作斗争，为改善人民生活条件鞠躬尽瘁、死而后已，取得了显著成就，形成了伟大的焦裕禄精神。

2014年，习近平总书记在兰考调研时指出：“**亲民爱民、艰苦奋斗、科学求实、迎难而上、无私奉献**的焦裕禄精神，过去是、现在是、将来仍然是我们党的宝贵精神财富，永远不会过时。”①

① 习近平：《做焦裕禄式的县委书记》，中央文献出版社2015年版，第38页。

焦裕禄

“亲民爱民”是核心价值。在治理“三害”的过程中，他牢记党为人民谋幸福的使命，依靠群众、相信群众，与群众共同吃同住，问政于民、问需于民，时刻将人民的利益放在首位，不顾个人安危，忘我工作。他坚信，有朝一日，沙丘可以变成绿林，涝洼可以养鱼，盐碱地可以长出好庄稼。要实现这些目标，关键是要有一个“干”字。他把生死置之度外，以重病之躯，坚持不懈地为兰考人民奔波、操劳。他把党和人民的利益摆在高于一切的位置上，无论何时何地，都把党和人民群众的整体利益放在首位。

1963 年 12 月初的一个晚上，鹅毛大雪下了一夜，身为县委书记的焦裕禄彻夜未眠，他始终牵挂的是大雪天气里群众有没有吃的，牲口会不会被冻死。第二天天刚亮，他便召集县委委员、各科局干部和相关人员开会，分成四个小组带着救济粮款去各村慰问困难群众。他说：“在大雪堵门的时候，我们不能坐在办公室里烤火。共产党员应该出现在群众最困难的时候，应该出现在群众最需要帮助的时刻。”焦裕禄在风雪中走了九个村子，访问了十几户困难家庭，当他到一位老大爷家时，老大爷问他是谁，大雪天来干啥。焦裕禄回答：“我是您的儿子。毛主席让我来看望您。”一句话道出了党和群众的鱼水深情。正如习近平总书记所说，对于我们共产党人来说，老百姓是我们的衣食父母。要像爱自己的父母那样爱老百姓，为老百姓谋利益，带老百姓奔好日子。

“艰苦奋斗”是力量源泉。焦裕禄调任兰考县委书记时，正值兰考县遭受内涝、风沙、盐碱，灾情十分严重。焦裕禄带领全县人民全身心投入封沙、治水、改地斗争，治理内涝、风沙、盐碱。作为党员干部，他始终坚守在第一线，哪里风沙最大，他便第一个查风沙；哪里洪水泛滥，他第一个冲向洪峰；哪里风雪交加，他便会访贫问苦，登门送救济粮款。即使在肝癌患病期间，他依然坚守在岗位，带领同事走访全县，逐一查验风口、沙丘、河渠，靠着自行车和双脚徒步丈量、编号、绘图，制定了治理“三害”的科学规划。他带领全县人民艰苦奋斗，植树治沙，取得了显著成效。

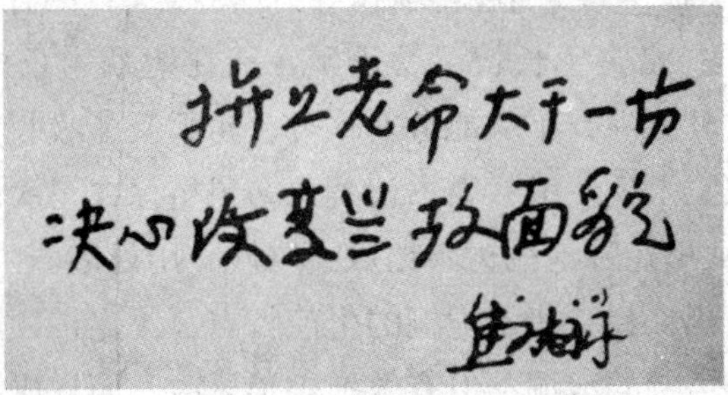

焦裕禄手迹

“干部不领，水牛掉井”。在焦裕禄看来，改变兰考地区贫穷落后的面貌，最紧要的是增强艰苦奋斗的决心，特别是兰考各级领导干部的决心。灾难面前，只有县委和广大党员干部腰杆硬了，人民群众战天斗地的积极性才能得到充分调动。1963 年 1 月一个风雨交加的夜晚，焦裕禄召集县委委员们开会，大家到齐后，他只说了一句：“走，跟我出去一趟”，便带领大家来到了风雪严寒笼罩下的兰考火车站。站里面挤满了去外地讨饭的兰考灾民。在询问了灾民的情况后，焦裕禄沉重地对县委委员们说：“党把这个县三十六万群众交给我们，我们不能领导他们战胜灾荒，应该感到羞耻和痛心。”[①] 回到县委后，他组织大家学习《为人民服务》《纪念白求恩》

① 穆青、冯健、周原：《县委书记的榜样——焦裕禄》，《人民日报》1966 年 2 月 7 日。

《愚公移山》等文章，回顾革命先烈为兰考解放牺牲的历史。他对兰考的状况进行辩证地分析，强调作为灾区，兰考有着各种困难，但在这里更能锻炼人的革命意志，培养人的革命品格。在他的引导下，兰考县委一班人统一了思想，坚定了把兰考治理好的决心。

“科学求实”是制胜法宝。没有调查就没有发言权，“不蹲下去，看不清蚂蚁”，是焦裕禄在兰考工作时的口头禅。为治理好“三害”，他组建除“三害”办公室，先后抽调了由120名干部、农民和技术员组成的三结合“三害”调查队，在全县展开了大规模的追洪水、查风口、探流沙的调查研究工作。他身先士卒、率先垂范，跑遍了全县所有的乡镇和大部分村庄，和群众同吃同住同劳动，查实情、出实招、求实效。在调查研究的基础上，提出了翻淤压沙、翻淤压碱、种植泡桐树等治理“三害”的有效方法。

泡桐不怕旱、涝，生长快、易繁殖，能在短期内长成大树，既能挡风又能压沙。成林之后，旱天能散发水分，涝天又能吸收水分，可以林粮间作，以林保粮。上任兰考县委书记不久，焦裕禄在一次调研中从群众口中得知：“沙土窝里能种泡桐树，挡风、压沙，用处多。”在咨询林业技术人员的基础上，焦裕禄弄清了泡桐的生产特点，决定带领兰考人民种植泡桐树。如今，兰考县的泡桐不但有效抵御了风沙，而且成为当地的特色产业，形成了“泡桐经济”产业链。

“迎难而上”是忠诚担当。焦裕禄到兰考工作之时，兰考大地黄沙漫天、盐碱遍地、内涝成片。到灾区任职，不但不容易出成绩，而且还会面临很多棘手的问题，若处理不好，甚至可能会受到处分。“灾区栽干部”的议论导致当时许多领导干部都不想到兰考任职，甚至有一些已经在兰考工作的干部经常想着如何调离那里。在委派焦裕禄赴兰考工作之前，组织上如实向他介绍了兰考的实际情况，并让他做好接受严峻挑战的准备。然而，焦裕禄没有半点犹豫，他坚定地表示：“感谢党把我派到最困难的地方，越是困难越磨炼人。请组织放心，不改变兰考面貌我绝不离开那里。”[①]

① 焦守云：《我的父亲焦裕禄》，人民日报出版社2016年版，第138页。

在兰考工作期间，焦裕禄忠诚践行者对组织的承诺，带领广大干部群众迎难而上，敢于“在困难面前逞英雄”。一年多的时间里，他拖着患有慢性肝病的身体跑遍了全县上下140多个大队中的120个大队。焦裕禄在“因病晕倒，组织安排入院接受检查和治疗”的情况下，请求医生再给他一天时间，安排县委工作。焦裕禄在极度疼痛的折磨下，靠用力顶住肝部，物理压解，以此缓解，因此，他的藤椅上顶出了一个大洞。住院不满三日，焦裕禄就要求回到工作岗位，他对负责治理的医护同志说：“不行啊院长，兰考是个灾区，那里除‘三害’的工作刚开了个头，有那么多事情在等着我，我在这里怎么躺得住啊？”[①] 即便到了生命的最后关头，焦裕禄考虑的依然是兰考的“三害”治理。他说：“我没有能很好地完成党交给我的任务，没实现兰考人民的要求，我心里感到难过。”焦裕禄用自己生命的全部诠释着共产党员的信念和宗旨。兰考人民在焦裕禄同志的追悼会上许下了最重要誓言：“挥泪继承壮士志，誓将遗愿化宏图”。

“无私奉献”是崇高品质。焦裕禄心中无时无刻不装着人民，却唯独没有他自己。他以身作则，带头执行党的纪律，做廉洁从政的模范。1963年春节，县委墙上贴出了福利救济名单，焦裕禄的名字赫然在列。他本人既没有申请，家也不在灾区，却出现在了名单上。对于这件事，他非常重视，专门组织召开了机关党员大会。在会上，他坚决表示，他本人不符合救济标准，分给他的钱他一分也不要。并要求县委广大党员干部要事事想着群众，为全县干部树立榜样。在他的带动下，十几名同志也表示不要救济。后来，机关又重新评定了救济人员，重点照顾了八个最困难的同志。

“任何时候都不搞特殊”，是焦裕禄家风中的宝贵遗产。对于子女，焦裕禄要求一向十分严格。他推荐自己的女儿去做最艰苦的供销社临时工：洗萝卜、切萝卜、做咸菜，啥都干，还对厂长说，你们千万不要以为她是县委书记的女儿而高看一眼，一定要把她安排在最苦、最累、最脏的地方，这样才对她的进步有好处。他决不允许子女养成占便宜的习惯。一

① 何香久：《焦裕禄传》，河南文艺出版社2012年版，第137页。

次，他的大儿子看戏没买票，遭到他的严厉批评，最终孩子认识到了自己的错误并向剧场补交了戏票钱。为抵制党员干部及其子女出现特权思想，焦裕禄亲自起草了《干部十不准》，在县委会上通过后要求全县干部遵守执行。

焦裕禄精神是中国共产党和中华民族的宝贵精神财富。焦裕禄精神中所蕴含的对党忠诚、为党分忧、为党尽责、为民造福的政治品格，和焦裕禄同志一点一滴的感人事迹，已经成为加强党的政治建设、思想建设、作风建设的生动教材。焦裕禄精神体现了中华民族自强不息的奋斗精神，这种精神必将成为推动实现中华民族伟大复兴的强大精神动力。

（四）王杰精神

王杰，一名伟大的共产主义战士，在面对即将爆炸的炸药包纵身一跃，用自己的生命换取了12名民兵和武装干部的安全。生为革命生，死为革命死，王杰用自己短暂而光辉的一生，践行“一不怕苦，二不怕死”，生动诠释了革命战士以革命信仰武装自己，勇于锻炼、敢于牺牲、追求先进，坚决听从党的领导和指挥，为人民服务、为革命献身的不朽精神，在共和国历史上谱写了一页英雄的篇章。

坚定革命信仰是王杰精神的基本底色。坚定革命勇气，树立革命理想是王杰精神的本质与底色。1942年9月，王杰出生于山东省金乡县城北华堌村（今王杰村），从小就有着朴实正直的性格和大公无私的精神。王杰有坚定的革命信念，能以革命需要考虑自己的人生发展。1961年初中毕业时他写下自己的志愿：“人一生以服从祖国需要为最快乐，服兵役是第一志愿”，因此他放弃了读高中的机会应征入伍，成为济南军区装甲师某部工兵营一连的战士。

勇于锻炼、追求先进是王杰精神的重要体现。追求先进要以英模精神激励前行，王杰以雷锋为榜样，从“微不足道”的小事做起，时刻以雷锋精神激励自己；追求先进要让毛泽东思想入脑入心，王杰在生活中勤俭节约，每个月的津贴仅用一元左右，但在帮助同志学习进步方面却毫不吝啬，主动用自己的积蓄购买《毛泽东选集》送给新战士学习。追求先进要体现在为人民服务的细节当中，王杰在部队中关怀战友，在训练中主动帮助有困难的新同志扛枪、背背包[1]，并在执行训练、生产、抗洪救灾等任务中冲锋在前，被大家称为“闲不住的人”“不知疲倦的人”[2]。王杰作为一位勇于锻炼、追求先进的好战士，技能高超、业务精炼，在部队里年年被评为“五好战士”，两次荣立三等功，当了班长，被评为“模范共青团员”和一级技术能手[3]。

为革命不怕牺牲是王杰精神的典型特征。为了革命，能够忘却生死、舍生取义，是王杰留给世人的宝贵精神财富。1965年6月，江苏省邳县张楼公社人民武装部民兵地雷爆破班请求部队帮助解决教员问题，王杰等两名训练骨干被选派去做教员。7月14日，在进行“绊发防步兵应用地雷”实爆训练时，按起爆要求连接就绪的拉火管突然引爆，导致炸药包导火线被引燃。危急关头，为了保护在场的12名民兵和人民武装干部，王杰奋不顾身扑向炸点，献出了年仅23岁的生命。

以革命思想武装自己、跟着党走干革命，是王杰精神的动力源泉。在整理王杰遗物时，人们发现王杰写下的20多本日记，一段段文字记录了这名青年不断成长的心路历程，折射着这个战士充满激情的思想光辉，印证着这位英雄崇高的思想境界。在日记中他写道：

“我们要一不怕苦，二不怕死，做一个大无畏的人。”

“当兵是为人民、为党、为祖国而来的，不管任何工作，党指到哪里就冲到哪里，就是需要献上青春也没有怨言。”

“在荣誉上不伸手，在待遇上不伸手，在物质上不伸手。”

“什么是理想？革命到底就是理想。什么是前途？革命事业就是前途。什么是幸福？为人民服务就是幸福。”

“我坚决发扬革命队伍的优良传统，向董存瑞、黄继光、安业民、雷锋等英雄人物学习，在战场上头可断血可流，在敌人面前绝不屈服。在平时安心于平凡的工作，乐于做平凡的工作。我一定要做雷锋式的战士，做毛主席的好战士。我要把有限的生命投入到无限的为人民服务中，把可爱

---

① 赵志强、李桂英：《英雄王杰与王杰精神》，《山东档案》2005年第6期。

② 魏圣曜、孙晓辉：《王杰：舍命扑向炸药包的英雄》，《人民日报》2019年9月17日。

③ 魏圣曜、孙晓辉：《王杰：舍命扑向炸药包的英雄》，《人民日报》2019年9月17日。

的青春献给祖国，献给人类最壮丽的事业。”①

“一不怕苦，二不怕死”是王杰精神的内核，从它诞生之日起就受到了共产党人的赞赏和发扬。在王杰刚牺牲时，党和国家领导人高度赞扬王杰的英雄事迹及“两不怕”精神：朱德题词“学习王杰同志不怕苦不怕死的革命精神”；周恩来亲笔抄录王杰的诗，作为题词：“座座高山耸入云，我们施工为人民。不怕工作苦和累，愿把青春献人民。”中国人民解放军总政治部、全国总工会、共青团中央、全国妇联等组织也发出通知，号召全国军民向王杰同志学习。中央人民广播电台、《人民日报》《光明日报》《中国青年报》等媒体均报道了王杰的英雄事迹和日记摘抄。王杰精神迅速为全国人民学习、践行并不断传承发扬。

2017 年 12 月 13 日，习近平总书记来到第七十一集团军王杰生前所在连队视察并发表重要讲话，强调“王杰精神过去是、现在是、将来永远是我们的宝贵精神财富，要学习践行王杰精神，让王杰精神绽放新的时代光芒”。习近平总书记指出，王杰“在荣誉上不伸手，在待遇上不伸手，在物质上不伸手”，这“三不伸手”是一面镜子，共产党员都要好好照照这面镜子②。

王杰精神永远激励我们不断奋斗。“一不怕苦，二不怕死”的战斗精神，是共产党人不怕牺牲、勇于担当的政治品格；“在荣誉上不伸手，在待遇上不伸手，在物质上不伸手”的高尚情操，彰显共产党人永葆本色、甘于奉献的精神。王杰的言行和品质，永远是共产党人学习的楷模。“王杰的枪，我们扛；王杰的歌，我们唱。一不怕苦，二不怕死，一心为革命，永远跟着党……”英雄的名字永远闪光，英雄的事迹让我们永远歌唱！

五、改天换地

筚路蓝缕，以启山林。半个世纪前，河南林州人民为了改变生存环境、追求美好生活，以超乎寻常的宏大理想，进行了艰苦卓绝的奋斗拼搏，凿壁

① 胡玥：《王杰精神的内涵与传承》，《人民政协报》2017 年 12 月 28 日。

② 《习近平在视察第 71 集团军时强调：深入学习贯彻党的十九大精神，全力推进新时代练兵备战工作》，《人民日报》2017 年 12 月 15 日。

穿石，挖渠千里，建设了“绝壁悬河”这一堪称世界奇迹的伟大工程，把中华民族的一面精神之旗，插在了太行之巅。半个多世纪以来，河北塞罕坝林场的建设者们听从党的召唤，在“黄沙遮天日，飞鸟无栖树”的荒漠沙地上艰苦奋斗、甘于奉献，创造了荒原变林海的人间奇迹，用实际行动诠释了绿水青山就是金山银山的理念。70多年来，山西省右玉县党员干部树立正确的政绩观，坚持植树造林，防风固沙。一任接着一任干，一张蓝图绘到底，防止了水土流失，改善了生态环境，改变了当地贫困的面貌。人民对美好生活的向往是我们党的奋斗目标，坚持一切为了群众，一切依靠群众是我们党革命和建设取得胜利的重要法宝。党员干部只有一心为党为国为民，敢于担责担难担险，才能不负重托、不辱使命，赢得人民群众更多的笑脸和拥护。

（一）红旗渠精神

林州市原名林县，位于河南省西北部，地处晋、冀、豫三省交界处。独特的地理位置使得这里的文化既富有中原文化的兼容并蓄、革故鼎新，又兼顾三晋文化的超越自我、甘于奉献，更饱含太行革命精神的百折不挠、艰苦奋斗。林县四面环山，常年干旱缺水。“水缺贵如油，十年九不收；豪门逼租债，穷人日夜愁”，是对林县民众艰难生活的生动描述。据记载，从1436年到1949年的514年间，林州曾发生旱灾100多年次，绝收30年次。1942—1943年大旱，逃荒外出10800户，占总户数的14%；饿死1650人，占总人口的4.3‰。

建设好林县，最突出的矛盾就是解决水资源短缺的问题。“劈开太行山，漳河穿山来，林县人民多奇志，誓把山河重安排！”1957年，中共林县二届二次党代会作出《全党动手，全民动员，苦战五年，重新安排林县河山》的决议。代表郑重宣誓：“头可断，血可流，不建设好林县不罢休”。1959年突如其来的大旱，更加凸显了水资源不足的矛盾。1960年2月开始，林县各级干部和群众同心协力，靠着双手和锤、铲等简单的工具，在险峰林立的太行山悬崖壁上凿出了全长1500公里的红旗渠，成功实现了“引漳入林”，创造了水利建设史上的人间奇迹。自此林县人民结束了十年九旱、水贵如油的苦难历史。在修筑红旗渠的伟大实践中，人们孕育形成了“自力更生，艰苦创业，团结协作，无私奉献”的红旗渠精神。

“自力更生、艰苦创业”是红旗渠精神的基本内核。“天行健，君子以自强不息。”为修建“救命渠”，彻底改变祖祖辈辈缺水受难的困局，林县人民不等不靠，自力更生、艰苦奋斗。红旗渠修建之时，正值国家经济发展困难时期。虽然国家尽可能调拨资金支援红旗渠工程的建设，但资金缺口依然很大。在中共林县县委的领导下，林县人民确立了“以自力更生为主，国家扶持为辅”的建渠方针。他们自带工具口粮上修渠工地，组建工程队进城务工弥补修渠资金不足，自己动手烧制石灰水泥等建材。他们筚路蓝缕，劈山修渠，在极度困难的条件下，用一锤一钎成功修建了红旗渠，在人们心目中树立了自力更生、艰苦创业的丰碑。

任村公社修建红旗渠进水闸（1960 年 2 月 10 日至 5 月 1 日）

“宁愿苦战，不愿苦熬”是人们修筑红旗渠的共同意志。从 1960 年 2 月 11 日开工建设到 1969 年 6 月红旗渠工程全面完工，林县人民整整用了 10 年时间，削平了 1250 座山头，架设 151 座渡槽，开凿 211 个隧洞。马有金、任羊成、吴祖太、李改云、郭秋英、张买江、韩用娣等一大批红旗渠建设模范们，埋头苦干，敢干硬干，前仆后继与旱魔抗争。为最大限度保证山崖下修渠人员的安全，老党员任羊成组建了一支专门负责除险的队伍，队员们手持大铁钩，腰绑几十斤重的绳索，悬在太行山腰荡来荡去，冒着生命危险除去险石。稍有闪失，后果不堪设想。一次除险时，他被滑落的石块击昏，三颗牙齿被打碎，口中鲜血直流，他不顾个人安危，在悬崖上又连续作业长达六个小时。巍巍太行山见证了修渠人的血性，滔滔漳河水诉说着修渠人的勇敢。

“团结协作、无私奉献”是红旗渠精神的力量源泉。“领导一心为人民，赢得万众一条心。”劈太行，凿水渠，是为了彻底改变林县常年受干旱困扰的面貌。说到底，是为了干渴的林县人民着想。“其身正，不令而行；其身不正，虽令不从。”正是因为真正有了“为人民办实事”的公心，林县人民才紧紧凝聚在了林县县委周围，心往一处想，劲往一处使，汇聚成无坚不摧的钢铁洪流。

军民同修渠

“干部能搬石头，群众就能搬山头；干部能流一滴汗，群众的汗水流成河。”在建设红旗渠的过程中，林县县委党员干部常年在工地与民工同吃同住、同劳动、同学习、同商量，与群众风雨同舟，血肉相连。修渠 10 年间，从未发生过一宗请客送礼、挥霍浪费的情况，更没有任何一个干部贪污挪用分毫钱粮。在林县党委的领导下，林县人民齐心协力苦干实干，不计得失无私奉献。妇女队长李改云主动要求到修渠一线工作，她在向上级递交的《决心书》中写道："汗水融化太行雪，双手劈开千重山。引来一渠幸福水，定叫山河换新颜！"在工地上，她组织成立了"刘胡兰突击队"，与男人们展开了劳动竞赛。1960年2月，为营救女青年郭焕珍，李改云被坍塌的砂石埋在了悬崖下。人们把他从砂石里刨出来，当苏醒过来看到难过的战友时，她坚强地说，"只要能引来漳河水，牺牲了我也不怕！"①

习近平总书记指出："红旗渠精神是我们党的性质和宗旨的集中体现，历久弥新，永远不会过时。"②伟大的实践产生伟大的精神，伟大的精神必将继续催生新的伟大的事业。在实现中华民族伟大复兴的历史征程上，我们还有许多"娄山关""腊子口"需要征服。面对困难和挑战，我们需要继续传承和弘扬红旗渠精神，敢于斗争，敢于胜利。一是要在思想上解决为了谁，依靠谁的问题，把人民对美好生活的向往作为干事创业的奋斗目标，把人民拥护不拥护、赞成不赞成、高兴不高兴、答应不答应作为衡量一切工作得失的根本标准。二是要有担当精神，把能不能担当、敢不敢担当、会不会担当作为检验党性强不强的一块"试金石"。三是要有奋斗精神，目前我国经济社会发展正处于爬坡过坎的关键时期，要主动作为，迎难而上，坚持问题导向，实事求是地破解发展中遇到的难题。

（二）右玉精神

右玉县地处山西朔州与内蒙古交界的"三化带"边缘，属于潜在沙漠化地带，距离毛乌素沙漠不足100公里。"一年一场风，从春刮到冬；白天点油灯，黑夜土堵门"，是对右玉县曾经恶劣自然环境的生动描述。中华人民共和国成立初，右玉全县仅有残次林8000亩，林木绿化率不足0.3%，年均气温只有3.6摄氏度，降水量不到400毫米，无霜期不到100天，曾

---

① 李改云口述，尚翠芳执笔：《我参加修建红旗渠的经历》，肖桂彬主编：《河南文史资料》2009年第1期，第165页。

② 《新中国70年铸就的伟大精神——红旗渠精神》，《人民日报》2019年5月9日。

有环境专家将右玉列入“最不适宜人类生存的地区”。

从1952年起，右玉响应国家号召，开启了普遍护林、大力造林的工作。60多年来，在右玉县委的领导下，右玉人民持续不懈地植树造林。昔日荒凉贫瘠的“不毛之地”现在已变为今日的“塞上绿洲”。在植树造林的伟大实践中，形成了“全心全意为人民服务，迎难而上、艰苦奋斗，久久为功、利在长远”的右玉精神。

全心全意为人民服务。无边无尽的绿色是共产党人写在右玉大地上最为卓越的政绩。全心全意为人民服务，一刻也不脱离群众，一切从群众的利益出发，是中国共产党人的价值观。干旱、风沙、洪涝、水土流失等自然灾害严重制约着右玉人民的生活质量和水平，植树造林是从根本上解决困扰右玉经济社会发展困难的制胜法宝。60多年来，右玉的县委书记们和广大党员干部树立正确的政绩观，把从根源上改善民生福祉作为奋斗的方向，一以贯之地把植树造林作为工作的首要任务。他们带头植树，甘当路石，以“功成不必在我”的崇高境界，一代接着一代带领人民群众治沙造林。

新中国成立之初，右玉面临着严峻的生态环境和恢复生产的双重压力。即便是在夏日，黄风携沙而来，滚滚尘沙铺天盖地，一时间无法站立和睁眼，甚至有可能被沙土埋住难以挪动。自然环境的恶劣让当地的经济和生产面临严峻考验，很多人被迫远走他乡。右玉第一任县委书记张荣怀同志到任后，带领同志们用两个月的时间走遍右玉全境进行调研，得出一条宝贵的经验：“右玉要想富，就得风沙住；要想风沙住，就得多栽树；想要家家富，每人十棵树。”就是这样，右玉开始了漫长的植树绿化之路，全县干部群众齐心协力，植树造林、防风固沙。虽然各个时期的具体任务不同，但县委书记和广大党员干部一任接着一任，防风固沙、绿化家园的决心从未改变。今天，右玉绿化率远超国内一般市镇，四季宜人，秋风和煦，冬雪皑皑，成为了国家生态文明示范县，并被联合国评为“最佳宜居生态县”。

迎难而上、艰苦奋斗。“十山九无头，洪水遍地流。风起黄沙滚，十年九不收”。在右玉这样的荒山秃岭植树造林，面临着气候、资金、技术等多方面的困难。当地人有言："在右玉，栽活一棵树，比养活一个娃还难哩!" 困难并没有把右玉人吓到，高寒少雨，他们便翻山越岭寻找耐寒耐旱的树种；土层稀薄，他们便挖石垫土栽种树苗；资金缺乏，他们便节约开支支援种树大业。正是凭借着这股"敢教日月换新天"的豪情壮志，右玉人取得了在严酷自然条件下植树造林的巨大成功，构筑了网、带、片、乔、灌、草结合的防护林体系。

山西省右玉县旧城东北有一道 8 里宽、20 里长的黄沙梁，人们自 20 世纪 50 年代中期便在此开始种树，但却屡遭失败。经过不断地探索实践，技术人员发现了在黄沙梁上植树造林的科学规律，总结出了"穿鞋、载帽、扎腰带"的办法，终于使这道沙梁变成了林海。所谓"穿鞋"，就是在沙丘脚下密集植树；"戴帽"，就是在沙丘顶上网状开沟，秧苗结绳压条，提高成活系数；"扎腰带"，就是在半坡修反坡梯田，营造环状林带。此后，这种方法使得无数沙丘披上了绿装。向荒山秃岭开战，需要有吃大苦，耐大劳的决心和勇气。右玉人克服困难，战天斗地，凭借"一张铁锹两只手，觉悟加义务"，让"不毛之地"变成了"塞上绿洲"。经过多年努力，右玉已经形成了林中有田，林中有草，田、林、草、农、林、牧有机结合的复合型植物群落。

久久为功、利在长远。"骐骥一跃，不能十步；驽马十驾，功在不舍。"右玉坚持"换领导不换蓝图，换班子不换干劲"，一任接着一任干，一棵接着一棵栽。围绕植树造林的总任务，各时期确立了阶段性任务：20 世纪 50 年代是"哪里能栽哪里栽，先让局部绿起来"；60 年代是"哪里有风哪里栽，再把风沙锁起来"；70 年代是"哪有有空哪里栽，再把窟窿补起来"；80 年代是"适地适树合理栽，再把三松引进来"；90 年代是"乔灌混交立体栽，绿色屏障建起来"。进入 21 世纪，确立的是"退耕还林连片栽，遍地山川靓起来"。从绿起来到活起来，再到富起来，右玉走出了一条兼顾生态效益、经济效益和社会效益的发展道路。

右玉的植树造林凝聚了人心，更凝聚了力量，也成为广大人民建立美好家园的不竭精神源泉。作为"三北"防护林上的重要一环，右玉人爱树、种树、管树、护树，先后营造出万亩以上的大片防护林 6 处，大型防风林带19条，治理沙化地200多万亩，构筑起抵御风沙的绿色长城。持续不懈的植树造林使得右玉林草覆盖百倍增加，水土流失基本得到控制，区域气候得到明显改善。每年的无霜期延长73天，雹灾每年减少50多次，输沙量每年减少600多万吨。气候的改变带来了农作物种植结构的变化，以前右玉只能种莜麦、黍和胡麻，现在也能种玉米、小麦和谷子。黄色沙漠变绿色海洋，右玉生态环境的持续改善吸引了周边甚至全国的游客参观、旅行，成为国家全域旅游示范区，也成为了山西省第一个生态文化旅游开发区，2018年，右玉县旅游人数达到了291万人次，收入26.9亿元，同比增长32.4%和28.2%。[①]

右玉精神代表了时代发展的潮流——不盲目追求经济发展的高速度、高规模，走可持续发展之路，坚持保护生态环境，建设绿水青山的生态宜居的新家园；这一精神为中国人民高质量、高品质的生活提供强大精神动力和政策支持；既体现了中国特色社会主义的优越性，也体现了中华民族持久、高速发展的智慧。绿水青山就是金山银山。在当今世界，全球生态环境面临巨大挑战、人类生存环境日益压缩，我国在可持续生态发展的道路上又迈进了新的一步，充分表明，在中国共产党的领导下，我们的干部与群众有与恶劣环境抗争、恢复生态平衡的决心、勇气和能力；不仅能够与自然和谐相处，还能够顺应自然发展规律，改造自然，利用自然，这样的伟大实践和尝试，驱动了时代发展的新动力。

（三）塞罕坝精神

塞罕坝，是蒙语和汉语的合璧，意为“美丽的高岭”。历史上，这里曾人迹罕至，水草丰茂，森林密布，野兽出没。清朝曾将其划定为“木兰围场”，并在一百多年时间里，在这里举行了一百多次“木兰秋狝”大典。清朝末年，这里的植被遭到破坏，森林、草地大面积减少。鸦片战争后一百年间，殖民者的入侵和掠夺使得这一地区的自然环境迅速恶化。新中国成立时，这一地区已成为“黄沙遮天日，飞鸟无栖树”的荒漠沙地。

① 李景平：《弘扬右玉精神，守护绿水青山》，《中国环境报》2019年7月5日。

新中国成立之初的塞罕坝

塞罕坝地区沙化严重不仅严重制约着当地经济社会发展，而且对首都北京的自然环境形成了严重威胁。塞罕坝北接浑善达克沙地，与北京直线距离约200公里，平均海拔却比北京高出1000多米。沙化严重的塞罕坝，犹如悬在北京头上的一把利剑。每当北风吹起，南下的风沙严重威胁着北京人民的生产生活。植树造林，绿化国土，为人民营造良好的劳动、工作、学习和生活环境是时代赋予共产党人的责任。经过实地考察和反复研究，国家作出了在塞罕坝地区修建机械农场的决定。塞罕坝的建设者们听从党的召唤，在荒漠沙地上艰苦奋斗、甘于奉献，创造了荒原变林海的人间奇迹，用实际行动诠释了绿水青山就是金山银山的理念，铸就了牢记使命、艰苦创业、绿色发展的“塞罕坝精神”。①

牢记使命。“改变当地自然面貌，保持水土，为减少京津地带风沙危害创造条件”，这是国家交给塞罕坝林场的历史使命。植树造林、防风固沙、涵养水源，一代又一代的塞罕坝人始终牢记祖国和人民的重托。无论自然环境多么恶劣，造林护林如何艰难，他们都铭刻初心，坚持不懈，以“功成不必在我”的崇高品质，淡泊名利，立足本职工作，用汗水乃至生

① 《习近平谈治国理政》第2卷，外文出版社2017年版，第397页。

命践行着对党和人民事业的忠诚。“我们没有别的想法，就是要听从党的召唤，响应党的号召，始终牢记党和人民赋予的光荣使命。”塞罕坝人牢记使命、尽职尽责，经过几十年的努力，创造了“按一米的株距排开，可以绕地球赤道12圈”的奇迹。

“把党交给的工作做好”，塞罕坝人把对党的事业的忠诚转化为推动实际工作的动力。在塞罕坝马蹄坑，长眠着林场第一任党委书记王尚海，周边的落叶松林见证着这位牢记使命的共产党人百折不挠的一生。在赴塞罕坝林场任职之前，王尚林担任承德地区农业局长，在城市里住着楼房，有着较为舒适的生活条件。但当地委动员他去塞罕坝任职时，他深刻认识到肩上担子的重要性。他说：“坝上不造林，受害的咱县是首当其冲，而且要影响承德、北京。这一点咱比谁都明白。这次地委决定让我去坝上，我看选对了！我后半辈子就在坝上拼了。”[①] 当时塞罕坝条件艰苦，为了让大家安心留在坝上，他带头把城里的房子退给组织，带领妻子和五个孩子住到了坝上。1973年，他的战友去看望王尚海，问他是否要在塞罕坝长期干下去。王尚海表示他已爱上了这片土地，并动情地说：“我连坟地都看好了，马蹄坑是我参加机械造林的第一块林地。”由生到死，王尚海一直都守护着这片林地茁壮成长。

艰苦创业。从曾经“黄沙遮天日，飞鸟无栖树”的荒漠沙地，到现在“河的源头、云的故乡、花的世界、林的海洋、鸟的乐园”，塞罕坝人艰苦创业，默默奉献，凭着一代接着一代干，一张蓝图绘到底的韧劲，创造了荒漠变绿洲的人间奇迹。塞罕坝的成功，是在克服一个个困难的基础上取得的。选址之初，这里“尘沙飞舞烂石滚，无林无草无牛羊”，塞罕坝人直面困难，以苦为乐，“一日三餐有味无味无所谓，爬冰卧雪冷乎冻乎不在乎”。面对高寒、高海拔、少雨、大风、沙化等不利条件，塞罕坝人知难而进，刻苦攻关，攻克了引种、育苗、造林、生态修复等一项又一项技术难关。青春、汗水和智慧成为塞罕坝人事业成功的秘籍。

---

① 王振兴：《青山有幸埋忠骨——忆原中共围场县委书记王尚海同志》，《围场文史资料》第8辑，2006年，第185页。

防火是林场造林护林的一项重要任务。由于气候干旱，树林茂密，一旦发生火灾将会造成不可估量的损失。除全员动员定时巡山外，林场还在制高点建立了瞭望哨，以便随时发现火情，确保万无一失。这些“望火楼”地势险要，远离人群，与外界基本处于隔绝状态。在这里值守的一般为两人，多是夫妻，他们数十年如一日，每天24小时不间断盯着林区的火情，随时向林场汇报。由于远离人群，他们中许多人的孩子言语交流能力比别的孩子要差。到上学的年龄后，孩子只能在学校寄宿，缺少对孩子的陪伴是他们心中最大的遗憾。在“望火楼”驻守的每个家庭为护林造林事业作出了巨大牺牲。

绿色发展。几十年来，一代代塞罕坝人坚定守护森林、捍卫绿色的决心和勇气，让古老的围场穿上了“绿色”新衣。百万亩林海在为京津涵养水源，提供防护屏障的同时，也为当地可持续发展、绿色生态经济建设开辟了新路。在有效治理和严格保护的基础上，塞罕坝人与时俱进，开拓创新，重点打造了木材生产、生态旅游、绿化苗木和绿化工程三大支柱产业，使当地生态得以恢复的同时，增加了群众收入，实现了生态效益、经济效益和社会效益的统一。

塞罕坝的百万亩林海

“绿水青山便是金山银山”，塞罕坝的林海恢复和提升了自然生态环境，更是带来了财富。塞罕坝林场的森林旅游、绿化苗木产业有效促进了地方经济发展，成为城市发展的新名片。乡村游、农家乐、养殖业、绿色苗木、山野特产采集和销售、手工艺品等产业，每年接待游客近 50 万人，每年可实现社会总收入 6 亿多元，社会用工超过 15 万人次，创造劳务收入 2000 多万元为助推脱贫攻坚和绿色发展发挥了重要作用。[①] 实践表明，塞罕坝这条森林之路，是人与自然和谐相处之路，是经济建设与环境保护协同发展之路，为中国和世界荒漠化治理提供了样本和范例。

习近平总书记强调，全党全社会要坚持绿色发展理念，弘扬塞罕坝精神，持之以恒推进生态文明建设，一代接着一代干，驰而不息，久久为功，努力形成人与自然和谐发展新格局，把我们伟大的祖国建设得更加美丽，为子孙后代留下天更蓝、山更绿、水更清的优美环境。[②] 习近平总书记的重要指示为我们新时代弘扬塞罕坝精神提供了根本遵循。我们必须树立“绿水青山就是金山银山”的发展理念，彻底摒弃以破坏生态环境为代价，推动建立与绿色发展模式相适应的产业结构、生产方式和生活方式。生态文明建设是一项“功在当今，利在千秋”的伟大事业，广大建设者要持之以恒，久久为功，做好默默无闻，长期奉献的准备。以“功成不必在我”的精神境界、“功成必定有我”的历史担当，撸起袖子加油干，一张蓝图绘到底。

① 中共国家林业局党组：《一代接着一代干　终把荒山变青山：塞罕坝林场建设的经验与启示》，《河北林业》2017 年第 8 期。

② 《习近平谈治国理政》第 2 卷，外文出版社 2017 年版，第 397 页。

第五章　推进改革开放的强大精神力量

1978 年 12 月，党的十一届三中全会召开，重新确立了解放思想、实事求是的思想路线，决定把全党工作的重点转移到社会主义现代化建设上来。中国改革开放的大幕自此徐徐拉启，中国特色社会主义现代化建设进入了新的历史时期，民族伟大复兴迈向新的征程。

习近平总书记指出："改革开放是决定当代中国命运的关键一招，也是决定实现'两个一百年'奋斗目标、实现中华民族伟大复兴的关键一招。"[①]改革开放使中华民族伟大复兴迎来前所未有光明前景，也孕育了伟大的时代精神，成为实现中华民族伟大复兴的强大动力。

一、时代先锋

一代人有一代人的青春印记，奋斗者有难以忘怀的奋斗之歌，伟大的时代铸造伟大的精神。党的十一届三中全会以来，我国改革开放的伟大实践使整个中华民族的精神状态焕然一新。1981 年 3 月 20 日深夜，中国男子排球队进军世界杯，北京大学喊出了"团结起来，振兴中华"的口号，这一声呐喊随后登上了《人民日报》，成为时代先锋们的精神标识。高度凝炼的时代精神，从根本上说，是深藏于人民群众伟大实践的珍贵成果，它反映了实践的要求和前进的方向。在现实中，它总是通过榜样人物、先进群体的典型事迹、精神风貌和人格魅力展现出来。新时期革命精神的闪

① 《习近平在中共中央政治局第二次集体学习时强调：以更大的政治勇气和智慧深化改革，朝着十八大指引的改革开放方向前进》，《人民日报》2013 年 1 月 2 日。

光之处，就凝聚在时代先锋身上。

（一）女排精神

20世纪80年代，正是改革开放初期，大家争分夺秒，努力建设四个现代化。“团结起来，振兴中华”是时代最强音，而各行各业的广大青年也在奋勇争先，争做“新长征路上的突击手”。改革开放的历史进程，不只是物质文明建设史，也是面向世界、面向未来的精神文明发展史。

在改革开放初期，竞技体育尤其是大球项目的新成就，无疑具有强烈的象征意义。运动员在赛场上展示出的团结一心、为国争光的爱国精神，积极进取、百折不挠的精神面貌，是改革开放新时期社会主义精神文明的重要组成部分。中国女排是我国体育战线的一面旗帜，激励着广大体育健儿奋勇向前，更激励着各行各业的劳动者建功立业，践行“团结起来，振兴中华”的时代使命。

1981年至1986年，短短几年间，中国女排创下了“五连冠”的辉煌战绩，成为一代中国人的集体回忆。从“五连冠”的辉煌，到1992年巴塞罗那奥运的沉寂，从2004年雅典奥运的惊天逆转，到2016年里约奥运的再登巅峰，特别是2019年中国女排“十一连胜”成功卫冕女排世界杯冠军，历史上第十次站上世界冠军的领奖台，“升国旗，奏国歌”，在祖国70岁生日前夕献上一份厚礼。

女排精神的科学内涵是“祖国至上、团结协作、顽强拼搏、永不言败”。“女排精神代表着一个时代的精神，喊出了为中华崛起而拼搏的时代最强音。”2019年9月30日，习近平总书记亲切会见载誉归来的中国女排代表，向这支光荣的队伍表示祝贺，号召大力弘扬新时代的女排精神。[①]

“祖国至上”是女排精神的核心。爱国就要甘于奉献，投身于汗水与血泪交织的训练场和激烈焦灼的比赛场上；爱国也体现在“重伤”不下火线，舍利取义、舍小家为大家。中国女排筚路蓝缕，自竹棚中走出，冲出亚洲走向世界之巅，又经历低谷，在质疑声中自强不息，涅槃重生，靠的正是为国争光的信念和甘于奉献的意志。

① 《习近平会见中国女排代表》，《人民日报》2019年10月1日。

中国女排勇夺 2019 年女排世界杯冠军

2019 年女排世界杯，郎平挂帅的中国女排直落三局战胜韩国队迎来开门红。赛后，郎平接受采访时说："只要穿上带有中国的球衣，就是代表祖国出征。每一次比赛，我们的目标都是升国旗，奏国歌！"[①] 历届教练都很重视爱国主义的教育。袁伟民将自己对爱国的理解通过训练与生活的方方面面传递给女排队员，具体到每一场比赛、每一次训练、每一个球，狠抓训练作风，提高队员的紧迫感，让队员们学会把为国争光的想法用实实在在的行动表达，依靠爱国主义教育驾驭团队实现更高的目标。陈忠和在上任头一周并没有急于开展训练，而是带着队员参加了军训、升国旗、慰问贫困地区等一系列培养爱国精神的主题教育活动。

"团结协作"是女排精神的精髓。排球这一团体性运动项目的本质要求就是"集体主义"，在许多女排教练员、队员的脑海中，女排精神突出的一点就是团结协作、团队精神。郎平曾在访谈中提到："在我的字典里，

① 《人间正道是沧桑——献给中华人民共和国 70 周年华诞》，《人民日报》2019 年 9 月 30 日。

‘女排精神’包含着多层意思。其中特别重要的一点，就是团队精神。女排当年是从低谷处向上攀登，没有多少值得借鉴的经验。但是，在困难的时候，大家总能够团结在一起，心往一块想、劲往一处使。”[①] 在中国女排这个大集体中，每个人都是女排精神的践行者和传承者，所有人都为这个集体默默地付出，贡献自己的力量。中国女排就是用自己的方式诠释团结协作的集体主义深刻内涵。中国女排靠着这种团队精神，跨越了一个个艰难险阻，实现了一次次惊天逆转，创造了一项项辉煌战绩。

中国女排在备战 2004 年雅典奥运会之时，中国女排“第一高度”赵蕊蕊在起跳拦网落地时左腿突然骨折，这对于女排团队来说无疑是晴天霹雳。她的负伤让全队人的心里打起了鼓，所有人不禁在心中有了疑虑：缺少了赵蕊蕊的中国女排能否实现“夺牌争金”的目标。但是，中国女排必须面对现实，快速找到新的副攻手重新与队伍磨合。为了应付最糟糕的情况，排球中心提出“每人提高一点点，弥补赵蕊蕊不在场上的缺陷”[②] 口号。就这样，全队按照新的要求加紧配合训练，大家心往一处想，劲往一处使，团结一致，全力以赴。终于，赵蕊蕊在奥运会前腿伤逐渐康复，随队来到了雅典。在雅典奥运会分组赛，中国女排遇到的第一个对手是强大的美国队。让人没有想到的是，首发出场的赵蕊蕊仅仅打了 3 分钟就再度受伤下场。但是，五个月前赵蕊蕊的受伤给中国女排提了个醒，大家已经做好了充足的心理和训练准备。在没有“第一高度”赵蕊蕊的情况下，中国女排依然保持自己的节奏，以 3∶1 战胜了小组最强的对手美国队，为最终的奥运夺冠开了一个好头。

“顽强拼搏”是女排精神的实质。如郎平所说：“中国女排可能不是实力最强的球队，但我们一定是最不怕困难、最顽强、最坚韧的队伍；顽强拼搏，一定是中国女排的名字！”[③] 如果有人问中国女排为什么能赢，女排姑娘给出的答案是：靠拼搏，靠奋斗，靠科学训练。中国女排的成功，既

① 卢洁：《新中国故事》，中译出版社 2017 年版，第 280 页。

② 《中国女排为何要实行队委会制》，《人民日报》2005 年 4 月 26 日。

③ 郎平：《不忘初心》，收于我爱女排工作室编：《里约之路》，九州出版社 2016 年版，第 2 页。

要靠顽强的战斗意志，也离不开科学创新精神的支撑。排球运动和所有其他体育项目一样，是一门严肃的综合性体育科学，是运动训练学、运动生理学、生物力学、运动心理学、康复医学、营养科学等若干学科的交叉和综合，不掌握排球运动规律、运动项目管理和先进的排球技战术打法，拿什么战胜对手？赛场如战场，拼的不只是勇气，更要实力，光有不服输、不言败的精神是不够的，还需要排球技战术实力的支撑。“球不落地，永不放弃”，但技不如人，也只能甘拜下风。科学求实、与时俱进的科学创新精神是女排的制胜法宝，为顽强拼搏的精神提供了无穷的力量支撑，构成了女排永不服输、长盛不衰的底基。

1981 年成都职工观看中国女排夺得第三届女排世界杯冠军电视节目

要顽强拼搏，首先要认识到差距，知耻而后勇。新中国成立之初，中国女排刚刚组建，技战术水平与当时的世界强队相比存在很大差距。贺龙元帅针对这种情况指出：“关键在于有迷信思想，怕洋人，赢了也不相信能赢。现在首要的问题是解放思想，破除迷信，敢于斗争，敢于胜利！”贺龙元帅的话一直激励着中国女排持之以恒的艰苦训练。20 世纪六七十年代，号称“东洋魔女”的日本女排是一支世界劲旅，一直称霸亚洲，其高强度的科学训练方法与技战术技巧也一直是中国女排努力学习的对象。1981 年日本女排世界杯在举行，中国女排经过长期的“魔鬼训练”，在比赛中一路高歌猛进，连胜六场，世界冠军已经近在咫尺。但要抱得奖杯，中国队还面临着最后的决战——东道主日本女排。1981 年 11 月 16 日，六战六捷的中国女排在日本大阪体育馆迎来了她们的对手。日本女排的主帅小岛孝治在世界杯开始时，按照日本传统蓄须明志，表示不拿到冠军绝不刮胡子。决赛入场之后，小岛孝治抚摸着下颌，意味深长地一笑，甚至还冲中国女排主教练袁伟民做了一个鬼脸。面对挑衅，中国女排不信邪，不怕吓，沉着迎战，在袁伟民教练的指挥下，披荆斩棘，愈战愈勇，最终经过五局的苦战啃下了日本女排这块硬骨头，获得了七战七捷的辉煌战绩，首次夺得世界冠军。

“永不言败”是中国女排的特征。中国女排无论在训练中还是在赛场上始终延续顽强拼搏、自强不息的特质，秉持不到最后一刻绝不放弃的精气神。中国女排在训练中刻苦顽强、勇于挑战、战胜困难，在赛场上敢抢敢拼、每球必争、永不言弃，在逆境中艰苦卓绝、绝地反击、敢于胜利。中国女排的永不言败、自强不息，是民族精神与时代精神的集中体现，是中华民族历经沧桑而不衰，久经磨难而更强的宝贵精神财富。

2004 年雅典奥运会上，主教练陈忠和率领中国女排“黄金一代”以女排世界杯冠军身份出征雅典。在奥运会最终决赛之前，中国女排一路打得没有对手。中国队奥运决赛的对手是俄罗斯女排。在球迷看来，俄罗斯女排将不会是中国女排的对手。没想到的是，俄罗斯女排开局出色，中国女排连丢两局。就当大家认为夺冠无望的时候，在第三局中国女排开始爆发，绝地反击。女排姑娘每球必争，比分始终紧咬，苦战扳回两局。决胜局中国女排已经势不可挡，最终中国女排 15∶12 拿下决胜局！在 0∶2 落后的情况下连扳三局实现惊天大逆转，永不言败的中国女排再次站上世界最高领奖台。

2014 年以来，中国女排的再度崛起，离不开主教练郎平的艰苦付出。早在运动员时期，郎平已浑身是伤：她有着严重的腰伤，双腿髌骨已全部摘除，手骨断裂使其手指根本无法正常伸直等等。在这种情况下，每一次大幅度动作对她而言，都得承受常人难以忍受的痛苦。但就算这样，郎平在每次训练中仍坚持亲自上阵演示扣球拦网等高难度动作。她从未抱怨，也不曾邀功，但这种自强不息的精神感染着每一位队员，激励着她们努力奋斗。铁榔头就是这样，带着中国女排的骄傲与荣光，率领中国女排拿下一个又一个耀眼的成就：2014 年世锦赛，亚军；2015 年亚锦赛，冠军；2015 年女排世界杯，冠军；2016 年里约奥运会，再获冠军；2019 年女排世界杯，依然是冠军，成为女排三大世界比赛的“十冠王”。

女排精神在实现中华民族伟大复兴的历史征程中，都因高度契合时代的主题和社会发展的需要彰显出深刻的历史意义和丰富的时代价值。女排精神作为民族精神、时代精神和革命精神的缩影，透过体育行业，折射出中华体育精神光谱中最瑰丽的一道光环，映射出中华民族自强不息的傲人风骨，闪耀着民族精神、时代精神与革命精神的夺目光芒。它唤起了中国人的民族自信，为中华民族提供了民族自立自强的精神给养，激励鼓舞着全体中国人民为实现民族复兴的中国梦不断奋斗。

（二）孔繁森精神

改革开放是党领导人民进行的一场伟大社会革命，从计划经济体制逐步过渡到社会主义市场经济体制，党的政治、思想、组织、作风建设都面临许多新情况和新问题。中国特色社会主义事业能不能巩固和发展下去，中国能不能在激烈的国际竞争中始终强盛不衰，对党的执政水平和领导水平提出了新要求。培养造就一大批高素质的领导人才，是时代对党的执政水平和领导水平提出的重大命题，改革开放呼唤“革命化、年轻化、专业化、知识化”的领导干部担当新时期大任。

孔繁森就是在党的培养教育下，扎根于人民群众的沃土，在改革开放新时期成长起来的千千万万领导干部中的优秀代表。孔繁森精神的科学内涵可以用“忠诚信仰、人民立场、牺牲精神、开拓奋斗”四点来概括。孔繁森精神是党的理想、宗旨、优良传统与新时期、新形势、新任务的结合与统一，体现了改革开放新时期优秀党员领导干部纯真质朴、崇高伟岸的光辉形象。

“忠诚信仰”是孔繁森精神的灵魂。习近平总书记在庆祝改革开放

40周年时发表讲话说："信仰、信念、信心，任何时候都至关重要"①。对理想信念的无限忠诚，是孔繁森工作、生活的鲜亮特色，也是孔繁森精神的精髓和力量源泉。1994年11月29日，孔繁森完成任务返回阿里途中，不幸发生车祸，以身殉职，时年50岁。孔繁森牺牲后，时任国家副主席的胡锦涛同志于1995年5月12日在《人民日报》头版发表《全党都来学习孔繁森》一文，他特别强调指出：孔繁森同志之所以能为党和人民的事业鞠躬尽瘁，死而后已，最集中的一点，就在于他牢固地树立并忠诚地实践了共产党人的世界观、人生观、价值观，言行一致地正确回答了人为什么活着，在改革开放的时代什么是人生最崇高的追求和最大的价值这个根本问题。②

孔繁森1979年由聊城地委宣传部副部长毅然赴藏工作。他并非不知道西藏地远天寒，条件艰苦，也并非不知道赴藏工作就意味远离家乡和亲人。但他更清楚地知道，赴藏工作是祖国和人民的需要，这是党的召唤。在阿里工作期间，孔繁森把创业改变发展面貌、创业改善民生落到了实处，全力以赴、鞠躬尽瘁，用自己的行动践行了全心全意为人民服务的铮铮誓言，他像青藏高原的雪一样干净，像青藏高原的牦牛一样担当。

1993年5月，阿里地委、行署决定翻盖干部宿舍。一天，一个陌生人来找孔繁森，并自己介绍是搞建筑的。他从怀中掏出一个信封，放到桌子上，说："孔书记，不用说，你也知道我这次来的目的。我们想承包这个工程，请孔书记多多帮忙。这300块钱，小意思，您先收下，等工程开工我再专门来谢您。"孔繁森强压着心头怒火，对来人说："你！这昧良心的钱你也想送给我！还不赶快走，我们党的风气都让你们这种人搞坏了！"③同年秋季，阿里地委党校决定举办为期三个月的党员学习班。在开学典礼时，孔繁森给学员作报告。党校校长王辉生知道孔繁森喜欢抽烟，破例叫人买了两盒"红塔山"。学习班结束时，孔繁森又到党校讲话，一只没

① 习近平：《在庆祝改革开放40周年大会上的讲话》，《人民日报》2018年12月19日。

② 胡锦涛：《全党都来学习孔繁森》，《人民日报》1995年5月12日。

③ 中共党史人物研究会编：《中共党史人物传》第80卷，中央文献出版社2002年版，第340—341页。

动的两盒“红塔山”又摆到报告桌上。报告结束后，孔繁森对王校长说：“咱阿里已经不能说是不富裕了，是真的很穷。老百姓养了好几年的羊，一斤羊毛才4块8毛钱，可是一盒‘红塔山’就是20元呀！四五斤羊毛就这一盒烟的功夫就被烧没了，怪不得老百姓说：‘是贪官清官就看吸的烟呢！’”他说：“我要开个地委行署联席会议，立下个规矩，凡来党校讲课的，从书记到专员，以及各部委办的负责同志，一不准请客宴席，二不准摆烟和水果，三不准领取讲课费。廉洁要从一点一滴做起，从自身做起，你这儿一定要替我把好关口！”①

“人民立场”是孔繁森精神的根基。“一个共产党员爱的最高境界是爱人民”是孔繁森最爱的一句话，他是这么说的，也是这么做的。习近平总书记讲过：“孔繁森精神，首先体现的就是老西藏精神。要看一个人在那里起了什么作用。有的甘为人梯，长期铺垫，做打基础的工作，收获的时候他却走了。”②孔繁森以百姓之苦为忧，以百姓之乐为幸。他为人民而活，为人民而干。他把对人民的爱作为种子，播撒在了阿里的山山水水、广袤高远，收获的是阿里地区经济、社会的扎实发展，是藏族百姓不断改善的生活。

孔繁森与收养的两个藏族儿童在一起

① 中共中央组织部研究室、中共山东省聊城地委：《孔繁森札记》，党建读物出版社1996年版，第24页。

② 习近平：《干在实处走在前列——推进浙江新发展的思考与实践》，中共中央党校出版社2006年版，第416页。

有一次，孔繁森到基层乡镇看望孤寡老人。当他看到有个老人的脚因烫伤发生了溃烂，没有多说一句话，马上为老人擦洗上药。临走时，又掏出仅剩的30块钱给老人。老人跪地感恩，流着眼泪一直说："活菩萨，活菩萨啊！"[①]这不是作秀，这是一位共产党员对于全心全意服务人民的朴实情感的自然表达。在阿里任职期间，孔繁森与工作人员一起去底雅乡检查工作，那个时候的底雅乡十分落后，藏民吃不上喝不上，衣服破旧乃至无法避寒，孔繁森就把身上的衣服，甚至是毛衣毛裤脱下来给底雅老乡穿上。又有一次，孔繁森看到在路边有两位孤寡老人在晒太阳，就走上前去询问基本情况。原来他们俩都是五保户，虽然生活上基本都有保障，但是当时供养标准很低，生活确实很困难。了解这个情况后，孔繁森帮老人们看了病，还给了他们衣服御寒。孔繁森经常带着药箱和被换成零钱的工资，遇到有需要的人就马上帮助他们。诸如此类的事情，对于孔繁森而言，真的是不可胜数。

"牺牲精神"是孔繁森精神的特征。为了改变阿里地区的落后面貌，孔繁森将生死置之度外，直至以身殉职，用生命践行了"随时准备为党和人民牺牲一切"的誓言。自古忠孝难两全，孔繁森摆正了家与国的关系，牺牲天伦之爱服从党的召唤，他的爱超越了家庭亲人却惠及了那片雪域高原。他用人间大爱铸就了山河虽可易、精神永不衰的现代英雄气魄，为党员领导干部树立了楷模。

孔繁森是十里八乡出了名的大孝子。母亲年事已高，只要在家，孔繁森都亲自为母亲喂饭、梳头、洗脚，照顾母亲的日常起居。妻子王庆芝身体一直不太好，三个孩子还没成年，一大家子老小生活在农村，靠在农村种地维持生计。1988年，44岁的孔繁森被任命为聊城地区行署副专员。同年10月，山东省再次选派干部支援西藏，组织认为孔繁森政治成熟，有在西藏工作的经验，准备让他作为山东赴藏干部的领队再次前往西藏工作。孔繁森犹豫了片刻，但仍然坚定地回答："谢谢党组织对我的信任，我是党的干部，坚决服从组织安排。"此时的孔繁森并不敢将自己要再次

① 中国博物馆协会纪念馆专业委员会编：《中国纪念馆珍贵文物故事》，中共党史出版社2018年版，第728页。

进藏的消息告诉妻子。老母亲年近九十，生活不能自理；三个孩子还在上学，需要有人照顾；妻子动过几次大手术，体弱多病。如果自己离开，家庭的重担将全部落在妻子一人身上。孔繁森犯了难，不知道如何向妻子开口。距离启程的日子越来越近，一天夜里孔繁森终于告诉妻子自己又要进藏了。王庆芝听后眼泪就啪嗒啪嗒一直流。孔繁森感到无比愧疚，自己亏欠妻子的太多，一辈子都偿还不完。王庆芝虽然不情愿孔繁森再次进藏，但是她最为了解自己的丈夫，她深知孔繁森从未忘记过那片雪域，自己能做的只有默默地支持他，照顾好家人，让他安心地离家，投入到工作当中。[①] 就这样，孔繁森踏上了“世界屋脊”，也为共产党人的精神高原标示出了新的高度。

“开拓奋斗”是孔繁森精神的表现。“不忘初心、牢记使命”，归根结底要靠不懈的开拓奋斗。孔繁森在“世界屋脊的屋脊”，平均海拔 4500 米的阿里地区开创了一番事业，靠的是改革创新、奋发进取、担当实干。孔繁森作为一位长期在艰难困苦环境中工作生活的党员领导干部，时刻发扬共产党人开拓进取、埋头苦干的精神，解放思想，实事求是，立足长远、谋划发展，研究、制定了一系列符合当地实情和人民需要的政策措施，有力促进了拉萨、阿里等地区的经济民生和社会事业发展。十年辛劳，汗洒雪域，孔繁森像高原牦牛一样，开拓前行，是一位名副其实的改革促进派、实干家，取得了诸多“抓铁有痕”的发展成果。

在阿里工作期间，孔繁森认识到，阿里地区的经济落后的深层次原因在于当地观念的落后。于是他带领地委、行署一班人，把改革开放作为地区全部工作的主题，不断探索适合当地改革发展的新路子，制定了充分调动当地人民积极性的一系列举措，在农业发展上狠抓产业结构调整，在人才工作上加强引进保护，花大力气做好“解放思想、抢抓机遇、发展经济”的教育和宣传。改革春风吹遍阿里大地，当地经济越来越好，人民生活水平不断提高，孔繁森也越来越受到阿里人民的衷心爱戴。在阿里任职期间，为了加快地区牧业经济发展，增强牧业抗御自然灾害的能力，改善

---

① 中国中共党史人物研究会编：《中共党史人物传 4（英烈与模范卷）》下册，中共党史出版社 2010 年版，第 346 页。

牧民居住条件，短短两周，孔繁森竟起草了长达20多万字的《阿里地区百万绒山羊基地建设可行性研究报告》和《阿里地区半居民点建设可行性研究报告》，以推进百万绒山羊基地和半居民点的建设。孔繁森看重的是立足实际、规划发展，为阿里地区提供创新发展思路。他突破定式思维瓶颈，就阿里地区得天独厚的地理条件，创新性的总结提出阿里经济发展的“六大优势”，撰写文章《发挥优势，重点突破，加速阿里地区经济建设步伐》，为阿里地区当下和未来一个时期的发展找到了方向。

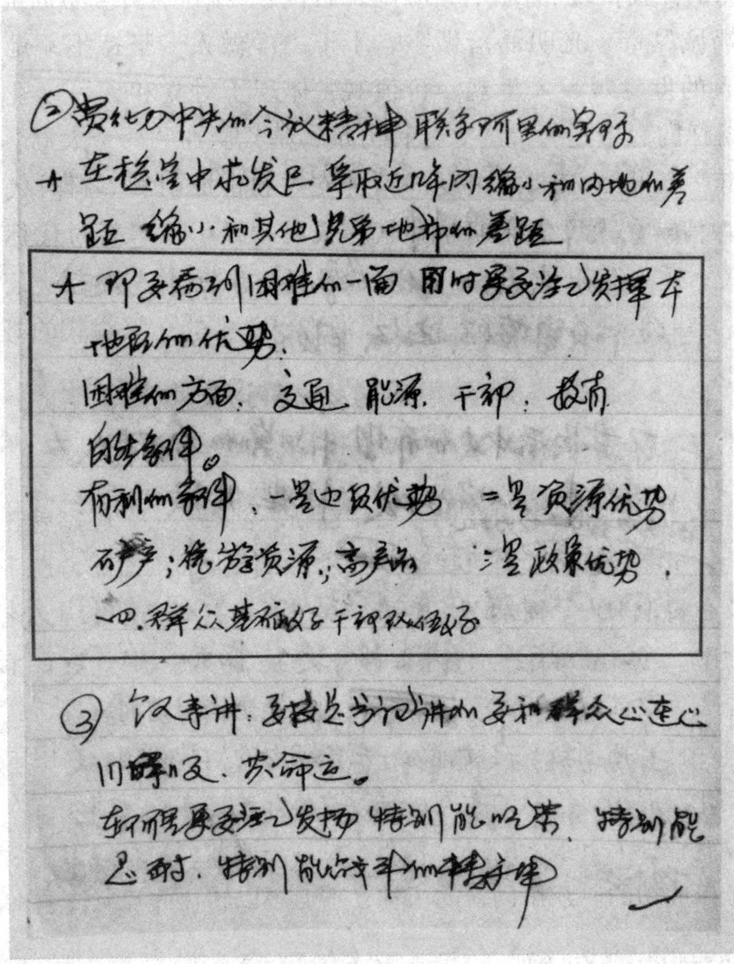
② 贯彻中央的开放精神 联系阿里的实际
+ 在稳定中求发展 争取近年内缩小和内地的差距 缩小和其他兄弟地市的差距
+ 即要看到困难的一面 同时要充分发挥本地区的优势。
困难的方面：交通 能源 干部：教育 自然条件。
有利的条件，一是边贸优势 二是资源优势 矿产；旅游资源；畜产品 三是政策优势，
四.群众基础好 干部队伍好
③ 尔康讲：要按总书记讲的要和群众心连心同呼吸、共命运。
干部要发扬特别能吃苦、特别能忍耐、特别能战斗的精神

孔繁森在笔记本上记录下来的调查研究得出来的阿里优势

1995年4月，中共中央宣传部发出《关于开展向孔繁森同志学习活动的通知》，号召“全党同志，特别是各级领导干部，要着重学习他顾全大局、无私奉献的坚强党性；热爱人民、服务人民的公仆情怀；清正廉洁、克己奉公的高尚品德；艰苦奋斗、知难而进的拼搏精神；开拓进取、求真务实的优良作风。”[①] 离开我们20多年的孔繁森，作为在改革开放中涌现出的时代先锋，他把对共产主义的坚定信念和执着追求，融入中国特色社会主义现代化建设的火热潮流，在日新月异的形势下始终保持党的优良传统和作风，在严峻的自然条件和历史考验面前，勇于担当、竭诚尽责，光明磊落做事、干干净净做人，坚持不懈地实践着共产党人的世界观、人生观、价值观，体现了对党和人民事业的忠诚信念。榜样的力量是无穷的。这种力量，是我们在“两个大局”和“两个一百年”历史交汇期的重要的精神支撑和价值引领。新时代依然呼唤孔繁森精神，人民依然期盼孔繁森式的领导干部。新时代标示新的历史方位，需要我们在变与不变中找准定位，聚焦优势，拓宽思路，突出实效，与时俱进弘扬孔繁森精神，涌现出更多的孔繁森式的好党员好干部。

二、开拓创新

开拓的动力是改革，改革的本质是创新。创新是一个国家兴旺发达的不竭动力，也是凝聚和鼓舞人民为了完成伟大事业而不懈努力奋斗的精神气质和文化价值取向。海纳百川，不择细流，我们有优秀传统文化资源的“古为今用”，更有人类一切优秀文明成果的“洋为中用”。近百年来，中国共产党人一路前行，不断奋斗走向胜利，经历挫折走向辉煌，就在于一直保持着一种开拓创新、奋发有为、只争朝夕的精神状态。在中国这样一个经济文化发展相对落后的大国，进行改革开放这样一场前无古人的发展事业，没有一种上下求索的进取状态，没有一股敢创新路、勇于开拓的精神，是难以成功的。开拓创新的精神，不但可以转化为攻坚克难的战斗意

① 《中组部中宣部发出通知，广泛开展向孔繁森同志学习活动》，《人民日报》1995年4月15日。

志，而且可以转化为推动伟大事业蓬勃发展的强大力量。开拓创新精神激发了改革开放，开拓创新精神也成就了改革开放。只有紧跟新时代，准确把握时代发展的趋势和脉搏，才能作出富有成效的创新成果；只有勇于开拓，大胆开辟前进的道路，才能真正地紧跟新时代，书写出无愧于时代的伟大业绩。

（一）特区精神

“1979 年，那是一个春天，有一位老人，在中国的南海边画了一个圈……”一首《春天的故事》唱响大江南北，唤起无数人的美好回忆。“经济特区”从创办到发展，伴随着争议，也记载着奋斗者的足迹。经济特区是改革开放的重大成果与一面旗帜。

兴办经济特区，是党和国家为推进改革开放和社会主义现代化建设作出的重大决策。经济特区一诞生就承担着为中国特色社会主义探索道路的使命，承担着为改革开放和社会主义现代化建设闯出一条新路的责任。深圳、珠海、汕头、厦门、海南五个经济特区不辱使命，在建设中国特色社会主义伟大历史进程中谱写了勇闯新路、开拓进取的壮丽篇章，在体制改革中发挥了“试验田”作用，在对外开放中发挥了重要“窗口”作用，以“特区速度”创造“特区奇迹”，孕育特区精神。以“敢闯敢试、敢为人先、埋头苦干”为内涵的特区精神，鼓舞着中国人民为建设一个伟大的社会主义现代化国家而奋斗，激励着无数中华儿女，怀揣梦想勇往直前，奋斗、实干、奉献，奔向未来。

“敢闯敢试”是特区精神的首要基因。创办经济特区是具有重大方法论意义的政治决策，是前人没有走过的路。从特区波澜壮阔的历史来看，敢闯敢试并不仅仅是特定的具体的行为，行为背后所反映出来的首先是一种魄力和勇气，即敢于冲破思想和观念束缚，做之前不敢做的事情。邓小平说，改革是一场革命。从革命意义上来界定改革，表现出改革的深刻性、广泛性和复杂性。[①] 推动这样一场关乎国家前途命运的改革需要有胆识、有信心、有闯劲。“敢”字当头，这是特区敢闯敢试的内生动力。其

① 龚育之：《在有中国特色的社会主义旗帜下——读邓小平著作的笔记》，人民出版社 1992 年版，第 23—24 页。

次，敢闯敢试体现了一种开拓精神、创业精神。有了敢闯敢试的特区精神，才有了“特区速度”，有了“特区奇迹”。

“时间就是金钱，效率就是生命”是经济特区“敢闯敢试”的生动呈现。在经历了一段“左”的错误后，中国再也耽误不起了。“一万年太久，只争朝夕”。“时间就是金钱，效率就是生命”，既是经济特区务实高效的表现，更是展示了一种奋发敢为、创业开拓的拼搏精神。在深圳蛇口，时任蛇口工业区建设指挥部总指挥的袁庚提出了“时间就是金钱，效率就是生命”，这句话源于他在香港的一次体验。1978 年，袁庚到香港主政招商局，当时袁庚拍板让招商局买了一座大楼，第一次交定金定在一个星期五的下午 2 点，卖楼方提出了一个要求，就是一定要按时把支票交给他。下午，袁庚带着 2000 万元的支票去签合同，签完后卖楼方拿着支票，派人开车以最快的速度赶到银行，将支票存了进去。原来，这天下午 3 点银行就要下班，一旦赶不上就得等到下个星期，这样会损失几万港币的利息。袁庚后来很感慨地说，如果是我们内地的同志，那就无所谓，这个支票就放到家里去了，因为他没有这个观念，就给国家造成了几万元的损失！[①] 但在改革开放初期，“时间就是金钱，效率就是生命”这个口号引发了各种争议，有人指责这是“资本主义的口号”。这块标语牌也多次竖起后又被拆下。1984 年，邓小平在视察深圳时，对“时间就是金钱，效率就是生命”的口号表示肯定和赞许。[②] 从此，这一口号传遍中华大地，逐步成为人们的共识和行为准则，被誉为“冲破思想禁锢的第一声春雷”。在 1984 年中华人民共和国 35 周年国庆游行中，队伍中出现了一辆反映经济特区建设成就的彩车，彩车上有一幅醒目的标语：“时间就是金钱，效率就是生命。”从此，这一口号透过电视荧屏，进入亿万中国人的视野之中，也成为了时代的独特记忆。

---

① 石仲泉主编：《力量的源泉：改革开放以来群众的首创精神》，人民出版社 2019 年版，第 58—59 页。

② 《邓小平文选》第 3 卷，人民出版社 1993 年版，第 51 页。

1984 年国庆 35 周年群众游行“经济特区好”彩车

“敢为人先”是特区精神的精髓。“先行先试是经济特区的一项重要职责，目的是探索改革开放的实现路径和实现形式，为全国改革开放探路开路。只有走别人没有走过的路，才能收获别样的风景。”[①] 鞋合不合脚，走起路来才知道。先行先试、探路开路，成前人未成之事业，与红船精神的“敢为人先的首创精神”一脉相承。

对创办初期的经济特区来说，能否最大程度地吸引外商，一看政策的稳定性，二看良好的营商环境。特区需要通过立法来创造一个有保障、有秩序、合作共赢的法制环境。据深圳特区首任市委书记吴南生回忆，当时海外的朋友说，你中国是没有法的。无法可依，无规可循，要人家来投资，谁敢来？特区要同国际市场打交道，就不能开国际玩笑！吴南生跟时任副总理谷牧讲，特区要做的第一件事就是要搞特区法、特区条例。这个法一定要拿到全国人大去通过，不然，有一天杀了我们的头，还不知道是怎么一回事。谷牧很赞成，于是吴南生找了全国人大委员长叶剑英元帅。吴南生说：特区是中国的，只是设在广东，所以广东的特区条例是中国的条例。老帅就回了三个字：“明白了。”叶帅是最支持广东“先走一步”，

① 习近平：《在庆祝海南建省办经济特区 30 周年大会上的讲话》，《人民日报》2018 年 4 月 14 日。

创办特区的。1980 年 4 月 22 日，广东省人大常委会第三次会议通过了特区条例，并决定报全国人大审批。叶帅得知后，立即在五天后，即 4 月 27 日动身到深圳视察。老帅当时身体不太好，双腿移动已有些困难，从广州到深圳交通又不方便，但他还是坚持到了深圳。次年 3 月 21—22 日他又专程视察了珠海。[①]1980 年 8 月 26 日，叶剑英主持全国人大常委会议，通过《广东省经济特区条例》。这是国家有关经济特区的首部法规，至此，中国经济特区正式诞生，并有了法律保障。《广东省经济特区条例》通过的消息，传回到刚刚成立不久的深圳市，人们沸腾了，他们燃起爆竹，尽情地庆祝。爆竹的声响也飘向深圳河的对岸，引起香港人的关注。至此，中国经济特区正式通过立法的程序，中国第一个经济特区——深圳经济特区诞生了。一年多前中央批准的是“出口特区”，而今正式通过立法程序的则是“经济特区”，两字之差，反映了人们的思想更加解放、改革开放大步迈向前进。在此之后，深圳经济特区催生了新中国土地拍卖“第一槌”、第一张股票、第一家企业自办股份制商业银行、第一个外汇调剂中心、第一家证券交易所、第一家外商独资企业、第一家企业创办的社会保险机构、第一家保安服务公司等一千多项“全国第一”[②]，并实现产业转型升级，成为我国首个创新型城市试点，初步构建了社会主义市场经济体制的框架。改革开放四十多年，深圳特区的发展始终走在全国前列。

“埋头苦干”是特区精神的根基。经济特区是中国改革开放成就的缩影。每个经济特区的发展史，都是一张充满曲折故事的实验清单，而百折不回、永不停滞的奋斗精神、实干精神，正是民族复兴、国家崛起的动力来源。经济特区是我国改革开放的“门面”。门面亮不亮，“敢”只是第一步，关键在于“干”。所谓“埋头苦干”，实际上就是一种脚踏实地、真抓实干的精神，彰显的是一种思想自觉，蕴含的是一种价值追求，迸出发的是一种精神状态。成功缘于实干，祸患始于空谈。这种实干，并不是蛮干，是一种科学求实、把握规律的实干。

---

① 《调整利益格局仍须“杀出一条血路”》，《南方日报》2010 年 8 月 30 日。

② 何鹏程编著：《探索中国精神：大国筋骨是这样炼成的》，广东经济出版社 2015 年版，第 107 页。

“走，到海南去，做特区人！”1988年，海南建省办经济特区在中国改革开放的春风中拨动了无数人的心弦，“十万人才下海南”成为了时代印记。1991年，陈良刚放弃海南汽车冲压厂“铁饭碗”的工作，进入一家研发汽车发动机的私营企业工作，誓言“我要闯一闯，来证明自己的人生。”在一次展览会上，陈良刚看到了一家研制能将污水变成达标纯净水的超滤膜的单位。直觉告诉陈良刚，“这是一个商机”。于是，陈良刚找到这家单位开始合作共同研制、推广超滤膜产品。1992年，陈良刚成立了海南立昇净水科技实业有限公司。然而，第一款产品做出来，从实验室到市场暴露出的问题出乎陈良刚意料。产品过滤效果虽好，但却无法实际使用。用户使用几分钟，过滤膜就破了。陈良刚下定决心，要将产品做得又好又实用。这个毕业于清华大学燃气轮机专业的高材生不搞发动机，开始天天在实验室研究超滤膜。经过几年不断地对产品进行改进、创新，1998年，在海南省科技厅的支持下，陈良刚研制的“家用型毛细管式超滤机”荣获国家级火炬计划项目证书。如今，陈良刚的企业已经成为世界最大超滤膜生产企业，其所生产的产品，从工业走向民用，从海南走向全国，远销世界各地。[1]

深圳特区街头“开荒牛”雕塑

① 《中国人的故事：“闯海人”经历的改革故事》，中国青年网2018年4月12日。

特区精神是特区创办以来孕育和锤炼出来的精神风貌和精神特征。大力弘扬“敢闯敢试、敢为人先、埋头苦干”的特区精神，是支撑特区不断发展壮大的动力源泉。深圳等经济特区40多年改革开放实践，创造了伟大奇迹，积累了宝贵经验，深化了我们对中国特色社会主义经济特区建设规律的认识。新时代赋予了经济特区新的历史重任。当今世界正经历百年未有之大变局，我国正处于实现中华民族伟大复兴关键时期，新时代经济特区建设要高举中国特色社会主义伟大旗帜，统筹推进“五位一体”总体布局，协调推进“四个全面”战略布局，从我国进入新发展阶段大局出发，落实新发展理念，紧扣推动高质量发展、构建新发展格局，以一往无前的奋斗姿态、风雨无阻的精神状态，改革不停顿，开放不止步，在更高起点上推进改革开放，推动经济特区工作开创新局面，为全面建设社会主义现代化国家、实现第二个百年奋斗目标作出新的更大的贡献。

（二）载人航天精神

伟大的航天事业铸就伟大的载人航天精神，伟大的载人航天精神又推动了航天事业的发展。中国航天从无到有、从小到大，从仿制到自行研制，从一片空白到跻身于世界先进行列。一代代航天人围绕火箭、卫星、载人飞船艰苦奋斗，攻坚克难，取得了一个又一个辉煌成就，在维护国家安全、提升国际地位、发展国民经济方面作出了巨大贡献。2003年10月15日，航天员杨利伟飞向太空，实现了中华民族千年飞天梦想，中国成为世界上第三个将航天员送入太空的国家，这是我国航天发展史上一座新的里程碑。11月7日，胡锦涛在庆祝我国首次载人航天飞行圆满成功大会上指出：“在长期的奋斗中，我国航天工作者不仅创造了非凡的业绩，而且铸就了特别能吃苦、特别能战斗、特别能攻关、特别能奉献的载人航天精神。”[①]

党的十八大以来，习近平总书记多谈到“航天梦”，多次对航空航天事业发展作出重要指示。2013年5月4日，习近平来到中国航天科技集团公司中国空间技术研究院，参加共青团“实现中国梦，青春勇担当”主题团日活动时指出：“我们同青年朋友们到航天城来，就是要实地感受载人航天精

① 《胡锦涛文选》第2卷，人民出版社2016年版，第112页。

神，激励包括广大青年在内的全国各族人民为实现中华民族伟大复兴的中国梦而奋斗。”①2016 年 12 月 20 日，习近平在北京人民大会堂会见了“天宫二号”和“神舟十一号”载人飞行任务航天员及参研参试人员代表时指出，星空浩瀚无比，探索永无止境，只有不断创新，中华民族才能更好走向未来。②

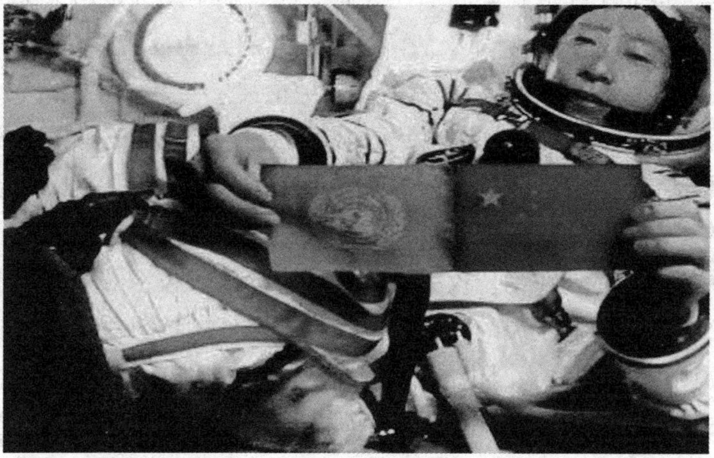

杨利伟在“神舟五号”飞船上展示联合国国旗和五星红旗。

“特别能吃苦”是航天人科学求是、严肃认真工作作风的生动体现。广大载人航天工作者以特别能吃苦的精神，始终尊重科学、尊重规律，发扬求真务实精神，坚持成功是硬道理，用“精心组织、精心指挥、精心实施，确保成功、确保万无一失”统一思想，科学统筹、协调推进各方面各阶段的建设，形成了人力、财力、物力最佳组合，确保了工程建设和重大试验顺利实施，促进了载人航天工程全面协调可持续发展。

“每走一步都是很艰难的。”“在特殊的情况下，在国家需要的时候，我们这支队伍能够拿出特殊的风格来。”这是作为中国载人航天工程“神舟”号飞船系统总设计师的戚发轫老先生回忆载人航天工程发展历程的感触。戚老在一次访谈中讲述他与德国人交流的时候，对方向他提出问题：

① 习近平：《在同各界优秀青年代表座谈时的讲话》，《人民日报》2013 年 5 月 5 日。

② 《在航天事业发展征程上勇攀高峰　努力建设航天强国和世界科技强国》，《人民日报》2016 年 12 月 21 日。

“戚先生，你们真有本事，一年发射两艘飞船！有什么好办法，能不能给我们介绍一下？”戚老先生回答：“第一，我不能讲；第二，讲了你们也做不到”。对方说：“我们德国人不比你们差，怎么你们中国人能做到，我们做不到？”戚老回答道：“我去过德国，一周里，星期一星期五不做重要的工作，重要工作放在中间那几天做。而我们中国人是白天干活，晚上干活，星期六星期天过节都干活。”他说：“那是违反劳动法的。”戚老回答道：“我们凭什么能赶上你，就是凭这种精神。”①

“特别能战斗”“特别能攻关”的实质是航天人勇于登攀、团结协作的开拓观念。勇攀高峰是航天人的不懈追求，大力协同是航天工程的显著特征。航天人勇于登攀的进取精神，体现在为了祖国的航天事业不畏艰险的顽强拼搏上，体现在刻苦攻关不断攀登世界航天技术的新高峰上，体现在不断创造航天事业发展的新成就上；航天人的团结协作精神体现在讲大局、讲原则、讲风格、讲团结的大局意识，体现在互谅互让、主动支援、主动担责的担当精神，体现在引导科研人员牢固树立整体观念、全局观念和“一盘棋”思想的系统工程管理的思想、理论和方法。

飞船穿越大气层时压缩大气和与大气层摩擦会导致表面温度急剧升高，这就对飞船表面防热材料提出了极高的要求，如何保证船体不致烧毁、身处返回舱的航天员安然无恙，是飞船外表材料攻关必须解决的问题。担任这个项目攻关的团队是中国运载火箭技术研究院航天材料及工艺研究所研究团队。他们比较了当今航天领域广泛采用的三种方法，决定采用可靠性高、结构较简单、结构质量轻的“烧蚀材料”进行飞船返回舱降温。为找到这种材料，中国运载火箭技术研究院航天材料及工艺研究所研究团队经过了15年的探索，反复分析论证，经过大量复杂的计算，列出了符合这个要求的20多项条件，按照不同材料的特点，组合排列出了八九百种配方，并对这些配方一一进行试验，最后终于找到了两种满足了所有性能要求的神奇的飞船防热材料，为飞船穿上了轻薄的“防热服”。

“特别能奉献”的表现是航天人不计得失、淡泊名利的崇高品质。航

① 韩淑芳主编：《腾飞的故事》，中国文史出版社2018年版，第30—31页。

天人可能不是称职的父母或儿女，但是他们却是祖国和人民心中的英雄，是中国航天事业的脊梁。他们不计个人得失，不求名利地位，怀着强烈的政治责任感和历史使命感，自觉把个人理想同祖国命运紧紧联系在一起，把个人志向同民族振兴紧紧联系在一起，矢志不渝，执着追求，全力以赴投入到载人航天事业，铸就了中华民族征服太空的一座座丰碑。都食人间烟火，谁不儿女情长？他们心里不是没有家，只不过自己的家是“小家”，筑梦九天的“家”才是“大家”；他们心里不是没有爱，只不过家庭亲情是“小爱”，献身航天事业的爱才是“大爱”。

北京航天飞行控制中心飞控大厅工作场景

载人航天精神是社会主义现代化建设孕育的伟大财富。在中华文明的历史卷轴中，它传承了“两弹一星”科技创新的关键基因，演绎了以爱国主义为核心的民族精神，奏响了以改革创新为核心的时代精神的崭新乐章，为中国共产党人的精神谱系增添了亮丽一笔。在国际科技竞争日趋激烈、国内全面深化改革不断推进的今天，载人航天精神在国人勇攀世界科技高峰中尽显社会主义制度优越性，在锐意进取开拓创新中汇聚中华民族伟大复兴磅礴力量。

三、众志成城

中国是一个有着悠久历史和灿烂文明的大国，同时也是个自然灾害与重大疫情多发的国家。生于忧患，多难兴邦。中华民族历经磨难而不衰、饱尝艰辛而不屈，始终展现出无比的坚韧和顽强，生生不息、繁衍至今，培育出伟大的民族精神和民族品格，这是我们中华民族永续发展的精神之源。几千年来中华民族就是在与各种各样严重自然灾害、疾病疫情的抗争中求得生存和发展的。在每一次灾难面前，中华民族都表现出了不怕困难、顽强拼搏的斗志，彰显出了中国人民排除万难、敢于胜利的决心。

如何应对自然灾害与重大疫情，是对一个国家综合国力、治理能力的考验，也是对一个民族精神海拔的标高。改革开放 40 多年来，中国共产党领导全国各族人民，在一次次自然灾害与重大疫情的“大考”面前，以万众一心、百折不挠、担当奉献、守望相助的精神面貌救灾抗疫，交上一份份厚重的“历史答卷”。自然灾害与重大疫情所激发出的精神认同，是支撑中华民族在磨难中奋起的不屈力量，更是推动全面建成小康社会、推动中国特色社会主义发展进步、实现中华民族伟大复兴的精神支柱。

（一）抗洪精神

1998 年夏，我国江南、华南大部分地区及北方局部发生特大洪水。洪水持续时间之长、洪峰水位之高均为历史罕见。这场特大自然灾害所造成的威胁以及为了战胜这场特大灾害所进行的殊死搏斗，成为载入史册的重大历史事件。为了战胜这场特大自然灾害，解放军和武警部队共投入兵力 36 万多人，地方党委和政府组织调动了 800 多万干部群众参加抗洪抢险；加上为抗洪抢险提供直接服务的各部门、各地区、各系统的力量，总人数达到上亿人；以不同方式关心支持抗洪抢险的人就更多。沧海横流，方显英雄本色。在这场气壮山河的伟大斗争中，涌现出了一大批英雄人物、英雄群体，人民群众潜在的精神力量被激发、培育出来，汇聚成全民族顶天立地的浩然正气。

“抗洪精神”是社会主义、爱国主义、集体主义的交汇点，是社会主义精神文明的大发扬，是中华民族高尚思想品格的时代标尺。“抗洪精神”的内涵就是“万众一心、众志成城，不怕困难、顽强拼搏，坚韧不拔、敢于胜利”，这24个字把全国人民紧紧凝聚在一起，更融进了中华儿女走进新世纪的豪迈情怀之中。

“万众一心、众志成城”体现了中国人民的强大凝聚力。在党中央、国务院的坚强领导下，百万军民舍生忘死上江堤，与洪水战斗，与百年罕见的自然灾害战斗。他们用血肉之躯，更用中华儿女精忠报国的满腔热情，构筑起了一道保卫家园、保卫人民生命和财产的牢不可破的防堤，为世界以及中华民族的抗洪史留下了一幅波澜壮阔、惊天动地、催人泪下的抗击洪流的壮美画卷。

海军工程学院九八抗洪抢险誓师大会

1998年8月13日至20日，在解放军官兵保卫大庆油田战斗正酣之时，嫩江、松花江形成的巨大洪峰逼近哈尔滨。昔日美丽富饶的松花江平原眼看有被洪水湮没的危险，战士们在连续的激战中，连夜作战，以坚持、坚持、再坚持的毅力终于保卫住了美丽的冰城哈尔滨。正因为如此，老百姓对子弟兵们报以真情，回以真心。人民群众倾其所有，尽个人所能，自发地来到人民子弟兵所在的大堤旁，以不同的方式慰问和看望人民解放军。有一家老少都来到大堤上为子弟兵们包饺子，有中学生用自己的午饭钱买面包表达他们的心意。人民不忘子弟兵，子弟兵同样也心系群众。武警某部官兵三天只吃了四顿饭，但是子弟兵们还不忘他们从洪水中救出来的群众，把自己省下的食物送给当地乡亲们。接过人民子弟兵的食物，乡亲们泪眼模糊，一位年迈的大娘突然发现了自己一直在找的救命恩人，她激动地喊道："就是他，就是他，是他救了我的全家，救了我的外孙。"老大娘当即认了那位战士做了干儿子，并心疼地抚摸着他单薄的军装说："赶明儿个娘再给你做几身衣。"团结就是力量，人民子弟兵和人民群众不会忘记在这百里大堤上留下的汗和泪，不会忘记这一支支激昂的旋律，不会忘记他们在中国大地上奏响的感天动地、声震寰宇的抗洪战歌。

"不怕困难、顽强拼搏"，体现了中国人民的革命英雄主义气概。"坚韧不拔、敢于胜利"，体现了中国人民的坚强意志和必胜信念。正是怀着不怕苦，不怕累，不怕死的大无畏精神，各方力量在党中央的坚强领导下，团结协作、出生入死、反复较量，最终战胜了洪灾，保卫了家园。

九江抗洪

九江，位于江西省的北部，古时因湖汉九水在此地汇集而得名。在1998年的特大洪水中，处于长江中下游交汇处的九江就属于重灾区，长时间超历史最高水位洪水的袭击使长江九江的防洪墙险象环生。1998年8月7日，九江城区以西4公里处的一段防洪墙突发管涌，混凝土防洪墙轰然倒塌，江堤上形成一道50米左右的大豁口。“快调大船来堵!”九江港监局当即命令两只拖轮迅速牵引来一艘满载煤炭的铁驳船。此时决口处江水已形成了一个巨大的漩涡，水流湍急。煤船缓缓地横着向决口靠近，正好横堵在决口处。现场堵口指挥部还调来六条小驳船和一条拖船，分别沉在煤船的两头和外侧。决口水头明显降了下来，但江水仍然从船底和沉船之间的间隙涌进决口。危急关头，南京军区命令抗洪部队不惜一切代价，奋勇抢堵，确保九江城防和人民生命财产安全。坚守在九江长江大堤上的抗洪部队紧急出动，2000余名官兵和5000多民兵、预备役人员奔赴现场。江面上，机船轰鸣，人声鼎沸，浪花四溅。上百艘大小船只把各类抢险物料源源不断地运抵现场；决口旁，战旗高扬，两千官兵组成一道道传送链，将堵水用的石料、粮包向激流中抛投。奋战在决口上游一侧的南京军区某部官兵是抢筑围堰的主力，他们借助月光和探照灯光，同时从江提和煤船两边抛投砂石袋和粮包。可是，湍急的水流转眼将砂袋、粮包冲得无影无踪。钢管运来了，将士们把钢管绞成栅栏，一排排地打入江底，然后飞速地抛块石、袋装碎石、钢筋笼块石和一袋袋的稻谷、蚕豆。终于，石料流失被遏制了，堵水效果明显。8月8日下午4时40分，围堰抢筑露出水面。当晚，煤船外侧封堵工作也基本成功，经船底涌入决口的激流开始得到遏制。至此，部队官兵已连续奋战了一天多时间，一个个疲惫不堪，不少人中暑、脱水。“部队换防!”南京军区一声令下，从浙江境内千里驰援的1800名官兵精神抖擞地开到了现场。一批疲惫劳累的勇士撤下去，一群生龙活虎的猛将又顶了上来。到8月9日，决口外围围堰终于全部露出了水面。东奔西突、四处泄溢的洪流基本得到了控制。与此同时，中央军委特命北京军区某部220人经空运抵达九江，来到决口现场，沿决口向江中打入木桩和钢管。武警某部和武警九江支队官兵协同作战，采用平铺进占技术，从两边向中间平铺石料。石料一层层填高，水流愈来愈急，施工战士身穿救生衣，四五人一群攀在钢果上，用身体挡住江水，使填石进展顺利。一尺尺，一丈丈，填石在增高，决口在缩小。经过数个昼夜的决战，解放军和武警部队24000多名官兵共填筑土石方12万立方米，筑坝用钢材80吨，堵口沉船10艘。至11日中午12时，钢木土石组合坝绝大部分露出水面，险情已得到控制，肆虐的江水终于驯服地掉头向下游奔去。在堵口的决胜时刻，时任国务院总理朱镕基动情地对官兵说："感谢你们！人民感谢你们！"①

在这场特大灾难面前，全国上下一心、党群一心、干群一心、军民一心、前方后方一心，撼天动地、众志成城。在人水相搏的斗争中，整个抗洪军民团结合作，顽强拼搏，水来土掩、兵来将挡，没有克服不了的困难，没有战胜不了的艰险；在身心极限挑战下，抗洪军民显示出坚强的韧性和刚性，信心和力量集中成一个战无不胜的铁拳。党的领导是得以凝聚起这一伟大抗洪精神的关键核心。在抗洪抢险的紧要关头，广大党员和领导干部身先士卒、冲锋在前，带领人民群众顽强拼搏、连续作战，始终与人民群众站在一起、干在一起，在防汛救灾的硬仗中砥砺初心、践行使命，生动彰显了共产党人的先锋形象。

"抗洪精神"不只产生于这一次抗洪抢险斗争中，而且根植于全党全国各族人民建设中国特色社会主义伟大事业、实现中华民族伟大复兴梦想的生动实践中，是我们的事业成功的巨大精神支撑和宝贵财富。发扬抗洪精神，必须增强忧患意识、责任意识、使命意识，始终坚持党的全面领导，始终坚信中华民族不可战胜，始终相信群众、依靠群众、为了群众，保持高昂的奋斗热情和精神状态，不断增强我们的民族凝聚力，在全面推进中国特色社会主义现代化、实现中华民族伟大复兴中国梦的征程中，勇于战胜困难、扫除障碍，勇于夺取最后的胜利。

（二）抗震救灾精神

2008年5月12日14时28分。北纬31度，东经103.4度。汶川，一个并不为人所熟知的地方，山崩地陷，江河呜咽。8.0级强烈地震，短短

① 傅颐主编：《中国记忆 1949—2014 纪事》，深圳报业集团出版社2010年版，第293页。

80秒，数万同胞遇难，数百万生命被推到生死边缘。汶川强震，生命之痛、山河之泪。家国之难，灾区人民的安危时刻牵动着党中央，牵动着全国各族人民的心。

人民生命高于一切！面对这场新中国成立以来破坏性最强、波及范围最广、救灾难度最大的灾难，党中央、国务院果断决策，紧急号令，开展了新中国成立以来救援速度最快、动员范围最广、投入力量最大的抗震救灾斗争和灾后恢复重建。在以胡锦涛同志为总书记的党中央坚强领导下，全党全军全国各族人民迎难而上，万众一心，共克时艰。解放军指战员、武警官兵、公安干警快速反应，各地区各部门各方面紧急联动，全力以赴；灾区广大干部群众不屈不挠，奋起自救，全社会奉献爱心，倾力相助，形成了抗击地震灾难的磅礴合力。经过全国人民艰苦卓绝的奋战，抗震救灾斗争取得重大胜利。在那个感人至深、难以忘怀的夏天，举国上下凝心聚力，生死营救气壮山河，各界援助感天动地，共同谱写了一曲曲中华民族自强不息、团结奋斗的颂歌，形成并凝聚了伟大的抗震救灾精神。

“万众一心、众志成城，不畏艰险、百折不挠，以人为本、尊重科学的伟大抗震救灾精神，是爱国主义、集体主义、社会主义精神的集中体现和新的发展，是我们党和军队光荣传统和优良作风的集中体现和新的发展，是中华民族精神在当代中国的集中体现和发展。”① 同时，抗震救灾精神是中国共产党革命精神在改革开放新时期深化发展的新形态，是中国精神和社会主义先进文化的重要组成部分。抗震救灾精神的产生有其客观的现实基础和深厚的理论来源。中国共产党领导全国人民展开的抗震救灾斗争是抗震救灾精神形成的实践基础，中国特色社会主义是抗震救灾精神形成的制度保障，改革开放取得的辉煌成就是抗震救灾精神形成的丰厚土壤。②

---

① 胡锦涛：《在抗震救灾先进基层党组织和优秀共产党员代表座谈会上的讲话》，人民出版社2008年版，第56页。

② 刘云山：《大力弘扬抗震救灾精神扎实推进公民道德建设》，《思想政治工作研究》2008年第11期。

“万众一心、众志成城”是抗震救灾精神的力量源泉。“在同特大地震灾害的艰苦搏斗中，我们的党、我们的军队、我们的人民万众一心、众志成城，充分展现了中华民族和衷共济、团结奋斗的民族品格。众人同心就有其利断金的力量，风雨同舟就有所向披靡的信心。在特大地震灾害面前，举国上下患难与共，前方后方同心协力，海内海外和衷共济，凝结成坚如磐石、牢不可破的生命共同体。”[①] 正因为有“万众一心、众志成城”的强大力量做支撑，在抗震救灾和灾后重建过程中，面对异常急难险重的任务，广大军民坚持人民利益至上，坚定不畏艰险、百折不挠的强大信念，在残垣断壁、废墟瓦砾上铸就了一座与大自然进行英勇抗争的历史丰碑。

在汶川地震救灾中，灾区各级党组织和广大党员、干部视灾情如命令、视时间如生命，奋不顾身地投入抗震救灾第一线，在关键时刻成为抗震救灾的先锋队、成为灾区人民的主心骨、成为受灾群众的贴心人，涌现出许多可歌可泣的英雄事迹。全国各地和各条战线的党组织和广大党员、干部，发扬“一方有难、八方支援”的精神，以多种形式支援抗震救灾，同样涌现出许多英雄事迹。地震发生时，北川羌族自治县县长经大忠三天三夜没有合眼，废墟中，他拼命扒出了五个孩子，而他自家房屋倒塌，六位亲人遇难，却顾不上去看一眼；副县长瞿永安强忍着失去 11 位亲人的悲痛，不分昼夜地指挥救灾、抢救伤员；组织部长王理效面对突发的地震，在摇摇欲坠的会场，出口就在身边，他没有挪动一步，直到 260 多名参会教师和学生全部安全撤离，自己却被震倒在地、砸晕被埋；赵忠兴、伏玉琼、夏平、包世贵、王洪发、黄琼、蒋青林……一个又一个优秀共产党员和领导干部，用实际行动，实践了一个共产党员的庄严承诺，彰显了共产党人的英雄本色。他们在危难时刻的使命担当，折射着人性的光芒，党性的光辉。全国共有 4559.7 万名中国共产党党员共缴纳“特殊党费”97.30 亿元。除了共产党员缴纳“特殊党费”之外，不计其数的公司、企业、社会组织以及个人纷纷加入了为帮助灾区同胞克服困难而慷慨解囊的队伍中。仅地震后半年内，全国为汶川地震灾区募集款物 762.14

① 胡锦涛:《在全国抗震救灾总结表彰大会上的讲话》,《人民日报》2008 年 10 月 9 日。

亿元，其中捐款652亿元，超过了1996年至2007年全国接收的救灾捐赠款物的总和，打破了中国捐赠史上的纪录。①

汶川特大地震当天晚上，成都数百辆出租车开着应急灯、急速地行驶，自发组织深入灾区抢救伤员；地震第一时间，唐山13位农民兄弟几经辗转来到灾情最重的北川县城，志愿服务灾区；据不完全统计，入川志愿者在130万人次，四川省内志愿者达300万人次，全国各地参与赈灾宣传、募捐、救灾物资搬运的志愿者超过1000万人；北京、成都、重庆和贵州有16万余人预约登记献血，各地血站的献血量爆满，全国为灾区献血价值估计超过10亿元。中华民族在大难面前的表现令世界动容。美国媒体载文指出：在这场举国上下的民族行动中，世界看到中国人民百折不挠，再铸民族之魂。俄新社赞誉："一个能够出动十万救援人员的国家，一个企业和私人捐款达到数十亿的国家，一个因争相献血、自愿抢救伤员而造成交通堵塞的国家，永远不会被打垮。"②

"不畏艰险、百折不挠"是抗震救灾精神的品格特质。"在同特大地震灾害的艰苦搏斗中，我们的党、我们的军队、我们的人民不畏艰险、百折不挠，充分展现了中华民族自强不息、敢于胜利的民族品格。坚强是战胜磨难的利器，勇气是创造奇迹的支撑。在极其惨烈的灾难突袭而来之际，广大军民泰山压顶不弯腰，生死较量不战栗，千难万险不放弃，顽强挑战体力极限、精神极限、生存极限，哪里灾情危急就向哪里冲去，哪里有生死考验就向哪里挺进，哪里有受灾群众就向哪里集结。这种压倒一切困难而不为任何困难所压倒的勇气，是中华民族历经磨难而信念愈坚、饱尝艰辛而斗志更强，勇于自立于世界民族之林的重要精神支柱。"③

汶川特大地震灾害发生后，四川省军区党委第一时间命令正在阿坝州指导工作的副司令员李亚洲，组织突击队克服一切困难、不惜一切代价，

---

① 《中华人民共和国审计署审计结果公告（2010年第1号）：汶川地震社会捐赠款物审计结果》，2010年1月6日公告。

② 任仲平：《灾难中挺立伟大的中国——写在中国人民抗击四川汶川大地震之际》，《人民日报》2008年6月2日。

③ 胡锦涛：《在全国抗震救灾总结表彰大会上的讲话》，《人民日报》2008年10月9日。

向重灾区汶川挺进，并尽快报告震中灾情、开辟生命通道。5 月 12 日 15 时，李亚洲紧急集合阿坝军分区机关和独立营官兵、医疗小分队共 85 人成立突击队，冒着大雨和接连不断的余震向汶川进发。当晚 22 时，李亚洲率队行驶至古尔沟镇时，垮塌的岩石拦断了公路。“组织 30 人精干力量，就是摸也要摸到汶川，人民群众在期盼着我们！”李亚洲果断决定弃车前进。高山峡谷中，余震不断，每前进一步，官兵们都面临生与死的考验。好几次余震发生时，黑夜中只听见巨大的山石轰隆隆直下，却看不清石头来自何方、去向何处，官兵们手拉手相互鼓励着，倒下去又爬起来，但谁也没有退缩。5 月 13 日下午 14 时，部队行进至理县，李亚洲部署完理县的救灾工作后，又带队马不停蹄地向汶川挺进。5 月 14 日 14 时，李亚洲带领的 30 名勇士，徒步强行军 90 多公里，终于抵达汶川县城，成为第一支进入汶川县城的解放军部队。①

汶川特大地震灾害，致使宝成线 109 隧道塌方，宝成线中断。宝成铁路是北方入川的大通道，此路不通，运往汶川灾区的救灾物资受阻。救灾十万火急，险情就是命令。由中铁电气化局组织的共产党员抗震抢险队火速赶赴抢险现场。到达现场后，抢险队员们被眼前的情形惊呆了：隧道上方冒着滚滚浓烟，紧邻隧道的嘉陵江里堆积了一堆小山似的石头，隧道上方的山上还不时有大石头滚下，隧道中有明火一列油罐车有一半的车身被坍塌的土方淹埋，随时有爆炸的可能。严峻的险情依然威胁着抢险队员的生命安全。面对险情，一个身材瘦弱、个子不高的汉子首先扛起沙袋，奔向封堵墙。这个熟悉的身影，就是共产党员、中铁电化局西铁工程公司一处总经理杜江。看到杜总率先扛起沙袋，其他人员迅速行动起来，勇敢地扛起沙袋走向封堵面。近 10 个小时后，隧道北口成功封堵，熄灭隧道内列车明火的关键性战斗顺利告捷。“共产党员就是来打硬仗的！”这是宝成线 109 隧道抗震抢险工地上共产党员的心声！②

---

① 《四川省军区副司令员冒死赴震中险被泥石流覆没》，《解放军报》2008 年 5 月 19 日。

② 《生死攻坚挺起党的脊梁——中国中铁电气化局集团公司党组织和党员干部职工抢通宝成线 109 隧道纪实》，中共中央组织部办公厅编：《组工信息选编 2008》，党建读物出版社 2009 年版，第 131—134 页。

“以人为本、尊重科学”是抗震救灾精神的时代特征。天灾无情，人间有爱。以人为本，人民生命高于一切，在抗震救灾、灾后重建与发展振兴过程中始终坚持“以人民为中心”的理念，坚持只要有一线希望就坚持作出百倍的努力，最大限度地抢救人民群众的生命。在后期人民群众的安置与恢复重建中以满足人民群众的利益与需要作为思考、解决问题的出发点与归宿，尊重人民群众的主体地位，发挥人民的首创精神。尊重科学，坚持依靠科学、运用科学，把科技的力量与顽强的斗争紧密结合起来，既充分发挥人的能动精神，又充分发挥科技的重要作用，攻克道道难题，化解种种风险，使科技成为战胜地震灾害的强有力支撑。

2008年5月19日，全国下半旗。下午14时28分笛声警报长鸣，13亿中国人几乎同时放下手中的工作，起身肃立，低首默哀。这一刻，大江南北、长城内外，神州共悲；这一刻，山峦无语、江河呜咽，举国同哀！1990年颁布的《中华人民共和国国旗法》规定：“发生特别重大伤亡的不幸事件或者严重自然灾害造成重大伤亡时，可以下半旗致哀”[①]。为四川汶川特大地震中失去生命的同胞，为汶川特大地震中四川同胞遭受的灾难进行全国性的哀悼活动，是新中国成立以来第一次为自然灾害造成的伤亡举行全国性的哀悼活动，也是第一次为自然灾害中罹难同胞降半旗致哀。“国之兴也，视民如伤”，降下的是国旗，升起的是对人生命的尊严；俯下的是头颅，腾起的是人性的光辉，这真切地表明了人民是社会主义中国的主人，人民享有国家的最高尊严。以人为本，民心皆暖，民族精神在那一刻，完成了一次空前的凝聚，得以进一步升华。

“科学”是抗震救灾的强大武器，在这场战役中，“科学施救”的例子无处不在。因为有了专业化的救援队伍和先进科学设备，我们书写着一个个生命的传奇；因为有了遥感技术和卫星技术的及时应用，指导救灾可以运筹帷幄；因为严密防范次生灾害，加强地震监测预报，做好余震防范工作，我们努力避免着损失的进一步扩大；因为从一开始就注重卫生防疫，大灾之后无大疫成为可能；因为注重心理辅导，我们不仅治愈着受伤的身

① 《中华人民共和国法律汇编（1990）》，人民出版社1991年版，第66页。

体，更抚慰着受伤的心灵。

五千年来，中国经历的诸多磨难，但从未在磨难面前倒下。面临灾难，中国展现出坚韧与顽强，珍视生命的民族精神得了全世界的敬意和赞扬。新中国成立以来中国人民一次又一次遭受大地震的考验，灾区人民遭受重大损失与创伤，但是中国人民和中华民族依然挺立不屈的脊梁。中国人民在灾害与重大挑战的应对中，变得更加坚强、自信。灾难磨砺精神，苦痛铸就坚韧。民族复兴漫漫征程上的中国人民，以特殊的精神积淀和顽强奋斗，在艰苦考验中慨然前行。坚强、希望、幸福，普通人命运的呐喊与对美好生活的向往，交织成中华大地最动人的乐章。任何困难都难不倒英勇的中国人民！

（三）抗击“非典”精神

在中华民族实现伟大复兴的中国梦的征程中，长期、复杂、多元的安全威胁与挑战始终并存，这就需要我们始终以伟大的民族精神为支撑，以强大的向心力和战斗力，应对一切传统和非传统的安全威胁，始终坚定勇毅、斗志昂扬，在磨难中成长，从磨难中奋起。

传染性疾病一直以来都是人类生存发展的大敌，它隐藏在暗处，在悄无声息之际给人致命一击。2003 年的非典型肺炎疫情是全人类的一场天灾。致病的 SARS 冠状病毒具有高度的传染性和致死率，对人民生命健康安全和国民经济发展产生了非常严重的冲击。面对这场突如其来的生死考验，中华民族始终团结一心、顽强拼搏，与疫魔做坚决斗争，直至取得抗击“非典”疫情的完全胜利。以“万众一心，众志成城，团结互助、和衷共济，迎难而上、敢于胜利”为内涵的抗击“非典”精神，激励着中华民族奋勇向前的民族精神，也在抗疫斗争中丰富了新内涵、提升了新境界。

万众一心、众志成城，吹响民族精神的“集结号”。全党全国把思想和行动统一到中央精神和部署上来，同心同德、齐心协力，心往一处想，劲往一处使，全党全国拧成一股绳，形成抗击疫病的强大合力。抗击“非典”战役打响后，党中央、国务院高瞻远瞩、坚强领导、科学决策，党员领导干部深入基层靠前指挥，全党全国人民紧密团结、同心协力共克

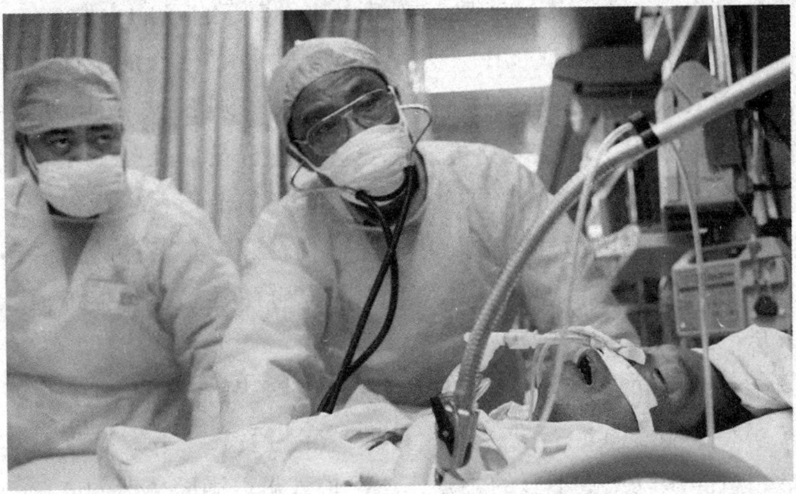

2003 年 2 月，广州医学院第一附属医院，
钟南山（右）与其他专家一起医治一名“非典”病人。

时艰。“我们是党员，就要冲锋在前”。面对疫情共产党员义不容辞冲在了前面，他们时刻谨记共产党人的宗旨与使命，用自己的实际行动履行对人民的义务。无数医务工作者不顾生命危险冲在前面为战胜“非典”贡献了自己的生命，无数党员同志在面对“非典”时纷纷递交请战书请求奋战在一线，他们不是不怕而是不能怕，他们深知作为党员不能退缩要时刻牢记自己的使命与责任。

在这场战役中，还有一批又一批来自五湖四海的医疗团队赶赴前线。上海第二军医大学 63 名医护人员，告别亲人、朋友，告别上海，奔赴北京“小汤山”医院为救治患者献出自己的一份力；浙江省人民医院呼吸科主任医师王宏博士早早地收拾好行装准备出发，王宏和其他六位呼吸科医生一起，奔赴山西省抗击“非典”一线；山东省同样派出由 7 名专家组成的专家组，由济南出发，奔赴河北，支援河北人民抗击“非典”战役。不仅仅是医疗人员的援助，山东还积极为北京等重大疫情区献血提供血浆来缓解因疫情造成的血库紧张；还有重庆第三军医大学党委发布支援北京小汤山医院的通知时，就收到上千封的请战书，要求上一线支援，最终组成 67 人的医疗团队，共赴小汤山……还有无数医疗团队陆陆续续奔赴一线，为抗击“非典”贡献出一份属于自己的力量。

在抗击“非典”的战役中，人民群众的力量是伟大的，面对肆虐的疫情，普通大众纷纷行动起来。社区是防控“非典”战斗中的第一道防线。每个社区成立了以社区党员、居委会专职成员、社区工作者及楼门组长、社区志愿者为主的工作网，负责每日环境消毒、生活保障、治安巡逻、疫情收集报送、为隔离人员排忧解难。许多有条件的社区还主动自我封闭，社区党员、志愿者纷纷站出来，看门护院，监控疫情，报告可疑人员。

团结互助、和衷共济，奏响民族精神的“最强音”。全社会广泛动员起来，团结一致、共同行动，互相帮助、互相关心，一方有难、八方支援，给病患群众以无微不至的关爱，给医护人员以满腔热情的支持，给疫情地区以切实有力的援助，共同应对疫病的挑战。这场没有硝烟的抗“非典”战场上，优秀的共产党员前赴后继，他们迎难而上、甘愿奉献。“非典”突袭，解放军302医院承担着救治北京感染患者的重任。哪里有困难，哪里就有共产党的身影，哪里就有共产党员的奉献和前仆后继。解放军302医院的姜素椿教授，年过古稀，不分昼夜奋战在第一线。考虑到姜教授年事以高，医院领导劝他赶紧撤离治疗第一线，回家休息。他说：“我不能撤离，作为一名医护人员，治疗患者是我的本职工作；同时我作为一名共产党员，坚守岗位，不怕牺牲是一名共产党员应该做的。”他凭着自己多年对传染病的研究和从事传染病临床的经验，选择了坚守岗位。在得知自己也感染了“非典”病毒后，他甘冒生命风险接受血清注射，以身试验，为攻克“非典”难题作出了重大贡献。

医院就是战场，病毒就是敌人。救治患者的过程中，护士们接触患者最频繁、工作最琐碎、被感染的机会最大。大家明知有可能被感染、有可能会死亡，但她们相互鼓励，相互安慰，一直坚守在第一线。一批又一批的医护人员不畏艰难、担当奉献、不顾个人安危，尽全部力量救治患者，坚决控制病情的蔓延，更有一些医务人员为了抢救患者，壮烈牺牲。这些医护人员当中，有的还很年轻，在父母面前他们还只是个孩子，但身为医护人员，他们不能退缩，勇抗“非典”，挺身而出。医护人员崇高的人道主义精神和职业道德风范，赢得了社会的广泛赞誉。

广大党员和共青团员自发地组织起来，为医院打扫卫生、进行消毒，去社区为居民讲解“非典”防治措施，为白衣天使们制作爱心包。同时，各级政府机关的也捐款捐物，做好后勤保障服务，纷送上自己的一份爱心和关怀。疫情突袭，人间有爱。据统计，防治“非典”期间，全国共接收防治“非典”捐款捐物 40 多亿元，其中捐款 23 多亿元、物资折合 17 多亿元。[①] 许多企业、党政机关及事业单位、社会团体、个人纷纷献出爱心，为抗击“非典”疫情贡献出自己的一份力量，向人间传递真爱，用温暖感化病痛。

迎难而上、敢于胜利，唱响民族精神的“凯旋曲”。坚定战胜困难的昂扬斗志和必胜信念，实事求是地分析形势，沉着冷静地面对挑战，坚韧不拔地克服困难，在困难和挑战面前不惊慌、不退缩、不悲观，坚定信心、顽强拼搏，坚决同病魔斗争到底。

2003 年 4 月北京成为疫情重灾区。为了集中收治感染病人，北京市仅用几天时间，建成一所建筑面积为 2.5 万平方米、拥有 1000 张床位的现代化传染病专科医院——小汤山医院，这在世界医疗史上是没有先例的。2003 年 4 月 21 日，北京市建委抽调约 4000 人和 500 多台机械设备进场施工，北京六大建设集团全部上阵，集中一切可以集中的人力、物力、财力，保证小汤山医院建设顺利进行。小汤山医院一经建立就确立了“降低病死率，提高治愈率，确保零传染”的任务目标，全体医务人员统一立下军令状：“保证对病人像自己的亲人，实现病人的零投诉；保证不让一个医务人员受感染！”“如果发生感染，就地免职，退回原单位”。2003 年 6 月 20 日，当最后一批治愈患者走出北京小汤山医院时，宣告了这座全国最大的“非典”收治定点医院在全力运转 51 天后，以病死率世界最低、医院零投诉、医护人员零感染的优异成绩圆满完成了历史使命！这座七天七夜建成的医院被世界卫生组织专家称之为“世界医疗史上的奇迹”。

① 《爱的奉献：全国抗击“非典”社会捐赠 40 亿元》，《中国民政》2003 年第 10 期。

2003 年 8 月，北京地坛医院恢复正常医疗秩序，医护人员脸上绽放出胜利的喜悦。

抗击“非典”，使亿万中国人民的心与劲紧紧地凝聚在一起。在最困难的时候，广大群众没有怨天尤人，而是在党中央的集中统一领导下，同舟共济、患难与共，以不同的方式投身到抗击“非典”的斗争中。当一种新型病毒来临时，我们面对的是未知，但是我们相信科学的力量可以战胜疫情。“艰难困苦，玉汝于成”，困难越是未知难料，越要增强全党全国人民同舟共济的凝聚力，“越是艰险越向前”。疫情是无情的，它让我们的国家、民族和人民又一次历经磨难和痛苦。但中华民族从来不会被灾难压垮，而是从磨难中奋起。厚植在中华文明基因里的民族精神将不断支撑、激励我们勠力同心、砥砺前行。

四、大国风采

天安门是中华人民共和国的象征。天安门正中悬挂着毛泽东巨幅画像，两边镶嵌着“中华人民共和国万岁”和“世界人民大团结万岁”的大幅标语。胡乔木曾这样解释：“天安门上的两条标语，一条写‘中国’，一条写‘世界’，既有民族意义，又表达了国际主义精神，无论何时都是适用的。”[①] 历经百余年屈辱和磨难，重新站起来的新中国，作为国际大家庭

① 王萍主编：《百年中国》下卷，延边人民出版社 2000 年版，第 1048 页。

的一员，具有博大的世界胸怀。1956年，毛泽东说："因为中国是一个具有九百六十万平方公里土地和六万万人口的国家，中国应当对人类有较大的贡献。而这种贡献，在过去一个长时期内，则是太少了。这使我们感到惭愧。"[①]对人类作出较大贡献的价值追求和思想观念，一直激励着中国共产党带领人民群众不懈奋斗。

改革开放以来，随着现代化建设的顺利推进与综合国力的跨越式发展，中国的影响力不断增强，在世界上的地位和作用发生了根本性的变化，日益走近世界舞台中心。从"富起来"到"强起来"的同时，中国为维护世界持久和平和各国共同利益，促进各国人民团结友谊，推动人类共同繁荣和发展，在世界舞台展现"中国风采"，贡献"中国力量"，担当"中国责任"。合作共赢、共同发展，坚持不同文明兼容并蓄、交流互鉴，美美与共的理念，既推动人类命运共同体建设，更好造福世界各国人民，也增强了全国各族人民的民族自豪感、自信心与凝聚力。新时代的中国展现出的大国风采，也为世界增添了一份异彩。

（一）北京奥运精神

2008年在北京举办的第29届夏季奥林匹克运动会8月8日开幕至8月24日闭幕，共16天；北京2008年夏季残奥会自9月6日开幕至9月17日闭幕，共11天。为了这27天的北京奥运时间，中华民族走过整整一百年的里程。

1908年，《天津青年会报》在一篇题为《竞技运动》的文章中向所有中国人提出了三个尖锐而痛苦的问题，即著名的"奥运三问"：

中国何时能够派代表参加奥运会？

中国何时能在奥运会上夺得奖牌？

中国何时才能举办奥运会？

在饱受帝国主义、封建主义摧残压迫，政治混乱、民不聊生的晚清，这样的"奥运三问"无人可以回答。体育竞技的背后是国家实力的较量。回答"奥运三问"首先要实现民族自立、国家强盛。因此，

① 《毛泽东著作选读》下册，人民出版社1986年版，第755页。

1924 年，著名教育家张伯苓曾有感言："奥运举办之日，就是我中华腾飞之时！"①

经过新中国数十年的不懈建设，特别是改革开放以来中国综合国力的快速提升与竞技体育事业的蓬勃发展，中国申办奥运会的时机日益成熟。1982 年，萨马兰奇曾向邓小平提到了中国在某个时刻举办奥运会的可能性。②1990 年 7 月 3 日，邓小平来到北京亚运会筹备工作时语重心长地说："你们办奥运会的决心下了没有，为什么不敢干这件事呢？"③ 北京申奥之路十分艰辛。1993 年北京申办 2000 年第 27 届夏季奥运会，最终以微弱差距，惜败于悉尼。经过几年的卧薪尝胆，在党中央、国务院的部署、领导下，中国再次申办 2008 年第 29 届夏季奥运会，终于获得成功。当 2001 年 7 月 13 日，萨马兰奇打开信封，郑重宣布"Beijing，China！"的时候，中华民族终于迎来了百年梦圆的光荣时刻。

2008 年北京奥运会开幕式

① 《奥运见证 中国脚步（时评）》，《人民日报》2008 年 3 月 9 日。

② 汪大昭、许立群等：《总设计师的奥运情怀》，《人民日报》2008 年 7 月 14 日。

③ 汪大昭、许立群等：《总设计师的奥运情怀》，《人民日报》2008 年 7 月 14 日。

经过五年的筹备，2008年8月8日晚8时，中国再次沸腾。全世界也同步进入北京奥运时间。27天的北京奥运时间惊艳了全世界。“北京奥运会属于中国人民，更属于世界各国人民”[①]。北京奥运会向世人展现了一个上下一心、拼搏奋斗、友好开放、魅力四射的现代化中国，昭示着中国正以稳健的步伐求发展、谋共赢，为人类的和平、友谊和进步事业作出更大的贡献。2008年北京奥运会为中国走向世界提供了舞台，也向世界亿万人民展示了以“爱国拼搏、团结友谊、文明和谐、创新超越”为内涵的北京奥运精神。

“爱国拼搏”是北京奥运精神的动力源泉。升国旗奏国歌，勇创傲人佳绩，中国代表团在北京奥运书写了历史性突破。“为国争光的爱国精神”“追求卓越的体育精神”“自强不息的拼搏精神”共同构成北京奥运精神“爱国拼搏”的要素。这一内涵虽生发于竞技体育领域，却可以辐射到民族振兴、国家强盛的各个领域。

百年梦圆，奥运盛会激荡着中华儿女的爱国热情，凝聚起全国人民服务奥运、奉献奥运的强大合力。从奥运工程建设者到各行各业的普通劳动者，从赛场上拼搏的运动员到热心服务的百万志愿者，人人都有主人翁的责任感和使命感，都把为祖国争光、为奥运添彩当作自觉要求。中国参加奥运会比赛的运动健儿牢记“为人生添彩、为奥运增辉、为民族争气、为祖国争光”的誓言，顽强拼搏，使得中国体育代表团首次位居奥运会、残奥会金牌榜第一位，创造了新的奇迹，实现了新的超越。中国体育代表团共获得51枚金牌、21枚银牌、28枚铜牌。中国代表团在帆船、射箭、赛艇、拳击、蹦床项目上首获奥运金牌，在网球、击剑、曲棍球等项目上也取得重要突破和进展。中国军团在北京奥运会上取得的辉煌成就意味着，中国竞技体育已经走上世界巅峰行列。

“团结友谊”是北京奥运精神的突出特色。团结友谊是中国人民内化于心，外化于行的世界情怀和美好愿望。“团结协作的团队精神”“真诚奉献的志愿精神”“世界大同的和平精神”共同构成北京奥运精神“团结友

① 《胡锦涛主席接受外国媒体联合采访》，《人民日报》2008年8月2日。

谊”的要素。这一内涵立足本国、关照世界，体现了北京奥运精神的强大辐射力。

北京奥运会不仅是一个体育盛会，也是一次友谊的盛会。世界上不同国家、不同种族、不同宗教信仰的运动员、来宾、观众、游客汇聚中国，共同度过一段难忘的美好时光。中国选手的优异表现，中国人民的热情善良，中国文化的博大精深，赛事组织工作的科学严密，环境、场馆、设施的优良品质，都给各国来宾和观众留下深刻印象。外国友人不无感慨地说：“来到中国才知道中国是一个充满活力、欣欣向荣的社会。”“奥运会变身多彩的橱窗和变幻莫测的舞台，向前来参加北京奥运会的运动员以及各国宾客极好地展现了中国生动的一面、现代的一面、开放的一面、多元的一面。相信奥运会过后，全世界可能将出现更多的中国迷，造就更多中国通，并掀起一股中国热。”[①] 北京奥运会给世界一个了解中国的机会，也给中国一个了解世界的机会。各国运动员的精湛技艺、出色表现、精彩表演，给中国运动员树立了追赶的榜样，也让中国观众大开眼界。十几天的高水平竞赛，给中国人民带来了激情和欢乐，也使中国人民进一步加深了对奥林匹克精神的理解，为中国人民和各国人民之间建立友谊、加深理解、增进团结提供了良好契机。

“文明和谐”是北京奥运精神的核心价值。文明是奥林匹克运动传递的风尚，和谐是北京奥运会展示的色彩。“贵和尚礼的文明精神”“绿色低碳的环保精神”“健康生活的和谐精神”共同构成北京奥运精神“文明和谐”的要素。这一内涵不仅具有中国价值和当下意义，更具有世界眼光和推动人类社会持续健康发展的长远思考。

“人文奥运”“绿色奥运”是以人为本的奥运，是人与自然和谐的奥运，是“更高、更快、更强”的体育精神与“和谐、和睦、和平”的奥林匹克精神的有机统一。人文奥运、绿色奥运不仅是一个文化理念，而且是一个具有实践特性的可持续发展的文化发展战略。其核心在于以奥运促发展，以城市的发展带动奥运的筹办。2006 年 2 月，中央精神文明建设指导委

① 《一次空前的友谊盛会——北京奥运会成功的启示之二》，《人民日报》2008 年 8 月 28 日。

员会、第29届奥林匹克运动会组织委员会在全社会开展了“迎奥运、讲文明、树新风”活动，大力倡导崇尚文明、弘扬正气的社会风尚，充分展示中华民族积极进取、奋发向上的精神状态，进一步促进公民文明素质和社会现代文明程度的提高。北京市委、市政府弘扬“人文奥运”理念，以“我参与、我奉献、我快乐”为口号，举办各种活动，提升市民文明素质和城市文明程度，让广大群众参与奥运、奉献奥运、共享奥运。“迎奥运、讲文明、树新风”活动的开展得到了广大干部群众的积极响应。经过900余天的活动开展，在倡导文明礼仪、整治公共秩序、提高服务质量、改善城乡环境四个方面取得明显成效，公民文明素质与社会文明程度有了显著提高，为北京奥运会营造了文明和谐的社会氛围，也为中国社会公共文明的提升留下了丰厚的奥运遗产。

2008年5月8日，北京奥运圣火珠峰传递登山队成功登顶珠峰，
中国登山队员在峰顶展示中国国旗、奥运五环旗和北京奥运会会徽旗。

“创新超越”是北京奥运精神的时代追求。创新推动社会不竭发展的动力，超越是构成奥林匹克运动的主轴。“服务奥运的科学精神”“自主突破的创新精神”“革故鼎新的超越精神”共同构成北京奥运精神“创新超越”的要素。这一内涵遵循“科技奥运”理念，时刻彰显着北京奥运精神与时俱进的时代价值。

火炬第一次登上珠穆朗玛峰，第一次通过无线方式成功实现媒体照片计时拍摄，第一次在比赛现场屏幕与电视转播中同步实现显示中英文赛事信息……无数个第一次让我们感受到一个用高科技打造的北京奥运会。无论是场馆建设、城市运行，还是开闭幕式表演、赛事管理、安全保障，北京奥运会科技创新无处不在，这也成为展示中国高新技术和创新实力的窗口和舞台。

北京奥运会的成功举办为人类留下了宝贵的物质和精神遗产，与有形的物质遗产相比，无形的精神财富更加弥足珍贵。北京奥运精神既是奥林匹克精神在东方大国的充分彰显，又是中华民族精神、中华体育精神和党的革命精神在新世纪新阶段的弘扬与传承，它所折射的精神光辉也成为推动我国各项事业发展的强大精神动力。不断传承和弘扬北京奥运精神，使其成为新时代办好北京2022年冬奥会的宝贵文化资源和强大精神动力，这将对实现“两个一百年”奋斗目标和中华民族伟大复兴的中国梦起到不可磨灭的作用。

（二）中国医疗队精神

远航万里传友谊，救死扶伤为担当。

从1963年4月6日我国向阿尔及利亚派遣第一支援外医疗队至今，中国援外医疗工作走过了50多年风雨历程。医者仁心，为了病人的需要，中国医疗队冒着各种危险，跨四海抵五洲，同广大发展中国家人民站在一起，患难与共、风雨同舟，奉献了自己的医术和爱心。这是“世界人民大团结”的真情体现。50多年来，世界看到了中国医生的使命，也看到了中国作为负责任大国的担当。

21世纪以来，中国综合国力不断增强，中国迈出了对外卫生援助的新步伐。“一带一路”倡议与“人类命运共同体”理念的提出，为新时代中国援外医疗事业的发展提供了新的指南。目前，全国共计有27个省（区、市）承担着派遣援外医疗队的任务，致力于全球卫生事业的发展和全球人民健康的保障，仅在非洲就有42个国家派驻有医疗队，正在非洲工作的医疗队员约1000名。中国医疗队坚持“授人以鱼”，更要“授人以渔”的理念，为受援国培养了大量的医生、护士、公共卫生专家和管理人员，留下了一支支“不走的医疗队”。①

1969年中国医疗队的医务人员在阿尔及利亚的撒哈拉沙漠牧区为牧民看病

50多年来，一代又一代援外医疗队队员牢记党和祖国的重托，发扬国际人道主义精神，以精湛的医术和高尚的医德，赢得了各受援国政府和人民的称赞，备受当地人民信赖。他们与各国人民建立了深厚的友谊，增进了中国人民和发展中国家人民的相互了解，促进了对外交流，也增强了中国的政治影响力与文化吸引力。他们在极其困难的条件下，尽一切可能为受援国人民提供最好的医疗服务。在疫病暴发之际、在战乱动荡之中、在自然灾害来临之时，我们总能看到中国医疗队队员们奋斗在救死扶伤的第一线，协助受援国抗疫救灾防病。在援外医疗工作中，医疗队员们付出了汗水和辛劳，有的同志甚至献出了宝贵的生命，长眠于异国的土地。医疗队员们“远离祖国和亲人，克服了种种困难，以实际行动铸就了‘不畏艰

① 周银燕、刘睿宁、吕伟：《“一带一路”背景下我国援外医疗工作的现状评价与优化策略》，《云南行政学院学报》2019年第5期。

苦、甘于奉献、救死扶伤、大爱无疆’的中国医疗队精神，展示了中国人民热爱和平、珍视生命的良好形象”[①]。

“不畏艰苦”是中国医疗队精神的基石。中国援外医疗队大部分工作在经济落后或最不发达的国家，工作和生活上碰到的困难是难以想象的：既有自然条件的恶劣，医疗队员难以适应当地的生活习惯，也有医疗队员与受援国病患语言不通、文化相异，在医疗过程中存在交流障碍。最大的困难是医疗条件简陋，医疗资源十分紧缺，特别是现代化医疗设备严重缺乏。

坚定的理想信念和革命乐观主义，是战胜恶劣环境的法宝。中国医疗队员迎难而上，自己动手，改善就医环境。20世纪70年代中国甘肃首批援马达加斯加医疗队队员孙伟、徐宏伟这样回忆：为了方便当地群众就医，改善医院周围环境，我们的队员们又成了“筑路工”——“他们砍来树木，运来砂土，一段一段向前拓展，不久，一条平整的砂石路出现在医院门前。”中国医疗队员面对马达加斯加卫生资源缺乏、卫生状况恶劣的状况，不抱怨、不退缩，发扬中国人勤劳节俭、吃苦耐劳、勇于担当的革命精神，迎难而上、自力更生，废物变宝，用精湛的医术和赤诚爱心服务当地人民，被当地人民称为“我们最尊敬的中国医生”，得到当地政府的夸赞。1976年9月15日，马达加斯加总统拉齐拉卡视察了中国医疗队的医院后，在一次马国高级官员的会议上说：“希望你们向在我们这里工作的中国医生学习……中国医生缺什么都自己动手做，我看过他们自己用木箱做的桌子、药架子，他们还种菜养猪，他们的生活是简朴的，充分表现出谦虚和热忱。”他还说：“他们用自己的能力为病人服务，帮助周围的居民，他们不但为我们带来了精湛的医术，还为我们带来了自力更生的精神。马达加斯加要进步，这就是我们的榜样。”[②]

① 习近平：《在北京人民大会堂会见全国援外医疗工作先进集体和先进个人代表时的讲话》，《人民日报》2013年8月17日。

② 顾英奇主编：《白衣使者的颂歌——中国医疗队三十年》，福建人民出版社1992年版第62—63页。

“甘于奉献”是中国医疗队精神的精髓。中国援外医疗队不仅为受援国积极防治传染病、常见病和多发病，还为其引进心脏外科、肿瘤摘除、断肢再植、微创医学等高精尖医学临床技术，同时将针灸推拿等中国传统医药以及中西医结合的诊疗方法带到发展中国家。他们通过临床带教、学术讲座等各种形式，为受援国培训了大批医务人员，留下了一支“不走的中国医疗队”。

东帝汶于2002年恢复独立时，全国只有数十名医护人员，勉强可运转的医疗机构只有一家医院，全国医疗卫生体系处于崩溃边缘。应东帝汶政府请求，中国政府决定向东帝汶派遣医疗队，协助当地医疗卫生重建。自2004年中国向东帝汶派出首批医疗队以来，中国已派出八批援东帝汶医疗队，累计诊治病患超过30万人次，捐赠药品器械总价值超过100万美元。东帝汶当地卫生条件较差，医疗资源严重不足，医疗水平较低。由于患者多、医生少，医疗队放射科医生必须不间断工作才能把每天的CT和X光报告出完；重症监护室只有两名医生，一周轮换一次值班，几乎没法睡一个整觉；妇产科医生经常通宵手术；麻醉科医生总是一台手术接着一台手术；内科医生一到雨季就要接诊大量传染病患者；针灸科医生除了诊疗工作外，还利用休息时间给当地医护人员授课，传授中国传统医学。援助东帝汶的医生李木生说：“当地患者都很淳朴，非常尊敬中国医生。每当看到他们有病痛，我们都于心不忍，会想尽办法把他们的病治好。”中国医生的勤奋让东帝汶国立医院的医护人员十分感动。东帝汶护士希尔瓦说：“我们与中国医生的合作非常愉快。他们医术高明，吃苦耐劳，责任心强，每天最早来到医院，休息时也安排专人值班，一有急诊马上出发。我们都很感谢他们。”①

“救死扶伤”是中国医疗队精神的核心。救死扶伤是医疗工作者的职责，每一位医者在步入神圣的医学殿堂时都曾庄严宣誓：“决心竭尽全力除人类之病痛，助健康之完美，维护医术的圣洁和荣誉，救死扶伤，不辞艰辛，执着追求，为祖国医药卫生事业的发展和人类身心健康奋斗终生。”

① 《中国医疗队队员的默默奉献赢得东帝汶民众赞誉——“感谢中国，中国医生真棒”》，《人民日报》2019年7月26日。

中国医疗队队员们在受援国勇担风险，开创了一个又一个的医学奇迹；亲历战火，开展了一次又一次的战地生死救援；坚守初心，用中国的传统医学为民众解除病痛；心系病患，为患者带去了希望之光。他们在贫瘠动荡的异国他乡践行着白衣天使救死扶伤的初心和使命，在增进人类健康福祉之路上勇担捍卫生命之重的大国医者。

塞拉利昂总统科罗马感谢中国帮助抗击埃博拉疫情

2014 年 3 月，埃博拉疫情突然在西非暴发。这是一种令人类恐惧的病毒，感染性强，死亡率极高。在埃博拉肆虐最为严重的时刻，中国政府不仅没有将驻几内亚、利比亚、塞拉利昂等疫区国家的医疗队撤离，而是在及时提供物资援助的同时，派出更多的中国医疗专家奔赴非洲抗疫第一线，与非洲朋友共同抗击疫情。2014 年 10 月 1 日，中塞友好医院埃博拉留观中心正式启用。当天下午 3 点，第一辆拉着埃博拉留观患者的救护车停在了中塞友好医院的门诊大厅前。车刚停稳，司机便从驾驶室跳下，打开后车门，5 名患者依次下车。首批患者中，有 3 名女性、2 名男性，其中年龄最大的才 24 岁，最小的只有 8 岁，有两人是母子同时被感染。从救护车上下来的患者病情很严重，四肢乏力、头痛、呕吐等现象很明显。

医护小组有条不紊地按照接诊流程开始紧张工作，防控组立刻对转运患者的车辆进行了消毒。因为身体极度疲乏，有患者竟躺倒在门诊大厅前的台阶上。看着饱受病魔折磨的患者，中国医疗队员已经忘记了被感染的危险，赶忙扶起蜷缩在台阶上的病人。因为队员们身穿厚厚的防护服，当地的气温又在35℃以上，只是稍微动了几下，身体各处已经都是汗水，衣服、头发紧紧贴在身上、脸上，工作非常耗费体力，完成任何一个简单的动作，都要比平时多付出几倍的力量。汗水顺着身体全部灌进了雨靴，他们一直是在踩着自己的汗水走路，这种奇特的体验让队员们终生难忘。首批患者的接诊工作尚未结束，又一辆救护车鸣着尖利的笛声呼啸而来。当处理完当天最后一名患者后，队员们都觉得头晕心慌，濒临虚脱。[①]

“大爱无疆”是中国医疗队精神的灵魂。共产党人把共产主义作为自己的最高奋斗目标，并提出“全世界无产者，联合起来”的伟大号召，这是胸怀全世界、解放全人类的伟大国际主义精神的体现。中国共产党作为共产主义的信仰者，与时俱进地传承与弘扬国际人道主义精神，使中国援外医疗队精神焕发出新时代的光芒。中国医疗队心中的人民，不限于疆界、不限于民族、不限于语言、不限于宗教，只要有人类疾苦的地方，就有中国医者行仁术。中国医疗队的无疆大爱是当代的“白求恩精神”。

中塞友好医院埃博拉留观中心，有一个病人才18岁，一家六口全部感染了埃博拉病毒，就剩下他和继母还活着。有一天正在中塞友好医院留观治疗的男孩继母在病房里突然哭起来了，因为中塞友好医院又收治的一个患者正是她的儿子。那时，男孩还没有进病房，人已经瘫倒在走廊上，喷溅式的呕吐、高热、极度虚弱。经过检测，孩子的病毒值极高，塞方专门采集信息的医务人员，一看这么高的病毒值，认为肯定救不过来了，他们就和中国医生打赌说：现在填入院单，三天之内就要再填一张死亡单。

但是中国医疗队员不信这个“邪”，想尽办法要把孩子救过来，为此采取了高剂量的球蛋白加激素的免疫封闭治疗。等到第4天，这个孩子就

① 王锦秋、洪建国：《大国担当：中国人民解放军援塞医疗队抗击埃博拉疫情纪实》，时代文艺出版社2016年版，第96—100页。

可以下床了，到第 7 天病毒值已经恢复了正常，在第 14 天一切指标都显示正常可以出院了。这个孩子推开离开医院的大门时，正好阳光照射进来，他发出了由衷的感慨，“太奇妙了，太不可思议了，我看见了阳光。”他说自己从踏进医院的这扇门时，就没有打算能活着出去，因为他的四个亲人都死了。他没有想到，他能够看到今天的第一缕阳光，如同天堂洞开。①

2015 年 1 月，当中国第二批援塞医疗队要回国的时候，专门为出院的患者举办了一个联谊会，其中有一个女患者的话让队员们记忆犹新。这名患者是一名基督教徒，她说：“感谢上帝，让我得了病之后，来到中塞友好医院；感谢上帝，让我碰到了中国人，把我治好了；你们是上帝派来的天使，感谢上帝派来像你们这样的天使。”②

中国医疗队精神是推进人类和平和发展崇高事业的宝贵精神财富。习近平总书记指出：“中国医疗队精神不仅是激励一代又一代医疗队员不懈奋斗的强大精神动力，也是我们民族精神的生动写照。”③中国的援外医疗事业，在帮助受援国改善医疗条件，增进受援国人民的健康福祉，促进世界共同繁荣发展，推进人类和平与发展的崇高事业发挥重要作用。中国医疗队精神传承与弘扬了救死扶伤的人道主义精神以及大爱无疆的国际主义精神，展示了中国人民热爱和平、珍视生命的良好形象，彰显了人类命运共同体的大国担当。中国医疗队精神为全体中华儿女实现民族伟大复兴梦想提供强大的精神动力，为中国、为全人类的发展进步事业作出新时代的新贡献。

五、走向复兴

中华民族是勤劳勇敢智慧和爱好和平的伟大民族，为人类文明进步作

① 王锦秋、洪建国：《大国担当：中国人民解放军援塞医疗队抗击埃博拉疫情纪实》，时代文艺出版社 2016 年版，第 416 页。

② 王锦秋、洪建国：《大国担当：中国人民解放军援塞医疗队抗击埃博拉疫情纪实》，时代文艺出版社 2016 年版，第 225—226 页。

③《习近平为中刚友好医院竣工剪彩并出席恩古瓦比大学图书馆启用和中国馆揭牌仪式》，《人民日报》2013 年 3 月 31 日。

出过不可磨灭的巨大贡献。实现人民安康、社会繁荣、国家兴旺、世界和平、民族复兴是一代代中华儿女的不懈追求。党的十一届三中全会拉开了中国改革开放和现代化建设新时期的历史大幕，开辟出了一条实现中华民族伟大复兴的正确道路——中国特色社会主义道路。中国的现代化事业终于走上发展的快车道，在短短的40多年间取得举世瞩目的巨大成就，中华民族的伟大复兴已经展现出光明的前景。

新中国成立以来，中国共产党带领全国各族人民艰辛探索，取得举世瞩目的辉煌成就。中国已经成为世界第二大经济体，第一制造业大国。中国人民用70多年的时间，改变了自己的面貌，从被“开除球籍”的世界舞台边缘到日益走近世界舞台中央，从普遍贫困走向全面小康，从封闭落后走向全方位开放，崛起的中国不仅改变了自己，也深刻影响了世界。

方向决定道路，道路决定命运。走好复兴之路，我们需要那么一股子干劲儿，那么一种精气神。新形势下的改革，啃硬骨头、打攻坚战，要鼓起勇气，敢闯敢试、敢为人先；做好自己的事，抓铁有痕，踏石留印，要沉得住气，心无旁骛，一届接着一届干。伟大精神是实现中华民族伟大复兴的强大动力。

（一）改革开放精神

改革开放是决定中国命运的关键一着，是党的一次伟大觉醒。这次觉醒孕育形成了“解放思想、与时俱进，敢为人先、改革创新，开放包容、互利共赢，不懈奋斗、务求实效”的改革开放精神。40多年改革开放的实践历程中产生出来的改革开放精神，是当代中国共产党人精神的结晶，为改革开放再出发注入强大的精神动力。习近平总书记在庆祝改革开放40周年大会上的重要讲话中指出：“改革开放铸就的伟大改革开放精神，极大丰富了民族精神内涵，成为当代中国人民最鲜明的精神标识”。实践充分证明，越是在谋发展的关键时刻，越需要强大的精神力量。而人的精神一旦被唤醒，将会迸发出惊人的力量。

“解放思想，与时俱进”是党的思想路线的重要内涵。习近平总书记指出，“解放思想是前提，是解放和发展社会生产力、解放和增强社会活力的总开关”。[1]改革开放取得如此伟大成就靠的是解放思想，与时俱进，深化全面改革依然要靠解放思想，与时俱进的思想品格和工作方法。改革开放的历程艰难曲折，未来也将充满挑战，但中国共产党人始终坚持解放思想、实事求是的思想路线，正视改革开放中出现的重大矛盾和重大挑战，正确认识改革开放的重大理论和实践问题，必将不断推进改革开放走向新的成功。

2011 年之后，中国经济增长增速下行，中国经济发展进入新常态。要把握“新常态”发展的大势，彻底抛弃用旧的思维逻辑和方式方法再现高增长的想法，必须求新求变，以变局求突破，把经济实现高速增长转变为高质量发展。以习近平同志为核心的党中央审时度势，适时提出推进供给侧结构性改革，从生产端入手，重点促进产能过剩有效化解，促进产业优化重组，降低企业成本，发展战略性新兴产业和现代服务业，增加公共产品和服务供给，提高供给结构对需求变化的适应性和灵活性。简言之，就是去产能、去库存、去杠杆、降成本、补短板。破茧成蝶都有伤痛，比如，旧的动能减弱，会带来经济增长减速，经济增长减速就会有阵痛；去产能，处置“僵尸企业”，可能带来下岗失业等痛点；去库存，可能带来更多的经济纠纷，调解、化解矛盾的任务就会更重。所以，产生这样那样的“痛”是不可避免的，甚至可能会持续比较长的时间。如不能解放思想，因为眼前的困难和一时之痛，不敢推进改革，将来就会有大痛。为此，2016 年 5 月，习近平总书记在中央深改组第二十四次会议上强调，改革有阵痛，但是不改革就是长痛。[2]一系列战略举措鲜明地表达了党中央实施供给侧结构性改革的决心，并不断推动供给侧结构性改革从经济领域向文化、社会等领域延展。

“敢为人先，改革创新”是改革开放精神的鲜明标识。改革开放的成功是群众路线的成功实践。改革开放的成功，关键在于特殊的政策和制度创新释放了巨大的空间，加之摸着石头过河的探索精神，赋予了人民群众敢闯敢试的勇气，并充分激发了群众改革创新的积极性和智慧。改革开放

① 习近平:《论坚持全面深化改革》，中央文献出版社 2018 年版，第 47 页。

② 《习近平主持召开中央全面深化改革领导小组第二十四次会议强调：坚定改革信心注重精准施策 提高改革效应放大制度优势》，《人民日报》2016 年 5 月 21 日。

40 多年来，中国人民在党的领导下始终秉持开拓创新精神，实现了历史性变革，勇敢推进理论创新、实践创新、制度创新、科技创新，创造出一个又一个奇迹，不断赋予中国特色社会主义以鲜活的生命力。

2018 年庆祝改革开放 40 周年大会

敢闯敢试，敢为人先，从逻辑上来讲，核心是“敢”。“敢”字当头，勇当时代弄潮儿，“敢”字背后蕴含的是一种勇气和魄力。由“敢”带来的思想大解放，改革开放才“闯”出了一番新天地。从“敢为天下先”的开拓观，到“时间就是金钱，效率就是生命”的效率观，从“不是强者莫到深圳”的竞争观，改革开放“敢”的性格非常鲜明，由此产生的新思想观念惊醒了整个中国。党的十八届三中全会为全面深化改革明确了目标和方向，对市场在资源配置中的作用进行了新的定位，提出在资源配置中，市场应该起决定性作用，进一步发展了社会主义市场经济理论，是深化经济体制改革的基本遵循。党的十九届四中全会坚持守正与创新的辩证统一，在明确制度优势的同时，也明确了健全和完善制度体系的方向。在推进改革开放的进程中，我们仍然需要敢闯敢试，敢为人先，坚决破除一切妨碍发展的体制机制障碍，加快形成系统完备、科学规范、运行有效的制度体系，推动中国特色社会主义制度更加成熟。

“开放包容，互利共赢”是改革开放精神的时代特征。对外开放是我国的基本国策。以开放促改革，以开放倒逼改革，是改革开放的实践逻辑，也是我国经济社会发展取得辉煌成就的重要法宝。40多年来，中国的对外开放逐步扩大，有序推进，先是创办经济特区，然后再逐渐延伸到整个沿海的14个城市，再扩张到沿海的27个经济技术开发区，进一步扩展到中部、西部。对外开放从“请进来”到“走出去”，中国开放不断扩大，不仅发展了自己，也造福了世界。

2018年8月，中欧班列累计开行数量达到10000列。

党的十八大以来，中国特色社会主义进入了新时代，立足新的历史方位，我国迎来了对外开放的新局面，沿海开放与内陆沿边开放实现了更好的结合。“一带一路”倡议推动内陆和沿边地区从开放的边缘区变为开放的核心区，逐步形成陆海内外联动、东西双向互济的开放格局。越来越多的中国智慧与中国方案成为广受欢迎的全球公共产品，无不昭示着中国对外开放的决心与合作共赢的精神。党的十九大报告指出，开放带来进步，封闭必然落后。2018年4月，国家主席习近平主席在博鳌亚洲论坛上深刻指出：

“40 年来，中国人民始终敞开胸襟、拥抱世界，积极作出了中国贡献。”[①] 中国以实际行动向世界宣告：中国开放的大门不会关闭，只会越开越大。2018 年，在第一届中国国际进口博览会上，习近平主席掷地有声地宣布：未来 15 年，中国进口的商品和服务分别要超过 30 万亿美元和 10 万亿美元。[②]2019 年，在第二届中国国际进口博览会上，习近平主席说，世界那么大，我想去看看，中国市场这么大，也欢迎大家来看看。[③] 中国一系列扩大开放的举动，表明了中国不满足于自身的繁荣发展，还希望与世界人民一起迈入幸福富裕的美好共赢时代。

“不懈奋斗，务求实效”是改革开放精神的动力支柱。40 多年改革开放取得巨大成功的一个重要经验就是务实奋斗。改革只有进行时没有完成时。面向美好未来，机遇和挑战并存，只有永葆求真务实的奋斗精神，才能牢记使命、保持干劲，应对改革开放道路上的重大挑战，创造属于新时代的光辉业绩。

习近平总书记说：“高举改革开放的旗帜，光有立场和态度还不行，必须有实实在在的举措。行动最有说服力。”[④] 在我们实现“两个一百年”奋斗目标的过程中，奋斗决定成败，在这个竞争激烈的时代，每个人都要有紧迫感，要有“时不我待、只争朝夕、不负韶华”的行动力。有了这股精神做支持，“两个一百年”奋斗目标和中华民族的伟大复兴就有了保证。2019 年 9 月 29 日上午 10 时，中华人民共和国国家勋章和国家荣誉称号颁授仪式在人民大会堂隆重举行。黄旭华、张富清、申纪兰等英雄模范用行动证明，伟大出自平凡，平凡造就伟大。只要有坚定的理想信念、不懈的奋斗精神，脚踏实地地把每件平凡的事做好，一切平凡的人都可以获得不平凡的人生，一切平凡的工作都可以创造不平凡的成就。尊重英雄，

① 习近平：《开放共创繁荣　创新引领未来——在博鳌亚洲论坛 2018 年年会开幕式上的主旨演讲》，《人民日报》2018 年 4 月 11 日。

② 习近平：《共建创新包容的开放型世界经济——在首届中国国际进口博览会开幕式上的主旨演讲》，《人民日报》2018 年 11 月 5 日。

③ 习近平：《开放合作 命运与共——在第二届中国国际进口博览会开幕式上的主旨演讲》，《人民日报》2019 年 11 月 6 日。

④ 习近平：《论坚持全面深化改革》，中央文献出版社 2018 年版，第 42 页。

才能英雄辈出。他们被授予最高荣誉，彰显了党和国家对最美奋斗者的尊崇。

今天我们所处的，是一个船到中流浪更急、人到半山路更陡的时候，是一个愈进愈难、愈进愈险而又不进则退、非进不可的时候。改革开放站在一个新的历史起点上，越是攻坚克难越需要精神力量的支撑。伟大改革开放精神是中华民族奋起腾飞的强大精神力量，也是新时代改革开放再出发的强大精神激励。进行伟大斗争，建设伟大工程，推进伟大事业，实现伟大梦想，使命越光荣、任务越艰巨、挑战越严峻、工作越伟大，就越需要弘扬伟大改革开放精神，激发全体中华儿女共同致力于中华民族伟大复兴的磅礴力量。

（二）工匠精神

劳动创造人类，劳动创造历史，劳动创造美好生活。中华民族在几千年的劳动生产历程中，孕育出了具有悠久历史传统的工匠精神。中国传统的工匠精神，汇集了先民的巧妙智慧和崇高追求，已深深融入中华儿女的血液中，积淀成为中华民族的一种精神标识和文化基因。中国传统的工匠精神，经过革命、建设、改革等一系列壮阔实践淬炼，形成为无产阶级性质和社会主义性质的"工匠精神"。以1978年为起点，中国奏响了改革开放的激扬乐章，工匠精神也在改革开放的伟大实践中得到了传承和发展。

当前，我国正处在从工业大国向工业强国迈进的关键时期。以信息化、人工智能、新能源、新材料为代表的第四次工业革命方兴未艾，为中国发展提供了新机遇。站立于中华民族伟大复兴的关键节点，面对人民群众对美好生活的向往，中国特色社会主义新时代比以往任何时候都更需要工匠精神。十九大报告中提出要建设知识型、技能型、创新型劳动者大军，弘扬劳模精神和工匠精神，营造劳动光荣的社会风尚和精益求精的敬业风气。"劳动者素质对一个国家、一个民族至关重要。要在全社会弘扬精益求精的工匠精神，激励广大青年走技能成才、技能报国之路。"[①]民族复兴需要大国工匠，需要大力弘扬以"执着专注、精益求精、一丝不苟、

① 《习近平在庆祝"五一"国际劳动节暨表彰全国劳动模范和先进工作者大会上的讲话》，《人民日报》2015年4月29日。

追求卓越”为内涵的工匠精神。

“执着专注”是大国工匠铸造辉煌的精神动力。从“一辆汽车、一架飞机、一辆坦克、一辆拖拉机都不能造”的一穷二白到深海核潜、载人航天、射电望远等大国梦想的实现，中国用70多年谱写了一部波澜壮阔的工业化、现代化的发展史诗。波澜壮阔的成就背后，是一个又一个、一代又一代的工匠们持之以恒地奋斗与坚守，他们一腔热血、技能报国，全情倾注、敬业乐业。正是这份对国家、对事业的深情与热爱成就了一个个声名斐然的大国工匠，也成就了共和国制造业从“世界工厂”到创新高地，由中国制造到中国创造，成为世界第一工业制造大国。

工作中的徐立平

徐立平是中国航天科技集团公司第四研究院7416厂航天发动机固体燃料面整形技师。固体燃料是国之重器——航天火箭、战略导弹的“动力食粮”，固体燃料的质量有丝毫的偏差，火箭、导弹就会放不出，打不响，甚至发生严重的发射事故，危及成千上万人的生命安全。制造航天发动机固体燃料既复杂又危险，它涉及上千种工序，每道工序都对工匠们的技艺和心态要求极高，其中要求最高的工序之一就是发动机固体燃料的微整形。在狭小的工作空间里，徐立平和突击队员们交替工作，蜷缩在成吨的炸药堆里，用木铲、铜铲一点点抠挖着多余的火药。但徐立平也由于长时间在密闭空间里接触火药，火药的毒性发作让他的双腿失去知觉，后续经过高强度的康复训练才逐渐恢复。“对待这种危险工作，我永远会把它当成第一次去干，第一次操作的那种心态去干，这样的话你才能保证它不出问题，千万不要超过自己的安全底线。”也正是基于这种信念，徐立平才能将每次作业活动都当成是第一次，以小心谨慎的态度去对待每一项任务，以高度集中的注意力去执行每一个动作，最终保证他在每次作业活动中都可以安全、高质地完成任务。

“精益求精”是大国工匠终生实践的不悔追求。工匠们的精湛的技艺、令人惊叹的绝活儿都是练出来的，但这种“练”并不是一个简单的重复劳动，而是一个摒弃杂念、甘于寂寞的探索与发现的过程。

高凤林是中国运载火箭技术研究院首都航天机械公司发动机零部件焊接车间的一名员工。作为航天特种熔融焊接工，“长三甲”运载火箭、“长

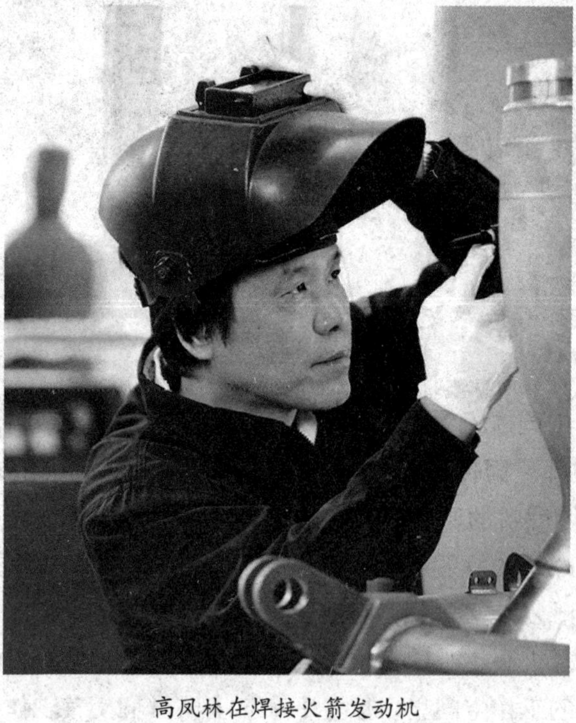

高凤林在焊接火箭发动机

征五”号运载火箭等众多火箭的“心脏”都在他手中诞生。在参加工作的38年间，高凤林先后攻克了200多项航天焊接难关，曾为16个国家和地区参与的项目攻坚克难。在2014年底，高凤林还参加了德国纽伦堡国家发明展，他携带的三项成果全都获得了金奖。对于高凤林来说，他之所以会被大家成为“金手天焊”，之所以能取得举世瞩目的成就，这与他注重从实践和理论学习中摸索生产门道是密不可分的。对于高凤林来说，他的成就与成功都是在自身不断努力的基础上才逐渐获得的，这种努力不仅包括注重实际的操练，还包括不断学习理论知识充实自身。不论是实际的操练，还是理论学习，都帮助高凤林更加了解自身的工作，更加熟练地掌握工作中的门道。对此，高凤林自己也说：“工欲其器，匠入其门，要想干好这个产品，必须琢磨好干好这个产品的门道，有了这个门道，一切科技创造都可能发生。”所以，工人们只有通过不断地练习和学习去掌握生产过程中的规律，并且做到熟练地运用，才能在生产制造的过程中真正达到随心所欲的境界，实现道技合一。

“一丝不苟”是大国工匠对待祖国事业的工作态度。一丝不苟、注重细节的精神在工匠身上有不同的表现方式。各个行业的工匠由于工作方式不同、打造的产品不同，他们认真工作的方式各有不同。

彭祥华是中铁二局二公司隧道爆破高级技师。从事重要的爆破工作，要求工匠在工作时必须专注认真，细节上不能出现差池。山区隧道施工时的爆破并不是放上炸药、按下按钮那么简单，需要仔细地测量，设计炮眼的位置，谨慎地安装炸药和引爆装置。在彭祥华眼里，要放多少炸药、打多深的炮眼，这些都是精细活，一丝一毫都不能马虎。2015年，彭祥华参建了川藏铁路拉林段，由于这个路段的地质复杂，生态脆弱，所以施工难度极大。这里的岩层“软如豆腐”，彭祥华要做的就是在这上面实施精准的爆破。为了避免灾害发生，彭祥华在对超前地质预报的测量、炸药的分装、炮孔间距和深度、起爆时差等一系列流程都进行了极其精确的控制，在计量时甚至以“毫米”“毫克”为单位最大限度地减少误差。最终爆破出来的掌子面都十分平滑，从未出现过超挖欠挖的现象。爆破后需要进入隧道内检查，这时大家都不知道隧道内部经过爆破后结构是否还稳定，隧道内部是否还存在没有成功起爆的哑炮。对于这其中的危险，彭祥华比谁都清楚，他总是阻止其他人一起加入爆破后的检查，他总说“我一个人就够了”。凭借着一把手电和胆大心细的品质，彭祥华就这样完成了一个又一个的爆破检查。

“追求卓越”是大国工匠不断进取创新的精神追求。卓越既是一种成就，更是一种精神。追求卓越是一种永不满足的奋斗精神，也是一个永无休止的学习过程，更是勇闯新路的创新探索。追求卓越是大国工匠“做隐姓埋名人、干惊天动地事”的精神动力，也是大国工匠伟大的无我境界的精神基石。没有最好，只有更好，只有敢于走新路，争一流，平凡的工作才能创造不平凡的成就，平凡的人才能获得不平凡的人生。

郑朝阳是中国航天科工六院红岗公司4车间钳工组组长，是全国技术能手、六院“金牌工人”。在方尺钳台旁，他一站就是30年，发明的100多项创新成果大大提高了生产效率和产品质量。30年里，他把业余时间基本都用在了琢磨每一道工艺细节、钻研每一个技术难点上，如何在最有效的时间内干出最漂亮的活儿，就成为他追求的目标。他自行设计制作了导线固定环体系列工装，使加工效率一下子提高了10倍，合格率从不足50%提高到100%。2012年，郑朝阳投身到我国制造第一台三维辊弯成型样机中，担任项目技能操作的负责人。他带头将数不尽的零部件、工装制作出来，还调试、组装、调整了原有的2000多个零部件，实现诸多国内技术突破，达到世界先进水平，使中国航天人更加扬眉吐气。在他的概念里，99分不是最好，101分才刚刚好。像郑朝阳这样的大国工匠们，立足一个个平凡的岗位，靠着扎实工作技能，不断打破天花板，提供越来越好的产品和服务，既实现了自我，也奉献了国家和社会。

自古以来，工匠精神一直在改变着这个世界，引领着一个又一个生产力的飞跃。它所凝聚起的强大精神力量，创造出许多前所未有的伟大奇迹，如今成就了一个可以“上九天揽月，下五洋捉鳖”的时代，未来也必将开创出中华民族更加美好的明天。工匠精神作为一种信仰，就是一种不变的力量源泉，它使人专注，催人奋进，凝聚力量，创造奇迹。工匠精神作为中华民族伟大精神的生动体现，它充满着中国智慧，彰显着时代精神，并以独特的方式为中国力量凝神铸魂。

（三）抗疫精神

2020年的新冠肺炎疫情是百年来全球发生的最严重的传染病大流行，是新中国成立以来发生的传播速度最快、感染范围最广、防控难度最大的一次重大突发公共卫生事件。中国共产党和中国政府高度重视、迅速行动，习近平总书记亲自指挥、亲自部署，统揽全局、果断决策，为中国人民抗击疫情坚定了信心、凝聚了力量、指明了方向。党中央坚持把人民生命安全和身体健康放在第一位，第一时间实施集中统一领导，中央政治局常委会、中央政治局召开21次会议研究决策，领导组织党政军民学、东西南北中大会战，全国上下贯彻"坚定信心、同舟共济、科学防治、精准施策"总要求，打响抗击疫情的人民战争、总体战、阻击战。面对突如其来的严重疫情，中国人民风雨同舟、众志成城，广大医务人员白衣为甲、逆行出征。在中国共产党的坚强领导下，经过艰苦卓绝的努力，中国付出巨大代价和牺牲，有力扭转了疫情局势，用一个多月的时间初步遏制了疫情蔓延势头，用两个月左右的时间将本土每日新增病例控制在个位数以内，用三个月左右的时间取得了武汉保卫战、湖北保卫战的决定性成果，疫情防控阻击战取得重大战略成果，创造了人类同疾病斗争史上又一个英勇壮举。

2020年9月8日，习近平总书记在全国抗击新冠肺炎疫情表彰大会上对伟大抗疫精神作出深刻阐释，明确指出："在这场同严重疫情的殊死较量中，中国人民和中华民族以敢于斗争、敢于胜利的大无畏气概，铸就了生命至上、举国同心、舍生忘死、尊重科学、命运与共的伟大抗疫精神。"[①] 习近平总书记对伟大抗疫精神的深刻阐释，展示了中国人民前所未有的精神风貌，体现了共产党人一以贯之的斗争精神，彰显了社会主义中国砥砺前行的强大意志，极大增强了中华民族的自信心、自豪感，极大丰富了中国共产党的精神谱系，极大坚定了走中国特色社会主义道路的信念决心。伟大抗疫精神是彪炳史册的时代史诗，在中国共产党和中华民族精神谱系中写下了浓墨重彩的一笔，铸起新时代新征程上熠熠生辉的不朽精神丰碑。

生命至上，集中体现了中国人民深厚的仁爱传统和中国共产党人以人

---

① 习近平：《在全国抗击新冠肺炎疫情表彰大会上的讲话》，《人民日报》2020年9月9日。

民为中心的价值追求。“在保护人民生命安全面前，我们必须不惜一切代价，我们也能够做到不惜一切代价”，“为了保护人民生命安全，我们什么都可以豁得出来”。[①] 管控一座千万级人口城市的人员流动，世所罕见；给流动中国按下“暂停键”，会有一系列现实问题迎面而来；春节后复工每延迟一天，全国国内生产总值就将损失 1500 亿元……一边是生命与健康的保卫战，一边是经济和治理的遭遇战，天平的两端都重压如山。但人的生命高于一切，从果断关闭离汉离鄂通道，到延长春节假期、企业和学校延期开工开学，再到有序推动复工复产、毫不放松抓好常态化疫情防控，每一次审时度势的决策，都彰显巨大的政治勇气和高超的政治智慧。为了生命，不惜代价，全力以赴救治患者，不遗漏一个感染者，不放弃每一位病患者，费用全部由国家承担。生命至上的伟大精神，集中体现了中国人民深厚的仁爱传统，集中体现了中国共产党人以人民为中心的宗旨意识和赤子之心，集中体现了中华民族一以贯之的价值坚守和精神境界。

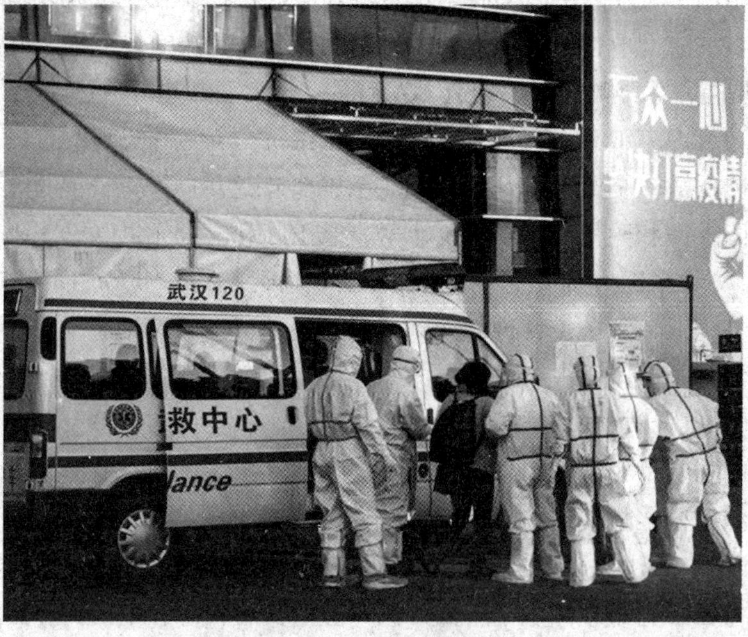

医护人员将患者送入武汉体育中心方舱医院

① 习近平：《在全国抗击新冠肺炎疫情表彰大会上的讲话》，《人民日报》2020 年 9 月 9 日。

举国同心，集中体现了中国人民万众一心、同甘共苦的团结伟力。疫情发生后，以习近平同志为核心的党中央加强对疫情防控工作的统一领导、统一指挥、统一行动，国务院联防联控机制加强统筹协调，各地各部门各司其职、协调联动，紧急行动、全力奋战。党中央果断决策，要求湖北省对人员外流实施全面严格管控。特别是在超千万人口的大城市武汉实行“封城”管理，这在人类历史上是从未有过，没有巨大的政治勇气和坚强的决心，没有强烈的担当精神，不可能作出这样的决断。武汉人民、湖北人民识大体、顾大局，不畏艰险、顽强不屈，自觉服从疫情防控大局需要，主动投身疫情防控斗争，为阻断疫情蔓延、为全国抗疫争取了战略主动，作出了巨大牺牲和重大贡献。一方有难，八方支援，最优秀的人员、最急需的资源、最先进的设备千里驰援湖北、武汉。用10多天时间先后建成火神山医院和雷神山医院、大规模改建16座方舱医院、19个省区市对口帮扶除武汉以外的16个市州，在最短时间内实现了医疗资源和物资供应从紧缺向动态平衡的跨越式提升。举国同心的伟大精神，集中彰显了中华民族深沉厚重的家国情怀，有力诠释了新时代中国人民同心同德、同向同行的精神品格，生动绘就了团结就是力量的时代画卷。

2020年1月，武汉8天建成火神山医院

舍生忘死，集中体现了中国人民敢于压倒一切困难而不被任何困难所压倒的顽强意志。全国数百万名医务人员奋战在抗疫一线，给病毒肆虐的漫漫黑夜带来了光明，生死救援情景感天动地。346 支国家医疗队、4 万多名医务人员毅然奔赴前线，很多人在万家团圆的除夕之夜踏上征程。“抗击疫情，医生就是战士，我们不冲上去谁冲上去？”年逾八旬的钟南山院士挤上高铁餐车，星夜兼程，赶赴武汉；“我必须跑得更快，才能从病毒手里抢回更多病人”，张定宇在自己身患渐冻症、妻子感染的情况下，仍战斗在与病毒斗争的第一线。很多人脸颊被口罩勒出血痕甚至溃烂，很多人双手因汗水长时间浸泡发白，有的同志甚至以身殉职。各条战线的抗疫勇士临危不惧、视死如归，困难面前豁得出、关键时刻冲得上，以生命赴使命，用大爱护众生。他们中间，有把生的希望留给他人而自己错过救治的医院院长，有永远无法向妻子兑现婚礼承诺的丈夫，也有牺牲在救治岗位留下幼小孩子的妈妈。武汉快递小哥汪勇在疫情防控期间自发接送上下班的医务人员，并送上热腾腾的盒饭；一位“90 后”项目工程师，瞒着父母奔赴雷神山医院建设工地。不分男女老幼，不分工作岗位，14 亿中国人民都是抗击疫情的伟大战士，都在用生命守护生命、用平凡铸就不凡，充分展现了中国精神、中国力量、中国担当。

尊重科学，集中体现了中国人民求真务实、开拓创新的实践品格。在没有特效药的情况下，我们实行中西医结合，先后推出八版全国新冠肺炎诊疗方案，筛选出“三药三方”等临床有效的中药西药和治疗办法，被多个国家借鉴和使用；在疫情突如其来的时候，我们注重科研攻关和临床救治、防控实践相协同，第一时间研发出核酸检测试剂盒，加快有效药物筛选和疫苗研发；我们准确把握疫情形势变化，从“四早”“四集中”到联防联控、群防群控，从实行分区分级差异化防控到抓好常态化疫情防控，因时因势制定重大战略策略。无论是抢建方舱医院，还是多条技术路线研发疫苗；无论是开展大规模核酸检测、大数据追踪溯源和健康码识别，还是分区分级差异化防控、有序推进复工复产，都是对科学精神的尊崇和弘扬，都为战胜疫情提供了强大科技支撑。尊重科学的伟大精神，赓续了中华民族“苟日新、日日新”的精神禀赋，显示了尊重客观规律、勇攀科学高峰的精神境界。

命运与共，集中体现了中国人民和衷共济、爱好和平的道义担当。疫情发生后，习近平总书记多次与世界卫生组织总干事和多个国家领导人通话或会见，本着公开、透明、负责的态度及时向国内外发布疫情信息，积极回应各方关切，表达加强与国际社会合作，实现合作共赢的良好愿望，充分展现了中国作为负责任大国的形象，体现了中国共产党人胸怀天下的使命和担当。面对新冠肺炎疫情这场全球性危机，中国秉承“天下一家”的理念，不仅对中国人民生命安全和身体健康负责，也对全球公共卫生事业尽责。中国毫无保留地同各方分享防控和救治经验，宣布向世界卫生组织提供两批共 5000 万美元现汇援助，向 32 个国家派出 34 支医疗专家组，向 150 个国家和 4 个国际组织提供 283 批抗疫援助，向 200 多个国家和地区提供和出口防疫物资。命运与共的伟大精神，传承了中华民族“天下一家”的古道热肠和人性关怀，充分诠释了中国推动构建人类命运共同体的大国担当和远大志向。

医务人员在武汉体育中心方舱医院前竖起拇指为自己和同伴加油鼓劲

中华民族历史上经历过很多磨难，但从来没有被压垮过，而是愈挫愈勇，不断在磨难中成长、从磨难中奋起。新时代铸就而成的伟大抗疫精神，在中国共产党近100年历史、中华人民共和国70多年历史、中华民族5000多年发展史上刻划下新的精神坐标，在社会主义发展史、人类文明发展史上矗立起新的精神标杆。感天动地、气壮山河的伟大抗疫精神，同中华民族长期形成的特质禀赋和文化基因一脉相承，是爱国主义、集体主义、社会主义精神的传承和发展，是中国精神的生动诠释。伟大抗疫精神充分展现了中国人民和中华民族的伟大力量，充分展现了中华文明的深厚底蕴，是民族精神在新时代的一次极大升华，具有鲜明的时代特点和深邃的精神意蕴。伟大抗疫精神，既铸就了民族精神的不朽丰碑，更吹响了民族复兴的奋进号角。经受疫情磨炼的中国共产党和中国人民，一定能够从容应对各种复杂局面和风险挑战，更加坚不可摧、战无不胜，不断创造中华民族新的辉煌。

眺望“两个一百年”，我们前进的方向更加明确，我们奋进的道路更加宽广——走向复兴的中国，一定会有让世界刮目相看的新的更大的奇迹。

（四）脱贫攻坚精神

2021年2月25日，在全国脱贫攻坚总结表彰大会在北京召开，习近平总书记在大会上庄严宣告：经过全党全国各族人民共同努力，在迎来中国共产党成立一百周年的重要时刻，我国脱贫攻坚战取得了全面胜利。这意味着，困扰中华民族几千年的绝对贫困问题得到历史性的解决，创造了又一个彪炳史册的人间奇迹！中国的脱贫攻坚，不仅取得了物质上的累累硕果，也凝聚起砥砺前行的精神力量。习近平总书记深刻指出：“脱贫攻坚伟大斗争，锻造形成了‘上下同心、尽锐出战、精准务实、开拓创新、攻坚克难、不负人民’的脱贫攻坚精神。”这一伟大精神，是中国共产党性质宗旨、中国人民意志品质、中华民族精神的生动写照，是爱国主义、集体主义、社会主义思想的集中体现，是中国精神、中国价值、中国力量的充分彰显，赓续传承了伟大民族精神和时代精神。

上下同心的团结伟力。著名的军事家在《孙子兵法·谋攻》中说：

“上下同欲者胜。”意思是，统帅与广大民众、士卒上下一心，同仇敌忾，就一定能战胜敌人。事实上，脱贫攻坚就是一场硬仗，只有上下同心，劲往一处使，才能取得最后的胜利。在波澜壮阔的脱贫攻坚实践中，以习近平同志为核心的党中央广泛动员全党全国各族人民以及社会各方面力量，举国同心，合力攻坚，党政军民学心往一处想，劲往一处使，东西南北中拧成一股绳，下好“全国一盘棋”，形成了脱贫攻坚的共同意志、共同行动。

党的十八大以来，习近平总书记高度重视打赢脱贫攻坚战，他亲自挂帅、亲自出征、亲自督战，先后 7 次主持召开中央扶贫工作座谈会，50 多次调研扶贫工作，走遍 14 个集中连片特困地区，坚持看真贫，坚持了解真扶贫、扶真贫、脱真贫的实际情况，为全党树立了表率。各级党组织和广大共产党员坚决响应党中央号召，在脱贫攻坚这个没有硝烟的战场上呕心沥血、建功立业。

2020 年 4 月 21 日，习近平总书记来到陕西省安康市平利县老县镇在茶园考察脱贫攻坚情况时，“五级书记”同框的照片在网上被刷屏。照片显示习近平总书记面带微笑正走向工作的茶农，身旁有陕西省委书记、安康市委书记、平利县委书记、蒋家坪村支书，从党的总书记到村党支部书记，同时出现在产业扶贫第一线，共抓扶贫。这是对我们党上下同心决战决胜坚定信念的无声诠释。实践中，中央统筹、省负总责、市县抓落实的工作机制不断强化，五级书记抓扶贫、全党动员促攻坚的局面逐渐形成。定点扶贫有序开展，产业扶贫、科技扶贫、教育扶贫、文化扶贫、健康扶贫、消费扶贫等发挥了各行各业的专业优势，民营企业、社会组织和公民个人热情参与，“万企帮万村”行动蓬勃开展。扶贫必扶智，治贫先治愚。教育扶贫是扶贫最有效的方式之一。让贫困地区的孩子们接受良好教育，是扶贫开发的重要任务，也是阻断贫困代际传递的重要途径。“全国脱贫攻坚楷模”张桂梅，是云南省丽江市华坪女子高级中学党支部书记、校长，华坪县儿童福利院（华坪儿童之家）院长。她先后在大理喜洲一中、华坪县中心中学等地任教，默默耕耘、无私奉献，扎根边疆山区教育一线 40 余载，用教育之光阻断贫困代际传递，照亮了无数人的心。为了改变贫困地区女孩失学辍学问题，她在党和政府以及社会各界的帮助下，推动创建了全国第一所全免费女子高中。自 2008 年招收学生以来，已经有 1800 多位女孩走出大山走进大学，用知识改变贫困山区女孩命运，被孩子们亲切称为“校长妈妈”。而张桂梅本人则无车无房无财产，身患肿瘤、肺纤维化、小脑萎缩等 10 余种疾病，展现了当代人民教师的大爱无疆、高尚师德和责任担当。

“上下同心，其利断金。”我们党有效动员人力、物力、财力聚焦脱贫工作，有效发挥社会主义制度集中力量办大事的政治优势，形成人人愿为、人人可为、人人能为的社会帮扶格局，涌现出闽宁协作、沪滇合作、两广协作等各具特色的帮扶模式，千千万万的扶贫善举彰显了社会大爱，汇聚起排山倒海的磅礴力量。

尽锐出战的昂扬斗志。中国传统文化中的“尽锐出战”，意指把所有精锐部队派出作战，强调面对重点难点问题时，要派出主力、用上最精干的力量。毛泽东同志把“集中优势兵力，各个歼灭敌人”作为指导我军作战的重要原则。脱贫到攻坚阶段，剩下的“都是贫中之贫、困中之困，都是难啃的硬骨头”，只有尽锐出战，才能攻下最后堡垒。党的十八大以来，党中央把脱贫攻坚摆在治国理政的突出位置、作为全面建成小康社会的底线任务，优中选精、强中选锐配置工作力量，组织开展了声势浩大的脱贫攻坚人民战争。习近平总书记强调：“要坚决打赢脱贫攻坚战，对标‘两不愁三保障’，瞄准突出问题和薄弱环节，一鼓作气、尽锐出战，确保如期实现脱贫目标。”面对一个又一个贫中之贫、坚中之坚，我们党把精锐力量派到第一线，激励广大党员干部以昂扬斗志向贫困开战。

一鼓作气、尽锐出战，就是敢于啃硬骨头。坚持发挥各级党委总揽全局、协调各方的作用，落实脱贫攻坚一把手负责制，中西部 22 个省的省委书记、省长向中央签署脱贫攻坚责任书、立下“军令状”，脱贫攻坚期内保持贫困县党政正职稳定，确保不获全胜决不收兵。这是党的十八大以来唯一一项由党政一把手向中央立军令状的工作。在脱贫攻坚进入啃硬骨头、攻坚拔寨的冲刺期，我们党把各项政策向脱贫攻坚聚焦、各种资源向脱贫攻坚聚集、各方力量向脱贫攻坚聚合，坚持一个战役接一个战役打、一个堡垒接一个堡垒攻，确保全面小康路上一个也不掉队。

一鼓作气、尽锐出战，就是选派最优的“精兵”打最实的“硬仗”。广东湛江市领导以身作则，以上率下，定期研究并深入各县（市、区）调研脱贫攻坚工作。2018 年 5 月，湛江立足实际，结合脱贫攻坚和干部锻造，深入开展“十百千”干部回乡促脱贫攻坚行动，组团式选派 1230 多名本土干部回到家乡支持建设，积极发挥党建带动作用。在脱贫攻坚工作中，湛江推行三个职务“一肩挑”，确立一村一个“一把手”，实施“头雁”工程，撤换、调整“四不”村党组织书记 73 名，选派 370 多名干部担任农村第一书记，覆盖省定贫困村、软弱涣散村、基层治理问题突出村等，选派 4200 多名干部到 1606 个村（居）委会驻村开展扶贫工作，招录 243 名乡镇（街道）党建指导员。湛江注重尽锐出战、善作善成，击破脱贫攻坚难点。2020 年 5 月底，湛江贫困户、贫困人口 100%达到脱贫标准；贫困村 100%达到出列标准。在脱贫攻坚中，我们党深入开展驻村帮扶工作，聚焦关键短板，调配精兵强将，攻克产业发展、项目投资、壮大集体经济中存在的突出难题，全国累计选派 25.5 万个驻村工作队、300 多万名第一书记和驻村干部，同近 200 万名乡镇干部和数百万村干部一道奋战在扶贫一线，推动农村贫困人口全部脱贫，脱贫地区经济社会发展大踏步赶上来，脱贫攻坚取得重大历史性成就。

精准务实的科学态度。马克思主义认为，矛盾具有普遍性和特殊性，要把握事物的特殊性，具体问题具体分析，一把钥匙开一把锁，才能更好地推动事物发展。贫困问题具有多样性和复杂性，致贫原因也呈现差异性和多元性，单一减贫举措在应对复杂贫困问题时往往难以奏效。习近平总书记指出：“脱贫攻坚，贵在精准，重在精准。”全国各地贯彻落实习近平总书记提出的精准扶贫、精准脱贫方略，不断完善贫困治理的政策工具、思路举措，确保扶真贫、真扶贫，充分彰显了中国共产党人实事求是、精准务实的科学态度。

讲精准。各地坚持精准扶贫方略，坚持做到“六个精准”（扶持对象精准、项目安排精准、资金使用精准、措施到户精准、因村派人精准、脱贫成效精准），实施“五个一批”（发展生产脱贫一批、易地搬迁脱贫一批、生态补偿脱贫一批、发展教育脱贫一批、社会保障兜底一批），重点解决“扶持谁、谁来扶、怎么扶、如何退”问题，通过具体分析贫困地区的致贫原因，做到对症下药、精准滴灌、靶向治疗。山西临县因为生存条件差、人口又多，老百姓虽然吃苦耐劳，但是很多农民无法摆脱贫困的窘境，被山西确定为深度贫困县。山西干部群众中有种说法，山西脱贫看吕梁，吕梁脱贫看临县。截至2017年底，全县仍有贫困村246个、贫困户39168户、贫困人口90607人，贫困发生率15.77%。临县根据贫困人口大多分布在山庄窝铺和黄土沟壑区，生存条件极差，确定将易地扶贫搬迁作为推进精准脱贫的“头号工程”和“标志性工程”来抓。脱贫攻坚战打响之后，临县全县先后规划在城镇带走廊和五个中心镇建成18个易地扶贫搬迁安置点，制定了10多项实施激励政策，确保国家易地移民搬迁政策不折不扣落实到位。经过努力，2019年10月临县18个易地扶贫搬迁安置点全部竣工，啃下了易地扶贫搬迁这块“硬骨头”，圆满完成搬迁目标任务，4.1万余名群众将全部实现入住新居的梦想。搬迁是手段，脱贫是目的。临县在扶贫搬迁安置点周围，建立创业就业园区，为搬迁户提供就业机会，从根本上解决搬迁群众长远生计问题，确保搬迁群众搬得出，稳得住，有事做，能致富。

求实效。各地坚持开发式扶贫方针，把发展作为解决贫困的根本途径，改善发展条件，增强发展能力，实现由“输血式”扶贫向“造血式”帮扶转变；扭住教育这个脱贫致富的根本之策，努力让每个孩子都有人生出彩的机会，尽力阻断贫困代际传递；反对形式主义、官僚主义，把一切工作都落实到为贫困群众解决实际问题上，开展扶贫领域腐败和作风问题专项治理，建立全方位监督体系，真正让脱贫成效经得起历史和人民检验。四川昭觉，地处广袤的大凉山深处。这里山高谷深、沟壑纵横，长期贫瘠落后，属于集中连片特困地区乌蒙山片区和“三区三州”深度贫困地区。千百年来，彝族同胞在此聚族而居、生息繁衍。昭觉火普村，是大凉山腹地一个典型的贫困村。火普在彝语中意为“高山之巅”，这里平均海拔2700米高寒缺氧，地薄物寡，一方水土养不好一方人。2014年，全村187户780人中，建档立卡贫困户有74户203人，贫困发生率达26%。

2017年习近平总书记在全国两会四川代表团参加审议时，以“绣花”为喻，指出要继续把彝区脱贫攻坚作为重中之重，有的需要下一番“绣花”功夫。近几年来，在党和政府的帮助下，火普村通过易地搬迁、发展产业、举办教育培育等途径，克服高寒地区积温不足，交通不便等困难，“绣”出了一幅脱贫致富的绚丽图景。2018年，火普村整村脱贫。如今，火普村在打赢脱贫攻坚战基础上积极推动乡村振兴，在共同富裕的道路上阔步前行。

开拓创新的进取品格。创新是一个民族进步的灵魂，是一个国家兴旺发达的不竭源泉，也是中华民族最深沉的民族禀赋。在脱贫攻坚实践中，我们党秉持开拓创新的进取品格，出台一系列超常规政策举措，不断改革创新扶贫机制和扶贫方式，着力提高贫困地区经济社会发展水平。

创新扶贫开发理论。我们党立足国情，把握减贫规律，成功走出了一条中国特色减贫道路，形成了中国特色反贫困理论，主要包括坚持党的领导，为脱贫攻坚提供坚强政治和组织保证；坚持以人民为中心的发展思想，坚定不移走共同富裕道路；坚持发挥我国社会主义制度能够集中力量办大事的政治优势，形成脱贫攻坚的共同意志、共同行动；坚持精准扶贫方略，用发展的办法消除贫困根源；坚持调动广大贫困群众积极性、主动性、创造性，激发脱贫内生动力；坚持弘扬和衷共济、团结互助美德，营造全社会扶危济困的浓厚氛围；坚持求真务实、较真碰硬，做到真扶贫、扶真贫、脱真贫等。这一理论是在继承发展马克思主义反贫困理论、总结提炼中国共产党减贫经验的基础上的伟大创造，是我国脱贫攻坚的理论结晶，是马克思主义反贫困理论中国化最新成果，深化了对减贫规律的认识，实现了我国乃至全球减贫理论的重大创新。

创新脱贫攻坚制度体系。我们加强党对脱贫攻坚工作的全面领导，建立各负其责、各司其职的责任体系，精准识别、精准脱贫的工作体系，上下联动、统一协调的政策体系，保障资金、强化人力的投入体系，因地制宜、因村因户因人施策的帮扶体系，广泛参与、合力攻坚的社会动员体系，多渠道全方位的监督体系和最严格的考核评估体系，为脱贫攻坚提供了有力制度保障。

创新扶贫开发模式。2021年新年伊始，一部《山海情》电视剧在几大卫视热播，迅速走红。故事的原型是宁夏闽宁镇，“山”代指宁夏，“海”代指福建，一个“情”字寄托着闽宁扶贫协作的浓浓情谊。20世纪90年代以来，宁夏西海固地区的人民，在福建援宁群体的帮助下，建起了一个个产业扶贫车间，种植了一株株克服“水土不服”的菌草，东西部扶贫合作产生了蝶变效应，昔日“苦瘠甲天下”的宁夏贫困地区变成了富裕一方的塞上明珠，生动诠释了扶贫协作的“闽宁模式”。东西部协作和对口支援是推动区域协调发展、协同发展、共同发展的大战略，是扶贫开发的“中国模式”，为世界反贫困提供了中国经验。在脱贫攻坚过程中，我们创造了产业扶贫、金融扶贫、教育扶贫、社会扶贫等措施；创新运用新兴技术助力扶贫，形成特色生态产业扶贫、资产收益扶贫、电子商务扶贫等新模式，并在各地减贫实践中取得了良好成效。

正是在这种创新精神的激励下，我国用8年时间实现了现行标准下9899万农村贫困人口全部脱贫，832个贫困县全部摘帽，12.8万个贫困村全部出列，区域性整体贫困得到解决，平均每年1000多万人脱贫，这个数字相当于一个中等国家的全国人口数量，相当于平均每分钟就有近30人摘掉贫困帽子；三区三州、革命老区等深度贫困地区的农民走上了稳定致富的道路；提前10年实现《联合国2030年可持续发展议程》减贫目标，创造了减贫治理的中国样本，脱贫力度之大、规模之广、成效之显著，前所未有、世所罕见。

攻坚克难的坚韧气质。“脱贫攻坚”的“攻坚”二字，不是随便说的，而是表明脱贫的艰难。如果没有攻坚克难的毅力韧劲，是难以完成脱贫任务、败下阵来的。习近平总书记指出，“做好扶贫开发工作，尤其要拿出踏石留印、抓铁有痕的劲头，发扬钉钉子精神，锲而不舍、驰而不息抓下去”。事实充分证明，一分部署，九分落实，真抓实干、埋头苦干保证了脱贫攻坚战打得赢、打得好。

面对这场“过隘口”“攻山头”“啃骨头”的硬仗，广大扶贫干部拿出“敢教日月换新天”的气概，鼓起“不破楼兰终不还”的劲头，保持斗争精神，提高斗争本领。脱贫攻坚越到最后紧要关头，时间愈加紧迫、任务更加繁重，越容不得松口气、歇歇脚。特别是突如其来的新冠肺炎疫情为打赢脱贫攻坚战出了道“加试题”，挑战更加复杂，任务更加艰巨繁重。广大扶贫干部以久久为功的韧劲、锲而不舍的毅力，一代接着一代干、一任接着一任干，一张蓝图绘到底，确保脱贫攻坚成果得到人民群众的认可。被称为“当代愚公”毛相林，是重庆市巫山县竹贤乡下庄村的党支部书记、村委会主任。下庄村，位于大巴山深处，四面被海拔高于千米的险峻大山包围，因其仿佛置身万丈深井中，而得名“下庄”。“锁”在深山里的下庄村，村民想出去只能徒步翻山越岭，到县城就得花两天时间。“下庄像口井，井有万丈深；来回走一趟，眼花头又昏。”封闭的环境，造成老百姓的生活极度贫困，以前下庄村是巫山县最穷的地方。为改变与世隔绝的情况，20多年前，毛相林决定向绝壁要出路。在既无资金又无机械的情况下，硬生生在悬崖上抠一条路，何其容易。他反反复复动员群众，和村民打嘴仗、算细账，表决心，一再说：“山凿一尺宽一尺，路修一丈长一丈，就算我们这代人穷十年苦十年，也一定要让下辈人过上好日子。”在毛相林的劝说下、在他的精神感召下，下庄村终于达成修路共识。他带领村民用最原始的方式，历时7年在绝壁上凿出了一条长达8公里的“天路”，改变了下庄与世隔绝的状况。道路就像人体的血管，血管通了，整个人也就有了活力。“昔日登天路，今日致富路。”在毛相林带动下，村民种起了脐橙等水果，发展生态旅游等，闯出了一条奔向小康的“致富路”。2015年，下庄村在全县率先实现整村脱贫。2019年，村民人均年收入达12670元，是修路前的40倍。如今，下庄村一栋栋新楼拔地而起，一辆辆小轿车来来往往，老百姓的日子越过越红火。在全国脱贫攻坚总结表彰大会上，毛相林被授予“全国脱贫攻坚楷模”荣誉称号。

在脱贫攻坚精神的引领下，我们敢于斗争、敢于坚持、敢于接力，彻底解决了困扰中华民族几千年的贫困难题，创造了“当惊世界殊”的减贫奇迹：现行标准下9899万农村贫困人口全部脱贫，832个贫困县全部摘帽，12.8万个贫困村全部出列，区域性整体贫困得到解决，完成了消除绝对贫困的艰巨任务，我国贫困地区发展步伐显著加快、经济实力显著增强、基础设施建设明显改善、社会事业不断进步。

不负人民的高尚情怀

贫穷不是社会主义。消除贫困、改善民生、实现共同富裕，是社会主义的本质要求，是我们党的重要使命。打赢脱贫攻坚战，解决好贫困人口生产生活问题，满足贫困人口追求幸福的基本要求，既是我们党的目标，也是我们党的庄严承诺。在脱贫攻坚斗争中，我们党的数百万扶贫干部倾力奉献、苦干实干，同贫困群众想在一起、过在一起、干在一起，将最美的年华无私奉献给了脱贫事业，彰显了不负人民的高尚情怀。

坚持扶贫为了人民、扶贫依靠人民、脱贫成效由人民检验。广大扶贫干部关注人民群众最关心的现实问题，舍小家为大家，困难面前豁得出，关键时候顶得上，把心血和汗水洒遍千山万水、千家万户。黄文秀就是勇于担当、甘于奉献的先进典型，是“全国脱贫攻坚模范”。她北京师范大学研究生毕业后，主动放弃大城市的工作机会，考取广西百色市选调生，毅然回到家乡。黄文秀积极响应组织号召，到乐业县百坭村担任驻村第一书记，投身基层扶贫事业。2018 年 3 月，在她到任之初，百坭村交通不便、产业不强，贫困发生率为 22.88%。在脱贫攻坚第一线，她倾情投入、奉献自我，用美好青春诠释了共产党人的初心使命，谱写了新时代的青春之歌。不到一年的时间，百坭村贫困发生率就降至 2.71%，村集体经济项目收入翻倍。2019 年 6 月 17 日凌晨，她在从百色返回乐业途中遭遇山洪不幸遇难，因公殉职，献出了年仅 30 岁的宝贵生命。她的先进事迹，受到习近平总书记的高度表扬，被追授“全国优秀共产党员”“时代楷模”称号。在全国，有 1800 多名扶贫干部献出了宝贵生命，他们用生命诠释了共产党人的使命和担当，用生命回答了对人民的忠诚与负责。人民是真正的英雄，激励人民群众自力更生、艰苦奋斗的内生动力，对人民群众创造自己的美好生活至关重要。脱贫攻坚激发了广大脱贫群众奋发向上的精气神，社会主义核心价值观得到广泛传播，文明新风得到广泛弘扬，艰苦奋斗、苦干实干、用自己的双手创造幸福生活的精神在广大贫困地区蔚然成风。

伟大事业孕育伟大精神，伟大精神引领伟大事业。上下同心、尽锐出战、精准务实、开拓创新、攻坚克难、不负人民的脱贫攻坚精神，引领我们在解决困扰中华民族几千年的绝对贫困问题上取得了伟大历史性成就，创造了人类减贫史上的奇迹。站在新的历史起点，踏上全面建设社会主义现代化国家新征程，我们要大力弘扬脱贫攻坚精神，紧密团结在以习近平同志为核心的党中央周围，为实现第二个百年奋斗目标奋勇前进，为共建一个没有贫困、共同发展的人类命运共同体不懈奋斗。

第六章　历久弥新的精神财富

中国共产党在100年的光辉历程中，带领中国人民取得了革命、建设和改革的伟大胜利，同时铸就了具有鲜明特色和丰富内涵的革命精神，成为中国共产党人的宝贵精神财富。新时代，坚持和发展中国特色社会主义，面对世界百年未有之大变局和中华民族伟大复兴战略全局，准备进行具有许多新的历史特点的伟大斗争，迫切需要中国共产党人传承和弘扬革命精神，始终保持过去革命战争时期的那么一股劲，那么一股革命热情，那么一种拼命精神。

一、革命精神的历史地位

人无精神不立，国无精神不强。中国共产党革命精神是中国共产党人攻坚克难的强大动力，是中国共产党人初心和使命的集中彰显，是中华民族精神的继承和升华，是中国共产党不断走向胜利的政治优势。正如习近平总书记指出："'红船精神'同井冈山精神、长征精神、延安精神、西柏坡精神等一道，伴随中国革命的光辉历程，共同构成我们党在前进道路上战胜各种困难和风险、不断夺取新胜利的强大精神力量和宝贵精神财富。"[①]

（一）革命精神是推动革命、建设、改革不断取得胜利的强大力量

精神具有强大的能动作用和动力支撑，革命精神更是如此。毛泽东

---

① 习近平：《弘扬"红船精神"走在时代前列》，《人民日报》2017年12月1日。

说："革命文化，对于人民大众，是革命的有力武器。革命文化，在革命前，是革命的思想准备；在革命中，是革命总战线的一条必要和重要的战线。"[①] 邓小平也说，"革命精神是十分宝贵的，没有革命精神就没有革命行动"[②]。革命精神的能动作用和动力支撑，突出地表现为在干革命、搞建设、抓改革的伟大实践中能够激发斗志、凝聚力量。

第一，革命时期，革命精神激发改天换地强大力量。28 年的新民主主义革命，中国共产党领导人民能够历经磨难而不退缩，屡经考验而不改初心，实现革命队伍由小到大、由弱变强，推翻"三座大山"，建立中华人民共和国，靠的是党的坚强领导，靠的是广大工农群众的支持，靠的是革命精神激发的改天换地的强大力量。

"爱国、进步、民主、科学"的五四精神，"以磅礴之力鼓动了中国人民和中华民族实现民族复兴的志向和信心"[③]，改变了以往只有觉悟的革命者而缺少觉醒的人民大众的斗争状况，实现了中国人民和中华民族自鸦片战争以来第一次全面觉醒；南湖红船上诞生的中国共产党是中国历史上开天辟地的大事，使中国革命斗争有了主心骨，使中国人民从精神上由被动转为主动，以开天辟地、敢为人先的首创精神，为当时黑暗中的中国点亮了一盏明灯，点燃了中国革命的火种。从此，中国共产党人不管风吹浪打，不怕千难万险，始终坚定理想和信念，以不怕牺牲、敢于斗争的英雄气概，团结带领工农大众矢志推动中国革命事业的大船劈波斩浪、奋勇奋进。在井冈山，我们党不屈不挠、勇于探索，领导工农红军建立起全国第一个农村革命根据地，创立了游击战争的战略战术，创设了党领导军队的一系列组织制度和纪律，提出了"工农武装割据"思想，回答了"中国的红色政权为什么能够存在"的重大问题，开辟了一条农村包围城市、武装夺取政权的符合中国国情的革命道路，推动中国革命从低潮走向新的胜利。在中央苏区，反对本本主义，提出"没有调查，没有发言权"，创新战略战术，在以弱对强的不利形势下取得四次反"围剿"的胜利，坚持

① 《毛泽东选集》第 2 卷，人民出版社 1991 年版，第 708 页。

② 《邓小平文选》第 2 卷，人民出版社 1994 年版，第 146 页。

③ 习近平：《在纪念五四运动 100 周年大会上的讲话》，《人民日报》2019 年 5 月 1 日。

从斗争中创造新局面。在长征途中，我们党领导红军历尽苦难、淬火成金，成功把解决生存危机同拯救民族危亡联系在一起，把长征的大方向同建立抗日前进阵地联系在一起，实现了国内革命战争向抗日民族战争的转变，为夺取中国人民抗日战争胜利、进而夺取新民主主义革命胜利打下了坚实基础，使中国革命事业从挫折走向更大的胜利。伟大的抗日战争，中国人民向世界展示了天下兴亡、匹夫有责的爱国情怀，视死如归、宁死不屈的民族气节，不畏强暴、血战到底的英雄气概，百折不挠、坚忍不拔的必胜信念，一扫近百年来中华民族在对外战争中屡战屡败的阴霾，激发了民族的自尊与自信，极大地推进了中国的革命进程。在延安，我们党领导人民自力更生、艰苦奋斗，开展整风运动，将“实事求是”这一我们党自我净化、自我完善、自我革新、自我提高的锐利武器写入党章，中国革命力量实现了由小到大，由弱到强的根本性转变。在西柏坡，我们党坚持敢于斗争、敢于胜利的彻底革命精神，头脑清醒、目光远大，“两个务必”体现了对历史规律、奋斗历程的深刻借鉴和总结，体现了共产党人的深刻忧思，推动中国革命发生历史性转折，实现了从胜利走向新的胜利。

第二，建设时期，革命精神激发战天斗地强大力量。新中国成立初期，国内外形势错综复杂，中国共产党面临的困难和挑战也前所未有。在国内，新中国继承的是一个贫穷落后、千疮百孔的烂摊子，生产萎缩、经济凋敝、民生困苦、一穷二白、百废待兴；国际上，美国拒绝承认并破坏其他国家承认新中国，阻挠恢复中华人民共和国在联合国的合法席位，对新中国企图在政治上孤立、经济上封锁、军事上包围；在党内，存在骄傲情绪，以功臣自居的情绪，停顿起来不求进步的情绪，贪图享乐不愿再过艰苦生活的情绪，能否使同志们继续地保持谦虚、谨慎、不骄、不躁的作风，能否使同志们继续地保持艰苦奋斗的作风是新的课题、新的使命。面对前所未有的困难和挑战，迫切需要捍卫新生的人民政权和对“糖衣炮弹”的高度防范，迫切需要全体人民建设新中国的冲劲儿、拼劲儿、韧劲儿，迫切需要发扬自力更生、艰苦奋斗、无私奉献的奋斗精神。

中国人民在中国共产党的领导下，迸发出建设新中国的巨大热情和精神力量。革命精神在各地各条战线得到传承和弘扬、创造和转化。祖国和人民利益高于一切、为了祖国和民族的尊严奋不顾身，英勇顽强、舍生忘死，不畏艰难困苦、始终保持高昂士气，为完成祖国和人民赋予的使命，慷慨奉献自己的一切，以及为了人类和平与正义事业而奋斗的抗美援朝精神；爱国、创业、求实、奉献的大庆精神；自力更生、艰苦创业、团结协作、无私奉献的红旗渠精神；热爱祖国、无私奉献，自力更生、艰苦奋斗，大力协同、勇于登攀的“两弹一星”精神；亲民爱民、艰苦奋斗、科学求实、迎难而上、无私奉献的焦裕禄精神；忠于使命、艰苦奋斗、科学求实、绿色发展的塞罕坝精神等等。这些革命精神迸发出来的巨大能量，为捍卫新生的人民政权，为艰苦创业、战天斗地提供了源源不断的精神力量。

第三，改革时期，革命精神激发改革创新强大力量。改革开放是一项前无古人的伟大事业，没有成功先例，没有现成经验，无法照搬照抄他国做法，而需要在实践中创造性探索。伟大事业呼唤新的伟大精神。面对前进道路上的困难和风险挑战，作为新的伟大社会革命，迫切需要敢闯敢试、敢为人先、锐意进取、开拓创新，迫切需要符合时代特征的伟大精神的动员和激励。

女排精神奏响了“振兴中华”“伟大复兴”的时代强音，昭示着平凡孕育着伟大。一切平凡的人都可以获得不平凡的人生，一切平凡的工作都可以创造不平凡的成就。伟大抗震救灾精神彰显了中国精神、见证了中国力量。热爱祖国、为国争光的坚定信念，勇于登攀、敢于超越的进取意识，科学求实、严肃认真的工作作风，同舟共济、团结协作的大局观念和淡泊名利、默默奉献的崇高品质的载人航天精神，激励着人们积极探索浩瀚宇宙，发展航天事业，为建设航天强国不懈奋斗。北京奥运精神，中华民族向世界展现了国家利益高于一切，为国争光、顽强拼搏、超越自我、友好相待、公平竞争、热心服务、乐于奉献的精神。在应对重大灾难中形成的九八抗洪精神、抗震救灾精神、抗击“非典”精神、抗疫精神等激励中国人民不畏艰险、众志成城，团结一致，互相支援，迎难而上，共克时艰。

改革开放的光辉实践孕育了伟大的改革开放精神。从实行家庭联产承包到实施乡村振兴战略，从兴办深圳、珠海等经济特区到中国特色社会主义先行示范区，从传统的计划经济体制到中国特色社会主义市场经济体制，从以经济领域改革为主到全面深化改革，从推动建立国际政治经济新秩序到构建人类命运共同体，改革开放精神促进了中国的面貌、中华民族的面貌、中国人民的面貌、中国共产党的面貌的极大改变。正如邓小平所指出的："改革促进了生产力的发展，引起了经济生活、社会生活、工作方式和精神状态的一系列深刻变化"①。

革命精神是武器、是旗帜、是力量。中国共产党领导人民在革命、建设、改革的伟大实践中，崇高的革命精神是舍生忘死、浴血奋战、攻坚克难、赢得胜利的思想武器，是团结民众、奋斗拼搏、自力更生、激励斗志的精神旗帜，是中华民族迎来从站起来富起来到强起来的伟大飞跃、迎来中华民族伟大复兴的光明前景的精神力量。

（二）革命精神是共产党人初心和使命的集中彰显

为中国人民谋幸福，为中华民族谋复兴的初心使命与中国共产党革命精神相伴相生。回顾历史，我们党领导人民开展革命、建设和改革的奋斗历程，就是践行初心使命的历程和不断孕育、弘扬发展革命精神的历程。同样，革命精神也集中彰显了我们党的初心和使命。习近平总书记指出，"不忘初心，牢记使命，就不要忘记我们是共产党人，我们是革命者，不要丧失了革命精神"②"不忘初心、继续前进，就包含着不忘革命精神这个重大命题"③。我们党领导人民在革命、建设和改革进程中形成的伟大革命精神明确回应了救亡图存、国强民富这一实现初心使命的核心关切，清晰回答了"从哪里来、往哪里走""为什么出发、为什么奋斗""我是谁、为了谁"，集中彰显了红色政权的来之不易、新中国的来之不易、中国特色

---

① 《邓小平文选》第 3 卷，人民出版社 1993 年版，第 142 页。

② 《习近平关于"不忘初心，牢记使命"重要论述选编》，党建读物出版社、中央文献出版社 2019 年版，第 299 页。

③ 《习近平关于"不忘初心，牢记使命"重要论述选编》，党建读物出版社、中央文献出版社 2019 年版，第 299 页。

社会主义的来之不易。

第一，革命精神清晰回答了红色政权从哪来的。为什么要革命？毛泽东指出："为了使中华民族得到解放，为了实现人民的统治，为了使人民得到经济的幸福。"[①] 习近平总书记指出，一切向前走，都不能忘记走过的路；走得再远、走到再光辉的未来，也不能忘记走过的过去，不能忘记为什么出发。红船精神、井冈山精神、苏区精神、长征精神、延安精神、西柏坡精神、红岩精神等清晰地回答了我们党如何紧紧依靠人民群众在艰难困苦中争取民族的独立与自由解放的，如何把马克思主义与中国国情相结合、成功开辟一条适合中国国情的革命道路的，如何打碎旧的国家机器、建立人民当家作主新政权的，如何建立新中国、实现中华民族屹立于世界民族之林这一伟大愿景的。1940 年毛泽东在延安时指出："我们共产党人，多年以来，不但为中国的政治革命和经济革命而奋斗，而且为中国的文化革命而奋斗；一切这些的目的，在于建设一个中华民族的新社会和新国家。在这个新社会和新国家中，不但有新政治、新经济，而且有新文化。这就是说，我们不但要把一个政治上受压迫、经济上受剥削的中国，变为一个政治上自由和经济上繁荣的中国，而且要把一个被旧文化统治因而愚昧落后的中国，变为一个被新文化统治因而文明先进的中国。"[②]

第二，革命精神清晰回答了新中国是怎么走向繁荣富强的。新中国成立之初一穷二白。正如毛泽东所说："现在我们能造什么？能造桌子椅子，能造茶碗茶壶，能种粮食，还能磨成面粉，还能造纸，但是，一辆汽车、一架飞机、一辆坦克、一辆拖拉机都不能造。"[③] 在这种现实基础上如何建设社会主义、走什么样的发展道路，如何巩固新生的人民政权，怎样让中华民族自立于世界民族之林，只能在现实中进行艰苦探索，同时充分发挥精神的力量。抗美援朝精神、雷锋精神、铁人精神、红旗渠精神、两路精神、焦裕禄精神、"两弹一星"精神、女排精神、抗震救灾精神、抗

① 《毛泽东选集》第 1 卷，人民出版社 1991 年版，第 21 页。

② 《毛泽东选集》第 2 卷，人民出版社 1991 年版，第 663 页。

③ 《毛泽东文集》第 6 卷，人民出版社 1999 年版，第 329 页。

击“非典”精神、北京奥运精神、改革开放精神、载人航天精神等革命精神清晰地回答了新中国是在朝鲜战场上同美帝国主义的斗争中巩固的，是像郭永怀、邓稼先这样埋头苦干、默默奉献甚至献出生命的科学家的无私奉献中发展起来的，是像林县人民那样敢于同恶劣自然环境的抗争中发展起来的，是像王进喜一样的千千万万劳动创业者在战天斗地的火热场面中发展起来的，是像焦裕禄一样的领导干部们的鞠躬尽瘁中发展起来的，是在中国人民抗击自然灾害、应对各种风险挑战中发展起来的，是在40多年全面深化改革的伟大实践中发展起来的，等等。

第三，革命精神清晰回答了“为了谁、依靠谁、我是谁”。人民群众是历史的创造者，是推进伟大革命的力量源泉。推进伟大社会革命是为了人民幸福和民族复兴。中国共产党在一百年的奋斗历程中形成的革命精神，清晰地回答了我们党领导人民干革命、搞建设、促改革的目的就是让人民群众翻身解放、当家作主，就是让人民过上幸福生活；清晰地回答了不管是革命战争年代还是和平发展时期，人民始终是我们征服一个个“娄山关”“腊子口”、翻越一座座“雪山”和跋涉一片片“草地”的力量之源和胜利之本。正如毛泽东指出：“只要我们依靠人民，坚决地相信人民群众的创造力是无穷无尽的，因而信任人民，和人民打成一片，那就任何困难也能克服，任何敌人也不能压倒我们，而只会被我们所压倒”[①]；清晰地回答了人民是共产党人的衣食父母，共产党人是人民的勤务员，永远不能脱离群众、轻视群众、漠视群众疾苦。正如党的七大党章明确指出：“中国共产党人必须具有全心全意为中国人民服务的精神，必须与工人群众、农民群众及其他革命人民建立广泛的联系，并经常注意巩固与扩大这种联系。”[②]

（三）革命精神是伟大中华民族精神的继承和升华

中华民族拥有五千多年的悠久历史，形成了博大精深的民族精神。伟大民族精神是崇高革命精神产生的依据和源泉，离开民族精神，革命精神将失去根基、无所依凭。中国共产党革命精神不仅传承了伟大民族精神，

① 《毛泽东选集》第3卷，人民出版社1991年版，第1096页。

② 《中国共产党历次党章汇编（1921—2017）》，中国方正出版社2019年版，第113页。

而且在伟大革命实践中，弘扬和升华了伟大民族精神。习近平总书记指出："中国人民在长期奋斗中培育、继承、发展起来的伟大民族精神，为中国发展和人类文明进步提供了强大精神动力。中国人民是具有伟大创造精神的人民、具有伟大奋斗精神的人民、具有伟大团结精神的人民、具有伟大梦想精神的人民。"① 中国共产党革命精神继承和弘扬了中华民族的精神特质，在革命、建设和改革的伟大实践中进一步彰显了中国人民伟大创造精神、伟大奋斗精神、伟大团结精神和伟大梦想精神。

第一，革命精神蕴含伟大的创造精神。中华民族富于创造精神，在数千年历史长河中，中华民族创造了辉煌的历史。"物不因不生，不革不成""苟日新，日日新，又日新""周虽旧邦，其命维新""穷则变，变则通，通则久""不日新者必日退""惟创新者进，惟创新者强，惟创新者胜"等，充分体现了中国人对创新创造的推崇。这种富于创造的思维特质和文化禀赋，深刻影响着中国人的精神世界，也体现在伟大的革命精神之中，并在革命实践中得到了升华。比如，井冈山时期，毛泽东立足中国革命实际，把马克思主义普遍真理与中国革命实际相结合，开辟了农村包围城市、武装夺取政权的革命道路。习近平总书记指出：实事求是、敢闯新路，是井冈山精神的核心。再比如，在延安时期，如果没有与时俱进、开拓创新，就不会有《实践论》《矛盾论》《论持久战》等伟大著作，就不会成功地推进马克思主义中国化，就不会实现党的理论第一次历史性飞跃。还比如，"两弹一星"精神、载人航天精神等就充分展示了中国航天人的卓越创新能力。

第二，革命精神蕴含着伟大的奋斗精神。中华民族是一个崇尚奋斗的伟大民族。中国人民自古就明白，世界上没有坐享其成的好事，要成功就要奋斗。"天行健，君子以自强不息""老骥伏枥，志在千里；烈士暮年，壮心不已""古之立大事者，不惟有超世之才，亦必有坚忍不拔之志"就是中国人崇尚奋斗、坚忍不拔的写照。这种革故鼎新、自强不息的奋斗精神不仅在革命精神中得到了传承，更在革命实践中得到了进一

① 习近平：《在第十三届全国人民代表大会第一次会议上的讲话》，《人民日报》2018 年 3 月 20 日。

步的张扬。不畏艰险、不屈不挠、攻坚克难、不怕牺牲、勇于拼搏等就是具体表现。正是这种奋斗精神，激励着中国共产党和中国人民在强敌和险境面前英勇顽强、不惧困难，挽救了民族危亡。比如，在井冈山上，面对敌人的严厉封锁，毛泽东、朱德等党和红军领导人带领井冈山军民艰苦奋斗，自己动手挑粮、种菜、编草鞋、挖草药、熬硝盐、办军械厂，克服各种困难，打破重重封锁，渡过了一次次难关，巩固和扩大了革命根据地。还比如，在长征途中，面对一条条波涛汹涌的大河，一座座巍然耸立的雪山，一片片茫无涯际的草地，在敌军围困万千重的逆境中，红军转战两万五千里，谱写出一曲曲动人的永久奋斗的革命乐章。正是这种奋斗精神，激励着中国人民顽强拼搏、攻坚克难，不怕牺牲，不断取得建设和改革的新成就。比如，为了彻底改变“十年九旱”的历史，林县人民群众用一锤一钎削平山头、凿通隧道、架设渡槽，用热血和汗水铸就了奋斗的精神丰碑。再比如，铁人精神就集中地体现了“宁可少活 20 年，拼命也要拿下大油田”的忘我拼搏精神和“有条件要上，没有条件创造条件也要上”的艰苦奋斗精神。

第三，革命精神蕴含着伟大的团结精神。习近平总书记指出，在几千年历史长河中，中国人民始终团结一心、同舟共济，建立了统一的多民族国家，发展了 56 个民族多元一体、交织交融的融洽民族关系，形成了守望相助的中华民族大家庭。中华民族共同体是历经磨难而得以发展壮大的。中华民族在几千年绵延不断的发展历程中，孕育了万众一心、同舟共济、众志成城的团结奋斗精神。中国人民在民族危亡之际，同仇敌忾、抵御外侮，在建设和改革时期，同舟共济、守望相助、亲仁善邻、协和万邦。2019 年 9 月 30 日，习近平总书记在庆祝中华人民共和国成立 70 周年招待会上总结道：“团结是中国人民和中华民族战胜前进道路上一切风险挑战、不断从胜利走向新的胜利的重要保证。”①

步调一致、行动听指挥，就是毛泽东在井冈山上制定的“三大纪律、六项注意”的第一条；“团结如兄弟姊妹一样”“团结得像一个和睦家庭一

① 习近平：《在庆祝中华人民共和国成立 70 周年招待会上的讲话》，《人民日报》2019 年 10 月 1 日。

样”[①]，就是毛泽东在延安党的七大上突出强调团结胜利的主题；团结就是力量，这力量是铁，这力量是钢，比铁还硬，比钢还强……这首抗日战争中诞生的歌曲就集中地表现了抗日战争精神的重要内容。老一辈西迁人秉持“个人未来与国家目标同频共振，‘小我’与‘大我’同向而行”的价值观念，用实际行动为中华民族的伟大团结精神树立起了丰碑。新中国成立以来，中国援外医疗队甘于奉献，增进了我国与广大发展中国家民心相通、民意相融，在构建人类命运共同体的过程中，传承着亲仁善邻、协和万邦、守望相助的情怀。

第四，革命精神蕴含着伟大的梦想精神。中华民族是富于梦想精神的民族，不论条件多么艰苦、环境多么严酷，都能心怀梦想、生生不息、奋斗不止。习近平总书记说，在几千年历史长河中，中国人民始终心怀梦想、不懈追求，我们不仅形成了小康生活的理念，而且秉持天下为公的情怀，盘古开天、女娲补天、伏羲画卦、神农尝草、夸父追日、精卫填海、愚公移山等我国古代神话深刻反映了中国人民勇于追求和实现梦想的执着精神。中国人民相信，山再高，往上攀，总能登顶；路再长，走下去，定能到达。[②]中华民族对梦想的追求不仅仅体现在对自然的征服和改造上，更体现在对正义社会制度、美好社会生活的追求和向往。这种梦想追求在革命精神中就是：在革命时期，追求人民解放和民族独立；在建设和改革时期，追求国家富强和人民幸福；表现为赴汤蹈火、舍生取义在所不惜，表现为百折不挠、坚忍不拔英雄气概，表现为不达目标誓不休的坚定决心等。红船上诞生的中国共产党这一“开天辟地的大事变”使得革命有了领导者，追梦有了领航人。在长征途中，面对无数艰难险阻和万水千山，正是有了坚定的信念、执着的梦想，才克服了一道道障碍，才得以三军过后尽开颜。社会主义建设和改革时期的抗美援朝精神、铁人精神、大庆精神、塞罕坝精神等，都充分表现了中国人民对新生政权的捍卫、对国家富

① 毛泽东：《中国共产党第七次全国代表大会的工作方针》，李忠杰、李明华主编：《中国共产党第七次全国代表大会档案文献选编》，中共党史出版社 2015 年版，第 139 页。

② 习近平：《在第十三届全国人民代表大会第一次会议上的讲话》，《人民日报》2018 年 3 月 20 日。

强和人民幸福的追求、对美好生活的向往。

二、革命精神的基本特征

中国共产党革命精神之所以能够在革命、建设和改革征程中淬炼形成并转化为推动社会革命胜利的巨大力量，就是因为有独特的精神品质。革命精神虽然有着各自的丰富内涵和鲜明特征，但始终坚守初心使命、始终坚定理想信念、始终坚持党的领导、始终坚持不懈奋斗、始终坚持为人民服务。这是恒久不变的基因、历久弥新的风采神韵。

（一）任何时候都要讲政治

坚定正确的政治方向是中国革命精神的灵魂。讲政治是马克思主义政党的根本性要求，是中国共产党的优良传统，亦是中国共产党革命精神的灵魂和首要特征。在井冈山上，“经过政治教育，红军士兵都有了阶级觉悟，都有了分配土地、建立政权和武装工农等项常识，都知道是为了自己和工农阶级而作战”①。在古田会议上，毛泽东明确提出政治建军，强调“中国的红军是一个执行革命的政治任务的武装集团”“红军绝不是单纯地打仗的”“还要负担宣传群众、组织群众、武装群众、帮助群众建立革命政权以至于建立共产党的组织等项重大的任务”②。政治性突出地表现在以下三个方面。

第一，心中有信仰。有什么样的信仰，就有什么样的选择；有什么样的理想，就有什么样的方向。信仰信念是人们追求理想目标的强大动力，信念一旦形成，就会使人坚贞不渝、百折不挠地追求理想目标。有人问，究竟是什么力量在支撑着中国共产党人经历了那些艰苦卓绝的岁月，经历惨烈悲壮的牺牲奉献，仍然矢志不渝，孜孜不倦地探寻救国救民之路、自强奋进之路。答案很简单，“他们靠的就是坚定的革命理想信念”。习近平总书记指出：“在我们党 90 多年的历史中，一代又一代共产党人为了追求民族独立和人民解放，不惜流血牺牲，靠的就是一种信仰，为的就是一个

① 《毛泽东选集》第 1 卷，人民出版社 1991 年版，第 64 页。

② 《毛泽东文集》第 1 卷，人民出版社 1993 年版，第 96 页。

理想。”[①]

没有理想信念，理想信念不坚定，精神上就会“缺钙”，就会得“软骨病”。正因为有坚定的信仰，面对“红旗到底能打多久”质疑，毛泽东明确提出了“星星之火、可以燎原”，明确提出中国革命的高潮即将到来，他说：“它是站在海岸遥望海中已经看得见桅杆尖头了的一只航船，它是立于高山之巅远看东方已见光芒四射喷薄欲出的一轮朝日，它是躁动于母腹中的快要成熟了的一个婴儿”[②]。毛泽东的这篇著作，打破了当时党内军内对革命前途悲观和迷茫的情绪，坚定了党领导人民群众为理想信念奋斗的决心和信心。正因为有坚定的信仰，在风雨如磐的长征路上，数万红军才能在围追堵截中屹立不倒、在冰天雪地里宁折不弯，“风雨浸衣骨更硬，野菜充饥志越坚；官兵一致同甘苦，革命理想高于天”，最终“万水千山只等闲，三军过后尽开颜”。正因为有坚定的信仰，革命英烈们慷慨赴死，从容就义，用生命诠释了理想信念的力量和敢于牺牲的精神。正因为有坚定的信仰，江姐在最后一封书信中跟孩子说，“以踏着父母之足迹，以建设新中国为志，为共产主义事业奋斗到底。”[③]正因为有坚定的信仰，雷锋说，我觉得一个革命者活着就应该把毕生精力和整个生命为人类解放事业——共产主义全部献出。我活着，只有一个目的，就是做一个对人民有用的人。

心中有信仰，脚下有力量。信仰、信念、信心，任何时候都至关重要。100年来，中国共产党团结带领全国各族人民，不断推进革命、建设、改革伟大事业，进行了一次又一次波澜壮阔的社会革命，夺取了一个又一个举世瞩目的伟大胜利。每一代人有每一代人的长征路，每一代人都要走好自己的长征路。新时代的新长征路是什么？习近平总书记说：“我们这一代人的长征，就是要实现‘两个一百年’奋斗目标、实现中华民族伟大复兴的中国梦。”[④]实现伟大的理想，从来没有平坦的大道可走。我们面前

---

① 习近平：《关于坚持和发展中国特色社会主义的几个问题》，《十八大以来重要文献选编》上册，中央文献出版社2014年版，第116页。

② 《毛泽东选集》第1卷，人民出版社1991年版，第106页。

③ 卢光特、谭重威：《江竹筠传》，重庆出版社1982年版，第102页。

④ 习近平：《在纪念红军长征胜利80周年大会上的讲话》，《人民日报》2016年10月22日。

依然有“雪山”“草地”需要跨越，依然有“娄山关”“腊子口”需要征服，依然需要我们不忘初心、继续前进，依然需要我们保持理想信念坚定，风雨如磐不动摇。

庆祝中华人民共和国成立70周年大会群众游行中的“开天辟地”方阵

第二，心中有党。有人曾问邓小平：“长征那么艰难凶险，你是怎样走过来的？”他坚定地说：“跟着走！”[①] 面对枪林弹雨、面对一穷二白、面对自然灾害和突发事件，我们党领导的革命队伍正是靠着“跟着走”的精神和“跟着走”的力量，披荆斩棘，克服了艰难险阻，最终取得了一个又一个的胜利。

在井冈山上，面对“中国革命到底还能打多久”的疑问，毛泽东写了《中国红色政权为什么能够存在？》《星星之火，可以燎原》等著作，深刻分析了中国红色政权能够存在的原因，阐述了中国走“农村包围城市，武装夺取政权”革命道路的可能性、可行性和必要性，消除了当时党内军内一部分人的悲观情绪，坚定了红军跟党走的信心和决心。1927年毛泽东领导的“三湾改编”，创造性地确立“支部建在连上”“官兵平等”等一整套崭新的治军方略，从政治上组织上保证了党对军队的绝对领导。在长征途

① 人民日报社评论部编：《不忘初心　牢记使命重要言论100篇》，中国方正出版社2018年版，第132页。

中，面对高山峻岭、大河险滩、草地荒原，面对敌人的围追堵截，中国共产党召开了遵义会议，在生死攸关的转折点上确定了以毛泽东为主要代表的马克思主义正确路线的领导地位，开始形成以毛泽东为核心的党的第一代中央领导集体，挽救了党、挽救了红军、挽救了中国革命。

延安时期是党的建设理论丰富完善的关键时期，也是党的政治建设丰富完善的关键时期。1938年召开的党的六届六中全会通过了《关于中央委员会工作规则与纪律的决定》《关于各级党部工作规则与纪律的决定》等重要文件，严明党的纪律，维护了中央权威，保证了党的集中统一；进一步明确了毛泽东的领导地位，解决了党的统一领导问题，提出了"四个服从"，立起了在思想上组织上服从中央、尊重中央与信任中央的政治规矩。我们党选择了毛泽东这样最懂中国社会、最懂中国革命和最懂武装斗争的领袖，确定了毛泽东思想在全党的指导地位。同时，坚持和健全民主集中制，塑造了"在民主基础上的集中，在集中指导下的民主"的新型民主制度，在实践上形成了比较系统的政治生活准则，保证了全党的集中统一。坚持"党的利益高于一切"，制定增强党性的特别规定。1941年7月，中共中央政治局首次通过《中央关于增强党性的决定》，要求"全党党员和党的各个组成部分都在统一意志、统一行动和统一纪律下面，团结起来，成为有组织的整体"①。

在敌人的监牢中，江姐对党的忠诚坚如磐石。小说《红岩》描写的情节有代表性。江姐的难友们赞颂江姐说：你，暴风雨中的海燕，迎接着黎明前的黑暗。飞翔吧！战斗吧！永远朝着东方，永远朝着党！焦裕禄也是跟党走的典范。习近平总书记说，焦裕禄精神是一盏明灯，焦裕禄同志的事迹归结到一点，就是坚定跟党走，他一生都在为党分忧、为党添彩。②雷锋在日记中说："我一定要好好学习和工作，永远听党的话，听毛主席的话，跟党走，做毛主席的好战士。"

心中有党，就是要坚持党的领导。正是因为有了党的坚强领导，在井冈山上我们党粉碎了敌人的一次又一次的"围剿"，正是因为有了党的坚

① 《毛泽东年谱（1893—1949）》中卷，中央文献出版社2013年版，第311页。

② 《习近平在中国政法大学考察》，《人民日报》2017年5月4日。

强领导，中国革命才燃起了熊熊的革命火种，革命、建设和改革才有了正确的方向，才找到了适合中国革命、建设和改革实际的正确道路；正是因为有了党的坚强领导，才确保中央的决策部署能迅速而有力地传达和深入到群众之中，才使得中国革命、建设和改革有了磅礴之力；正是因为有了党的坚强领导，中国革命、建设和改革才能取得巨大的成功，才具有强大的生命力和影响力，保证“两个一百年”奋斗目标沿着正确方向前进。

“跟着走”就是“紧跟党走”，体现了共产党人在推进社会革命的进程中对理想信念的坚定、对正确政治方向的清醒以及对伟大奋斗目标的追求，集中展现了共产党人对党绝对忠诚、与党同心同德的革命本色。

第三，心中有戒。重视纪律建设是中国共产党的优良传统，也是中国共产党革命精神的集中彰显。中国革命、建设和改革的成功，离不开党的坚强领导和人民群众的支持，更离不开严明的纪律规矩保障。毛泽东在《论新阶段》中指出：“纪律是执行路线的保证，没有纪律，党就无法率领群众与军队进行胜利的斗争。”[①] 有纪律有规矩，全党上下才能思想统一、行动才能步调一致。

井冈山时期，党和红军把纪律建设摆在突出位置，制定了党的政治、组织、作风、群众等纪律。《湘赣边界各县党第二次代表大会决议案》明确提出：“‘铁的纪律’为布尔什维克党的主要精神，只有如此，才能抑止党走向非无产阶级的道路。消灭机会主义分子，洗刷不斗争的腐化分子，只有如此，才能集中革命先进分子的力量在党的周围，使党壁堡森严、步伐整齐的成为强健的斗争组织……”[②]“三大纪律、六项注意”，更是从制度上严明了部队的纪律，有效克服了军队内部流寇主义、无政府主义等错误思想，形成了群众对人民军队“拥护又喜欢”的新型军民关系。三湾改编时在连、营、团各级设立的士兵委员，是实现民主、加强监督、维护纪律的一个有效组织形式，扩大了军队民主，克服了官僚主义，密切了党与红军士兵关系，对提高红军声誉发挥了重要作用。

毛泽东在古田会议上再次强调要“严格地执行三条纪律”，要充分

---

① 《中共中央文件选集》第 11 册，中共中央党校出版社 1989 年版，第 651 页。

② 《建党以来重要文献选编（1921—1949）》第 5 册，中央文献出版社 2011 年版，第 634 页。

做好“上门板，捆禾草，扫地，讲话和气，买卖公平，借东西照还，赔偿损失”这些注意事项；要“废止对纪律的敷衍现象”；并指出“上门板、捆禾草等项是从行动中扩大红军影响、增加群众对红军信仰的良好方法，应当好好地去执行”[①]。中央苏区还制定专门的法令来同腐败行为作斗争。1932年12月制定的《关于惩治贪污浪费行为——中央执行委员会第26号训令》明文规定“贪污公款在五百元以上者，处以死刑”[②]。从1932年4月至1934年4月，先后查处了中共胜利县县委书记钟圣谅和该县苏维埃主席钟铁青贪污腐败案、“二苏大会”基建工程所主任左祥云贪污案等一系列苏区干部贪污案，分别判处有关人员以死刑，在中央苏区引起极大震动。

延安时期，我们党继续高度重视纪律建设，其中一个突出特点就是注重党内法规建设，通过扩大党内民主、规范党内政治生活来维护党的团结统一。1938年10月，毛泽东在扩大的六届六中全会上，突出强调党内民主问题。他指出：“扩大党内民主，应看作是巩固党和发展党的必要的步骤，是使党在伟大斗争中生动活跃，胜任愉快，生长新的力量，突破战争难关的一个重要的武器。”[③]1945年，党的第七次全国代表大会通过的《中国共产党章程》首次把党的纪律写进总纲：“在党内不容许有离开党的纲领和党章的行为，不能容许有破坏党纪、向党闹独立性、小组活动及阳奉阴违的两面行为。中国共产党必须经常注意清除自己队伍中破坏党的纲领和党章、党纪而不能改正的人出党。”[④]并在第二章第十四条规定：“党员个人服从所属党的组织，少数服从多数，下级组织服从上级组织，部分组织统一服从中央。”[⑤]党的七大对民主集中制原则的科学表述，即民主集中制“是民主的，又是集中的，就是说，在民主基础上的集中，在集中指导下

① 毛泽东：《红军宣传工作问题》，《毛泽东新闻工作文选》，新华出版社1983年版，第21页。
② 韩延龙、常兆儒编：《中国新民主主义革命时期根据地法制文献选编》第3卷，中国社会科学出版社1981年版，第4—5页。
③《毛泽东选集》第2卷，人民出版社1991年版，第529页。
④《中国共产党历次党章汇编（1921—2017）》，中国方正出版社2017年版，第114页。
⑤《中国共产党历次党章汇编（1921—2017）》，中国方正出版社2017年版，第118页。

的民主”[①]揭示了民主集中制的实质和内涵，保证了党的集中统一。

（二）面对挑战勇于斗争

中国共产党领导人民推进伟大社会革命的每一次胜利，都是通过顽强斗争而取得的。从井冈山、中央苏区反“围剿”、红军长征、抗日战争、解放战争、抗美援朝到社会主义建设时期的大庆油田、“两弹一星”等再到改革开放时期的抗震救灾、援外医疗队等，每一步的胜利都离不开伟大斗争。

第一，斗争是法宝。我们党是从斗争中成长起来的党，党领导革命的胜利是经过百折不挠的斗争与艰苦卓绝的奋斗取得的。毛泽东在《丢掉幻想，准备斗争》一文中指出，“斗争，失败，再斗争，再失败，再斗争，直至胜利——这就是人民的逻辑”[②]。革命工作就是斗争。在井冈山上，毛泽东于1928年写的《井冈山的斗争》全部围绕“斗争”而展开，充分体现了武装斗争对中国革命的极端重要性。毛泽东在1939年写的《〈共产党人〉发刊词》中指出：“统一战线，武装斗争，党的建设，是中国共产党在中国革命中战胜敌人的三个法宝，三个主要的法宝。”[③]

一是中国的革命必须以武装斗争为主要形式。毛泽东认为，中国不是一个独立的民主的国家，而是一个半殖民地半封建的国家，具有和资本主义国家不同的情况，在内部没有民主制度，而受封建制度的压迫，在外部没有民族独立，而受帝国主义的压迫。中国共产党面临的主要任务，是联合尽可能多的同盟军，组织武装斗争，反对武装的反革命，为争取民族和社会的解放而斗争。在《湖南农民运动考察报告》中，毛泽东说：“革命不是请客吃饭，不是做文章，不是绘画绣花，不能那样雅致，那样从容不迫，文质彬彬，那样温良恭俭让。革命是暴动，是一个阶级推翻一个阶级的暴烈的行动。农村革命是农民阶级推翻封建地主阶级的权力的革命。”[④]1945年10月，毛泽东就在《关于重庆谈判》中指出：“什么叫工作，

① 《毛泽东选集》第3卷，人民出版社1991年版，第1057页。
② 《毛泽东选集》第4卷，人民出版社1991年版，第1487页。
③ 《毛泽东选集》第2卷，人民出版社1991年版，第606页。
④ 《毛泽东选集》第1卷，人民出版社1991年版，第17页。

工作就是斗争。那些地方有困难、有问题，需要我们去解决。我们是为着解决困难去工作、去斗争的。”[①] 中国共产党革命精神在革命的过程之中被赋予了斗争性，斗争性是中国共产党革命精神的应有之义。

二是革命的过程就是斗争的过程。革命就是斗争，斗争就是革命。在中国，主要的斗争形式是战争，而主要的组织形式是军队。毛泽东说："在中国，离开了武装斗争，就没有无产阶级和共产党的地位，就不能完成任何的革命任务。”[②] 毛泽东还指出，从马克思主义关于国家学说的观点看来，军队是国家政权的主要成分。谁想夺取国家政权，并想保持它，谁就应有强大的军队。工人阶级和劳动群众，只有用枪杆子的力量才能战胜武装的资产阶级和地主。中国共产党人是战争消灭论者，是不要战争的，但是只能经过战争去消灭战争，不要枪杆子必须拿起枪杆子。

三是中国革命必须以长期的武装斗争为主要形式。1939 年，毛泽东在《中国革命和中国共产党》中说，中国革命的敌人是异常强大的。中国革命的敌人不但有强大的帝国主义，而且有强大的封建势力，而且在一定时期内还有勾结帝国主义和封建势力以与人民为敌的资产阶级的反动派。因此，那种轻视中国革命人民的敌人的力量的观点，是不正确的。因为我们的敌人是异常强大的，革命力量就非在长期间内不能聚积和锻炼成为一个足以最后地战胜敌人的力量。因为敌人对于中国革命的镇压是异常残酷的，革命力量就非磨炼和发挥自己的顽强性。只有经过长期的，艰苦卓绝的武装斗争，才能使自己由弱变强，使敌人由强变弱，最后战胜敌人，建立新中国。

中国革命的胜利是靠革命斗争实现的，中国建设、改革的成就也是靠伟大的斗争取得的。正如习近平总书记所说，实现奋斗目标绝不是轻轻松松、敲锣打鼓就能实现的，必须弘扬革命战争年代那种敢于战斗、不怕困难的奋斗精神，敢于直面任何风险挑战，敢于斗争、善于斗争，勇于担当负责，积极主动作为，坚决顶起自己该顶的那片天，以坚忍不拔的意志和无私无畏的勇气战胜前进道路上的一切艰难险阻、风险挑战。

---

① 《毛泽东选集》第 4 卷，人民出版社 1991 年版，第 1161 页。

② 《毛泽东选集》第 2 卷，人民出版社 1991 年版，第 544 页。

第二，敢于斗争。敢于斗争就是要不怕斗争，敢于直面革命道路上的各种敌人、困难以及风险和挑战，知难不惧、锲而不舍。习近平总书记指出，“我们党是生于忧患、成长于忧患、壮大于忧患的政党”[①]，“我们党在内忧外患中诞生，在磨难挫折中成长，在战胜风险挑战中壮大”[②]。

一是敢于向凶狠的敌人和反动势力作斗争。井冈山上，面对几倍甚至十几倍的国民党军的“围剿”，红军用机动灵活的战略战术，以梭镖加土枪一次又一次粉碎敌人的军事“围剿”，终于取得了黄洋界保卫战等诸多辉煌胜利，保卫了井冈山。长征途中，英雄的红军将士，同敌人进行了600余次战役战斗。血战湘江，四渡赤水，巧渡金沙江，强渡大渡河，飞夺泸定桥，鏖战独树镇，勇克包座，转战乌蒙山，红军一次次击退上百万穷凶极恶的追兵阻敌，付出了巨大的牺牲。据统计，在红一方面军二万五千里的征途上，平均每300米就有一名红军牺牲。在朝鲜战场，虽然中美力量对比悬殊，但英勇的志愿军发扬“一不怕苦，二不怕死”的精神，敢于斗争，善于斗争，取得了抗美援朝战争的胜利。1950年8月5日，毛泽东同邓华谈话时指出：“你们集结东北后的任务是保卫东北边防，但要准备同美国人打仗，要准备打前所未有的大仗，还要准备他打原子弹。他打原子弹，我们打手榴弹，抓住他的弱点，跟着他，最后打败他。我还是那句老话，在战略上藐视他，当作纸老虎，在战术上重视他，当作真老虎。”[③]中国人民志愿军就是在英勇顽强、舍生忘死的革命英雄主义精神的武装下，把强大的敌人看作“纸老虎”，取得一个又一个伟大胜利。

二是在艰苦的、恶劣的自然环境中作斗争。井冈山斗争时期，在国民党的严密军事进攻和经济封锁之下，红军“苦到了极度”。“红米饭，南瓜汤，挖野菜，也当粮；干稻草，软又黄，金丝被，盖身上；穿草鞋，背土枪，反围剿，斗志旺”，就是当时的写照。在漫漫长征途中，红军面临着

① 《习近平新时代中国特色社会主义思想学习纲要》，学习出版社、人民出版社2019年版，第183页。

② 《习近平关于“不忘初心，牢记使命”重要论述选编》，党建读物出版社、中央文献出版社2019年版，第358页。

③ 《毛泽东年谱（1949—1976）》第1卷，中央文献出版社2013年版，第169页。

严酷恶劣的自然环境，空气稀薄的冰山雪岭、渺无人烟的沼泽草地，跨越近百条江河，攀越40余座高山险峰，其中海拔4000米以上的雪山就有20余座，穿越了被称为“死亡陷阱”的茫茫草地，用顽强意志征服了人类生存极限。在20世纪60年代的黑龙江大庆，来自祖国四面八方的数万名石油人挺进松嫩平原，面对恶劣的自然环境，以王进喜为代表的石油工人凭着“有条件要上，没有条件创造条件也要上”的大无畏精神，苦战三年拿下了大庆油田，一举摘下中国贫油的帽子。

三是向各种错误思潮和路线作斗争。在井冈山上，针对党和红军内存在的教条主义，毛泽东写了《反对本本主义》一文，明确提出同本本主义、不注重调查研究的作风进行斗争，同时明确提出中国革命斗争的胜利要靠中国同志了解中国情况。在古田会议上，毛泽东主张对红四军内各种非无产阶级思想进行斗争，他说，红军党内对盲动主义已经作了斗争，但尚不充分。1934年1月，毛泽东在《关心群众生活，注意工作方法》一文中，对中央苏区一些地方苏维埃政权中的官僚主义作风，进行了批评，提出要对官僚主义作风进行斗争。延安时期，毛泽东在《反对自由主义》中指出，“我们主张积极的思想斗争”，来克服党内的自由主义，“每个共产党员和革命分子，应该拿起这个武器”[①]。要通过斗争，清除党内的主观主义、宗派主义和党八股等不良作风，达到实现党的先进性和纯洁性。1942年5月，毛泽东在延安文艺座谈会上，针对一些人“在组织上入了党，思想上并没有完全入党”的问题，提出需要展开一个无产阶级对非无产阶级的思想斗争，并且要求大家积极起来参加这个斗争。

四是同重大自然灾害和威胁公共安全的事件作斗争。人类一直在同重大自然灾害和威胁公共安全的事件作斗争中前进。唐山、汶川大地震后，英勇的中国人民没有向震灾屈服，没有向困难低头，以大无畏的精神向灾害挑战，恢复生产，重建家园，涌现出无数可歌可泣、感天动地的故事，充分地体现了毛泽东评价唐山工人阶级“特别能战斗”的精神。在抗击“非典”和新冠肺炎疫情的斗争中，在中国共产党的坚强领导下，广大

---

① 《毛泽东选集》第2卷，人民出版社1991年版，第359页。

医护人员、科研人员把医院当特殊“战场”，把自己当特别“战士”，挺身而出，不怕牺牲，不辱使命，打赢了一场场没有硝烟的特殊战争。

第三，善于斗争。斗争是一门艺术，既要敢于斗争，又要善于斗争。花繁柳密处拨得开，才是手段；风狂雨急时立得定，方见脚跟。在斗争中要讲究方式和方法、注重策略和艺术。发扬斗争精神绝不是逞强好胜、好勇斗狠，也不是盲目冲动、不讲变通，而是在坚持原则、坚定立场的基础上因时因势采取最为有效的行动，以达成既定的目标使命。用习近平总书记的话说就是，既要有兵来将挡、水来土掩、见招拆招的硬功夫，又要有四两拨千斤、借力发力、借势谋势的软办法。中国共产党革命精神斗争性的一个重要方面就是：坚持敢于斗争和善于斗争有机统一，提高斗争策略，推动革命事业发展。

一是讲究辩证的斗争艺术。就是把握团结与斗争的辩证关系，团结中有斗争，斗争中实现团结。毛泽东在《又团结、又斗争》中指出：“统一里有斗争，天下万物皆然。如果有人认为只有团结而没有斗争，那他就还没有学通马克思主义。统一与斗争是统一战线的两个基本原则，那末这两者是不是半斤与八两呢？或者说斗争更重于统一呢？回答都是否定的！”①1940 年 3 月，在《目前抗日统一战线中的策略问题》中他又提出：“在抗日统一战线时期中，斗争是团结的手段，团结是斗争的目的。以斗争求团结则团结存，以退让求团结则团结亡”。对于国民党顽固派，毛泽东提出了灵活的斗争原则，他指出，同顽固派斗争，必须注意下列几项原则：第一自卫原则，第二胜利原则，第三休战原则，就是“有理”“有利”“有节”，这样“就能发展进步势力，争取中间势力，孤立顽固派”，“就有争取时局走向好转的可能”②。

二是注重科学的斗争战略。就是注重斗争的顶层设计和战略预见，掌握斗争规律。战略上判断得准确，战略上谋划得科学，斗争就会赢得主动和胜利。井冈山上，毛泽东的《星星之火，可以燎原》等一系列著作中揭示出中国革命斗争胜利发展的必然趋势和客观规律，坚定了党领导广大军民为

① 毛泽东：《又团结、又斗争》（1939 年 2 月 5 日），《党的文献》1995 年第 4 期。

② 《毛泽东选集》第 2 卷，人民出版社 1991 年版，第 749、750 页。

理想信念继续斗争的决心和信心。1936 年 12 月，毛泽东深刻指出："我们的战略是'以一当十'，我们的战术是'以十当一'，这是我们制胜敌人的根本法则之一。"[①]抗日战争时期，1938 年 5 月，毛泽东在延安发表《论持久战》，从战略与战术相结合的高度，科学分析了抗战规律，系统阐述了抗日战争分为战略防御、战略相持、战略进攻三个阶段，是长期和艰苦的，需要有足够的耐心。《论持久战》为抗日战争中斗争提供了科学的理论指导。

三是注重灵活的斗争策略。根据变化的实际和斗争的态势，因地制宜、因时制宜地制定斗争的路线、方针和政策，在策略问题上灵活机动，要根据形势需要，把握时、度、效，及时调整斗争策略。在井冈山上，面对国民党军的"围剿"，毛泽东根据敌我实力对比态势，立足实际，制定了"敌进我退，敌驻我扰，敌疲我打，敌退我追"十六字诀，实现了"敌军围困万千重，我自岿然不动"。毛泽东认为，他自己军事生涯的"得意之笔"是四渡赤水。毛泽东指挥的四渡赤水，发挥红军徒步快速机动的能力，把"走"和"打"有机结合，灵活地变换作战方向和作战地区，在数十万敌人之间飘忽往来，主动创造和寻找战机，有效歼灭敌人，摆脱了 40 万国民党军的围追堵截，红军化被动为主动，取得了战略转移中具有决定意义的胜利。

（三）坚持以人民为中心

人民性就是始终同人民群众在一起，紧紧依靠人民，为人民利益而奋斗。1931 年，毛泽东在第一次苏维埃代表大会上指出："真正的铜墙铁壁是什么？是群众，是千百万真心实意地拥护革命的群众""在革命政府的周围团结起千百万群众来，发展我们的革命战争，我们就能消灭一切反革命，我们就能夺取全中国"。[②]坚持以人民为中心，唤醒民众、依靠群众、服务群众是中国革命胜利的力量源泉，亦是中国共产党推进社会革命进程中伟大革命精神特征的又一集中体现。

第一，唤醒民众。毛泽东在《论人民民主专政》中明确指出，"在国内，唤起民众。这就是团结工人阶级、农民阶级、城市小资产阶级和民族资产阶级，在工人阶级领导之下，结成国内的统一战线，并由此发展到建

① 《毛泽东选集》第 1 卷，人民出版社 1991 年版，第 225 页。
② 《毛泽东选集》第 1 卷，人民出版社 1991 年版，第 139 页。

立工人阶级领导的以工农联盟为基础的人民民主专政的国家”，是中国人民已经取得的主要的和基本的经验之一。[①] 在中国革命的历程中，中国共产党始终把唤醒民众、“让天下的劳苦大众得解放”作为历史使命。1929年底，毛泽东就指出，红军打仗不是为打仗而打仗，而是为了宣传群众、组织群众、建立政权。离开了这些，就没有打仗的意义。

一是注重用科学的理论武装群众。我们党从成立的那一天起，就把马克思主义鲜明地写在自己的旗帜之上，并开始用马克思主义武装人民群众。在井冈山斗争时期，为了提高红军和人民群众的思想认识，毛泽东组织创办红军教导队，亲自为学员上政治课，讲马克思主义，进行无产阶级思想教育。他还指导党的组织以及宣传部门采取创办学校、编写戏剧报刊、张贴标语、宣传画、墙报等形式，对广大干部群众进行马克思主义宣传，推动了马克思主义在红军和群众中的传播。长征途中，红军印制《马克思主义浅说》《出路在哪里？》《中国共产党中央委员会告民众书》《中国共产党十大政纲》《对苗瑶的标语口号》等报纸书刊，成立专门的石刻或木雕宣传队伍，对长征队伍进行马克思主义教育，向沿途群众传播革命火种，把科学理论的种子撒播在人民群众中。[②]

二是积极宣传党的路线、方针和政策，让广大群众随时了解党在各个时期的目标和任务，并从中看到自己的利益和未来。抗日战争爆发后，在长征途中，我们党高举全民族团结抗战的大旗，明确提出“停止内战、一致抗日”“打倒日本帝国主义”，推动了抗日民族统一战线的形成，吹响了全民族觉醒和奋起的号角。广大人民群众深刻认识到，中国共产党是为人民谋利益的党，红军是人民的军队、真正抗日的力量，中国共产党指引的道路是人民群众翻身得解放的正确道路。[③] 在井冈山、在延安，我们党积极宣传土地分配政策、减租减息政策等，让群众看到了一心一意跟党走的光明前途，进一步唤起民众，激发强烈的斗争热情，与党同呼吸、共命运，一起走过党的创立时期的披荆斩棘、大革命时期的腥风血雨、土地革

① 《毛泽东选集》第4卷，人民出版社1991年版，第1472页。

② 刘燊：《土地革命时期毛泽东理论宣传的成功经验》，《前线》2015年第6期。

③ 习近平：《在纪念红军长征胜利80周年大会上的讲话》，《人民日报》2016年10月22日。

命战争时期的绝处逢生、抗日战争时期的发展壮大和解放战争时期的扭转乾坤，最终赢得了革命的胜利。

三是通过调查研究，贴近群众、了解群众。唤醒群众、服务群众，首先要了解群众，知道群众所思所想。1927年，毛泽东深入湘潭、湘乡、衡山、醴陵、长沙五县农村，在一个多月的时间里步行一千四百多里，全面了解了五县农民运动情况，在深入了解群众的基础上撰写了《湖南农民运动考察报告》。在井冈山和中央苏区斗争期间，毛泽东先后进行了宁冈调查、永新调查、寻乌调查、兴国调查、长冈乡和才溪乡调查等社会调查，加深了对根据地农村农民的了解，也与井冈山和苏区人民群众建立了深厚的感情。延安时期，1941年，毛泽东在《〈农村调查〉的序言和跋》一文指出：群众是真正的英雄，而我们自己则往往是幼稚可笑的；调查研究必须"眼睛向下"；要有虚心向群众学习，甘当群众小学生的精神。他还强调指出，如果我们的同志"还保存着一种粗枝大叶、不求甚解的作风，甚至全然不了解下情，却在那里担负指导工作，这是异常危险的现象"[①]。1943年6月，毛泽东在《关于领导方法的若干问题》中指出：从群众中集中起来又到群众中坚持下去，以形成正确的领导意见，这是基本的领导方法。

第二，关心群众。毛泽东说过："每日每时关心群众利益，时刻想到自己的政策措施一定要适合当前群众的觉悟水平和当前群众的迫切要求。凡是违背这两条的，一定行不通，一定要失败。"[②]要想得到群众的拥护，"就得关心群众的痛痒，就得真心实意地为群众谋利益"[③]。

一是解决土地问题。谁能解决土地问题，谁就会赢得农民；谁赢得农民，谁就会赢得革命胜利。井冈山斗争时期，我们党就制定了《井冈山土地法》，开展了轰轰烈烈的土地分配运动，分配土地给农民，农民喊出了"共产党万岁"。延安时期，为了调动更多的力量参加抗战，建立抗日民族统一战线，提出地主减租减息、农民交租交息，既调动了农民的生产积极性，也调动了地主和富农的抗日积极性。

---

① 《毛泽东选集》第3卷，人民出版社1991年版，第789、790页。

② 《毛泽东文集》第8卷，人民出版社1999年版，第33页。

③ 《毛泽东选集》第1卷，人民出版社1991年版，第138页。

二是关心群众疾苦。中央苏区时期，毛泽东提出“关心群众生活、注意工作方法”，要求“关心群众的痛痒”，“真心实意地为群众谋利益，解决群众的生产和生活的问题，盐的问题，米的问题，房子的问题，衣的问题，生小孩子的问题，解决群众的一切问题”[①]。毛泽东为解决群众吃水难的问题，带领军民挖了一口水井。苏区干部正是真心实意地关心群众生活的一切大事小情，帮助解决群众的种种实际问题，贴着心窝子关心群众，苏区群众才发自内心地感慨：“共产党真正好，什么事情都替我们想到了。”

三是铁的纪律保证了群众利益。用严明纪律来团结群众。1927 年秋，毛泽东在上井冈山的途中说：在井冈山建立革命根据地，一定要与当地群众搞好关系，如果没有群众的支持，根据地是建立不起来的；并正式宣布三项纪律：第一，行动听指挥；第二，筹款要归公；第三，不拿老百姓一个红薯。上山以后即颁布了“上门板、捆稻草、说话和气、买卖公平、借东西要还、损坏东西要赔”等六项注意。在中央苏区时期，广为传唱的“苏区干部是好作风，自带干粮去办公，日穿草鞋干革命，夜打灯笼访贫农”山歌，生动形象地反映了当时苏区干部心系群众、廉洁奉公、艰苦奋斗、无私奉献的良好作风。

第三，依靠群众。人民是历史的创造者，群众是真正的英雄，人民群众是中国共产党力量的源泉。

一是虚心向群众学习，甘于当群众的小学生。井冈山时期，红军虚心向当地群众学习，群众教会了红军用土法制盐，还带着红军上山采草药，解决了许多生活物资供应上的困难。毛泽东曾坚定地指出，真正的铜墙铁壁是什么？是群众，是千百万真心实意地拥护革命的群众。这是真正的铜墙铁壁，什么力量也打不破的，完全打不破的。在延安整风运动中，毛泽东提出“群众是真正的英雄”“群众的意见和经验是党制定政策的基础”“只有做群众的学生才能做群众的先生”等一系列重要领导方法和工作方法。

二是群众中有无穷的力量。在井冈山斗争时期，毛泽东坚持走群众路线，相信群众，依靠群众，善于集中群众智慧，构筑了军民团结的“铜墙铁

---

① 《毛泽东选集》第 1 卷，人民出版社 1991 年版，第 138—139 页。

壁”，粉碎了敌人一次次的“围剿”。在中央苏区时期，毛泽东对苏区广大党员干部说，只要团结千百万群众在党和苏维埃政府周围，我们就能夺取全国革命的胜利。在长征途中，正是依靠藏族群众主动带路，拿出粮食，红军才越过“鸟儿飞不过”的夹金山，走出“人陷不见头、马陷不见颈”的茫茫沼泽。1943年，毛泽东在《关于领导方法的若干问题》中，首次提出“从群众中来，到群众中去”的领导方法，明确指出“在我党的一切实际工作中，凡属正确的领导，必须是从群众中来，到群众中去”[①]，并强调，这一方法并不是一次完成的，而是无限循环的，一次比一次更正确、更生动、更丰富。在《为人民服务》一文中，毛泽东更明确指出，中国共产党及中国共产党领导下的人民军队的唯一宗旨就是全心全意为人民服务。

井冈山毛泽东八角楼旧居内景

① 《毛泽东选集》第3卷，人民出版社1991年版，第899页。

三是与群众同甘共苦。在井冈山斗争时期，敌人对革命根据地实行经济封锁，毛泽东号召全体军民厉行节约，并向全军宣布了一个关于用油灯的规定，团、营、连部晚上办公时用一盏灯，可点三根灯芯，他自己本来可点三根灯芯，但却一直用一根灯芯办公、看书、写文章，还常常忙到深夜。[①]在《八角楼的灯光》下，毛泽东写下了《中国的红色政权为什么能够存在？》和《井冈山的斗争》等光辉著作。朱德不顾自己年事已高，与战士们一起挑粮，留下了脍炙人口的《朱德的扁担》的故事。在苏区，当毛泽东了解到沙洲坝人民喝水困难时，亲自带领当地军民挖了一口“红井”，成为苏区党和群众心连心的见证。在兰考，正是因为焦裕禄的以身作则，身先士卒，才引导和带领兰考干部群众做出了不平凡的业绩。在塞罕坝，广大党员干部和当地人民群众，在当年恶劣的环境条件下，以“功成不必在我”的品格艰苦奋斗、攻坚克难，创造了伟大奇迹。

三、革命精神的时代价值

精神的种子一旦萌芽，就有顶起巨石的力量。历经革命战争烽火淬炼、社会主义建设年代锻造、改革开放新时期培育的革命精神是党领导人民进行伟大社会革命中凝炼而成的宝贵精神财富，是中华民族的精神高地，能够激励中国共产党人奋力走好新时代的长征路。

（一）激励中国共产党人牢固树立崇高的理想信念

革命理想高于天。习近平总书记说，中国共产党之所以叫共产党，就是因为从成立之日起我们党就把共产主义确立为远大理想。在革命、建设和改革的伟大征程中，我们党之所以能够经受一次次挫折而又一次次奋起，归根到底是因为我们党有远大理想和崇高追求。“砍头不要紧，只要主义真”“人只能砍下我们的头颅，决不能动摇我们的信仰”，这些铮铮誓言彰显了共产党人对远大理想的执着。坚定的理想信念，是中国共产党革命精神的首要内容。习近平总书记在谈到长征的重大意义时说，长征是一次理想信念的伟大远征，党和红军几经挫折而不断奋起，历尽苦难而淬火

① 何增科：《井冈山和中央苏区时期我党廉政建设经验》，《学习时报》2018 年 6 月 4 日。

成钢，归根到底在于心中的远大理想和革命信念始终坚定执着，始终闪耀着火热的光芒。

历史是最好的教科书。对共产党人来说，中国革命历史是最好的营养剂。新时代，实现“两个一百年”奋斗目标、实现中华民族伟大复兴的中国梦，是我们这一代人新的长征，任务艰巨繁重，挑战世所罕见，共产党人必须传承和发扬革命精神。学习革命先烈和革命领袖的坚定信念和人格风范，弘扬党的光荣传统和优良作风，提高党性修养，坚持政治定力，不断增强“四个意识”、坚定“四个自信”、做到“两个维护”，铸牢信仰之基、补足精神之钙、把稳思想之舵。学习革命先烈和革命领袖，为崇高理想去拼搏、去奋斗，坚持全心全意为人民服务的根本宗旨，吃苦在前、享受在后，勤劳工作、廉洁奉公。学习革命先烈和革命领袖在胜利和顺境时不骄傲不急躁，在困难和逆境时不消沉不动摇，知行合一、言行一致，保持对理想信念的激情和执着，牢固树立正确的世界观、人生观和价值观，用自己的实干为坚持和发展中国特色社会主义、为实现共产主义远大理想努力奋斗。

（二）激励中国共产党人奋力实现中华民族伟大复兴的中国梦

实现中华民族伟大复兴，是中华民族近代以来最伟大的梦想。一百年来，中国共产党人历经艰辛探索和艰苦奋斗，才使得今天的我们比历史上任何时期都更接近、更有信心和能力实现中华民族伟大复兴。行百里者半九十。中华民族伟大复兴，绝不是轻轻松松、敲锣打鼓就能实现的。改革中面临着更为深层次的问题和更加严峻的挑战，全党必须准备付出更为艰巨、更为艰苦的努力。改革进入攻坚期和深水区，积存多年的顽瘴痼疾需要解决，深层次利益关系和矛盾需要理顺和化解，利益固化藩篱还需要突破，三大攻坚战还有短板和弱项，一些群众生活还有困难。

一切伟大成就都是接续奋斗的结果，一切伟大梦想都需要在继往开来中推进。如何破除一切不合时宜的思想观念和体制机制弊端，如何更好地统筹推进“五位一体”总体布局、协调推进“四个全面”战略布局，如何更快地推进国家治理体系和治理能力现代化建设，如何更好地实现人民群众对美好生活的向往，如何更协调地构建人类命运共同体，不仅需要我们脚踏实地，敢拼、实干，同时需要我们发扬革命精神，特别是在全面开启建设社会主义现代化国家新征程的新发展阶段，越是需要发挥革命精神的激励作用。李大钊曾说，“有时走到艰难险阻的境界，这是全靠雄健的精神才能够冲过去的”[①]。总之，革命精神包含的对信念的坚持、对理想的执着、对困难的克服、对人民的依靠、对纪律的严守、对科学的尊崇，以更加奋发有为、昂扬向上的精神状态，攻坚克难、乘风破浪，助推实现中华民族伟大复兴的中国梦。

（三）激励中国共产党人协同推进“两个伟大革命”

回望中国共产党一百年的光辉历程，我们可以清楚看到，在进行社会革命的同时不断进行自我革命，是我们党区别于其他政党最显著的标志，也是我们党不断从胜利走向新的胜利的关键所在。一部中国共产党的奋斗史，就是一部党协同推进社会革命和自我革命的奋斗史。坚持和发展中国特色社会主义是新的伟大社会革命，党的自我革命的任务艰巨、新挑战新要求前所未有。影响党的先进性、弱化党的纯洁性的各种因素具有很强的危险性和破坏性，党面临的执政考验、改革开放考验、市场经济考验、外部环境考验将是长期的、复杂的，党面临的精神懈怠危险、能力不足危险、脱离群众危险、消极腐败危险将是尖锐的、严峻的。习近平总书记说：要把新时代坚持和发展中国特色社会主义这场伟大社会革命进行好，我们党必须勇于进行自我革命，把党建设得更加坚强有力。

新时代，协同推进社会革命和自我革命，迫切需要革命精神的激励。正如习近平总书记所说，要始终保持革命精神，全面加强党的领导和党的建设，正风肃纪、反腐惩恶，坚决改变管党治党宽松软状况，夺取全面从严治党这场党的自我革命新胜利。历史是最好的教科书，革命精神是营养剂。革命精神中强调的对理想信念的坚定，有助于解决好世界观、人生观、价值观这个“总开关”问题；强调的对政治纪律的严守，有助于在重大原则问题和大是大非面前，立场坚定、旗帜鲜明；强调的对批评和自我批评的优良传统的坚持，有助于抵抗各种政治灰尘和政治微生物的侵蚀；

---

① 《李大钊全集》第 4 卷，人民出版社 2006 年版，第 375 页。

强调的全心全意为人民服务，有助于我们坚持立党为公、执政为民，始终与人民心心相印、与人民同甘共苦、与人民团结奋斗。

2020 年 5 月 2 日晚，湖北武汉长江二桥灯光秀打出的“中国担当”画面。

（四）激励中国共产党人敢于应对各种风险挑战

中国共产党是在内忧外患中诞生，在磨难挫折中成长，在战胜风险挑战中壮大。100 年来，在革命实践中产生的伟大的革命精神和激昂的革命斗志克服了一个又一个的艰险、挺过了一次又一次的磨难。正如习近平总书记所说：无论是弱小还是强大，无论是顺境还是逆境，我们党都初心不改、矢志不渝，团结带领人民历经千难万险，付出巨大牺牲，敢于面对曲折，敢于修正错误，攻克了一个又一个看似不可攻克的难关，创造了一个又一个彪炳史册的人间奇迹。当前，我国形势总体上是好的，同时也面对着波谲云诡的国际形势、复杂敏感的周边环境、艰巨繁重的改革发展稳定任务。船到中流浪更急，人到半山路更陡。新时代，我们既面临重大历史机遇，也面临不少风险挑战，不仅有外部风险，也有内部风险；有一般风险，也有重大风险；有显性的风险；也有潜在的风险；有可预测的风险，也有突发的风险。可以说，我们现在面临的风险挑战不是减少了，而是增多了；不是简单了，而是更复杂了；不是一时的，而是长期的。

站在新的起点上，面对百年未有之大变局和中华民族伟大复兴战略全局，应对风险挑战，我们需要传承和发扬革命精神。一是要有充沛顽强的斗争精神，敢于斗争，在大是大非问题上，敢于碰硬较真，敢于针锋相对。二是要善于斗争，坚持增强忧患意识与保持战略定力相统一，坚持战略判断和战术决断相统一，坚持斗争过程和斗争实效相统一，坚持有理有利有节，合理选择斗争方式、把握斗争火候，在原则问题上寸步不让，在策略问题上灵活机动。三是要强化风险意识，常观大势、常思大局，科学预见形势发展走势和隐藏其中的风险挑战，做到未雨绸缪，不打无准备之仗。四是要紧紧依靠人民。人民是中国共产党赢得优势、赢得主动、赢得未来的最大底气。我们只要善于团结一切可以团结的力量，调动一切积极因素，就能够凝聚起群众的磅礴力量，应对各种风险考验，克服各种艰难险阻，不断从胜利走向胜利。

后 记

本书由教育部高等学校社会科学发展研究中心组织的课题组编写。课题组在反复讨论提纲的基础上分工撰写。参加编写人员是，王炳林（前言），房正（第一章），孙存良、李鑫阳（第二章），朱喜坤、王宇凤（第三章），崔文龙、王澜（第四章），朱博宇（第五章），储新宇（第六章）。全书由王炳林修改定稿，储新宇修改了部分章节，脱贫攻坚精神由燕连福、王亚丽、孙存良撰写，朱喜坤负责书稿的组织协调工作。

中共党史出版社吴江编审对本书编写提出了重要建议，高等学校中国共产党革命精神与文化资源研究中心各研究基地给予了大力支持，在此一并表示衷心感谢！

由于水平所限，不足之处在所难免，敬请读者批评指正。

课题组

2021 年 2 月